JN130219

日記で読む日本史7

平安宮廷の日記の利用法

『醍醐天皇御記』をめぐって

堀井佳代子 著

倉本一宏 監修

臨川書店

目次

はじめに

本書では平安時代中期の天皇の日記、醍醐天皇の日記を取り上げる。

醍醐天皇（八八五〜九三〇）は「延喜の治」と呼ばれる理想的な政治を行った天皇とされ、紀貫之に最初の勅撰和歌集『古今和歌集』の編纂を命じ、国風文化の端緒を開いた人物としても知られる。また儀式の面においても、醍醐天皇の治世は後世の模範とされ、節会・内宴などの儀式が正しく執り行われた時代と位置づけられた。『西宮記』をはじめとする平安中期以降の儀式書には、延喜の先例が多く引用され、この時期の故実・作法は、その後の貴族社会に大きな影響を与えたと言われる。また醍醐天皇の息子、村上天皇の治世も理想的な政治が行われたとされ、両者の治世は併せて「延喜・天暦の治」と称された。

この両天皇の治世をすぐれたものとする考え方は「延喜・天暦聖代観」と呼ばれる。両天皇の治世に摂政や関白といった補弼の任が置かれず、天皇親政が行われたことが強調されたこともあって、理想的な治世とされた[1]。これはあくまでも後世からの見方であり、この時期に実際にどこまで意義のある施策がとられたのかは、一旦分けて考えなくてはならない。ただ、この時期に『延喜式』『延喜格』をはじめとする法典の編纂、荘園整理令の発布等が行われていることは、評価されてしかるべきだろう[2]。

ただし、延喜・天暦聖代観はそのような現実の施策とは別の次元から発生したという。藤原実資

（九五七〜一〇四六）の日記『小右記』や学問の才で出身した文人官僚の中文のなかに、延喜・天暦の時期を理想的な時代とする言及が多く見える。昇進が思う通りにはならず、現状に不満を持つ貴族たちが、「延喜の頃は才能ある者が抜擢される正しい人事が行われていたが、今やそのようなことはなくなってしまった」と、自らの不遇を嘆き、現実への不満を強調するなかで、成立することが指摘されている。[3]

物語のなかの醍醐天皇―聖帝・地獄の亡者―

以降、醍醐天皇・村上天皇の治世をすぐれたものとする観念は広く定着していき、醍醐天皇は説話や物語のなかで理想的な君主として登場する。例えば、平安時代末に成立した歴史物語『大鏡』には、

> いみじうゆきふりさえたる夜は、「諸国の民百姓いかにさむからん」とて、御衣をこそ夜御殿より
> なげいだしおはしましければ、をのれまでも、めぐみあはれびられ奉りて侍る身と、…
> （『大鏡』昔物語）

と、雪の夜に民の苦しみに思いをはせて、自分の衣を外に投げ出し、民と同じ寒さを感じようとする、哀れみ深い君主として描かれている。『続古事談』にもほぼ同じ話が収められており、『平家物語』（長門本）でも、

> かの延喜の聖帝の、『四海の民いかにさむかる覧』とて、御衣をぬかせ給けん事など

と、堀河天皇の素晴らしさを述べるなかで、醍醐天皇の話が挿入されている。さらに『平家物語』には、次のようなエピソードが挿入されている。

当時こそ王威も無下に軽くましませ、宣旨と云ければ、枯たる草木もさかへ咲き、天をかける鳥、地を走る獣も、皆随奉りき。…吾朝にも近来の事ぞかし、延喜帝の御時、池の汀に鵲の居りたりけるを、帝御覧じて、蔵人を召て、「あの鵲取りて参れ」と仰有ければ、蔵人鵲の居たる所へ歩寄ければ、鵲、羽づくろいして、既に立んとしけるを、「宣旨ぞ。鵲、罷り立つな」と云たりければ、鵲、立たずして取られにけり。やがて御前に懐き参たりければ、忽ぎ放たれにけり。全く鵲の御用には非ず、王威の程を知食んがためなり。

（『平家物語』〔延慶本〕二中　右兵衛佐、謀叛発す事）

かつては、鳥にまで天皇の権威が及んでいた、ということを示す挿話だが、これが醍醐天皇の治世の出来事として語られている。醍醐天皇の時代が理想の治世としてイメージされていたことが窺える。またこの話を膨らます形で、このとき醍醐天皇がこれを賞してサギに五位を授けられた（『平家物語』〔覚一本〕）、天皇がサギを鳥類の王と定められた（『源平盛衰記』）といった伝承も生まれてくる。さらに「延喜の聖帝」という言葉は、説話や物語のなかで慣用句のように用いられるようになる。すでに『大鏡』では、世の中のかしこき帝の御例に、もろこしには堯・舜の帝と申し、この国には延喜・天暦とこそは申すめれ。

（『大鏡』師尹）

と中国の伝説上の聖帝に対応するものとして、醍醐天皇・村上天皇の治世が挙げられている。このような平安時代末から鎌倉時代にかけての説話集のみならず、醍醐天皇の治世の約八十年後に執筆された、『源氏物語』にも、その影響は色濃く現れている。『源氏物語』の書き出しは、

いづれの御時にか。女御、更衣あまたさぶらひ給ひける中に、いとやんごとなき際にはあらねど、すぐれて時めきたまふありけり。

（『源氏物語』桐壺）

であるが、『栄花物語（えいがものがたり）』ではこれとよく似た、「多くの女御達候ひ給ければ」という表現が、醍醐天皇の治世を示すなかで用いられている。醍醐天皇の和歌集『延喜御集（えんぎぎょしゅう）』でも、その冒頭は「みやすどころあまたなりたまひにける中に」とされている。(4) 紫式部は、物語のなかで桐壺帝を示す際に醍醐天皇の治世を示す表現を用いている。この点も踏まえ、醍醐天皇は光源氏の父桐壺帝のモデルであるとされてきた。(5)このように醍醐天皇は物語のモデルとなるような華やかなイメージも持っていた。

しかし一方で、理想的な君主とは一八〇度異なる、地獄に落ちた天皇として説話のなかに登場する。

…鉄窟に至るに一茅屋有り。其の中に四箇人居り。其の形、灰燼の如し。一人は衣有り。僅かに背の上を覆ふ。三人、裸袒たり。赤灰に蹲り居す。獄領、曰く、「衣有る一人の上人、本国の延喜帝王なり。余の裸三人は其の臣なり」と。…

（『扶桑略記』天慶四年（九四一）三月条所引『道賢上人冥土記』）

『道賢上人冥土記』には、金峰山で修行していた僧、道賢が、蔵王菩薩に導かれて地獄を巡ったときの様子が描かれている。鉄窟地獄には、灰燼のようになった四人の人間の姿が見え、一人は僅かに衣をつけ、三人は裸で火のついた灰のなかでうずくまっている。地獄の獄卒が言うには、彼らは醍醐天皇とその臣下だという――。醍醐天皇は地獄で責め苦を受けるが、これは「昌泰の変」で、無実の菅原道真に左遷を命じ、父である宇多天皇を苦しめた報いとされる。怨霊となった道真を祀る天神信仰のなかで、醍醐天皇は地獄に墜ちた天皇として描かれる。[6]このような醍醐天皇の地獄での姿は、『荏柄天神縁起絵巻』等の縁起絵に生々しく描かれている。[7]この「地獄に墜ちた天皇」としてのイメージは『太平記』にも継承される。このような醍醐天皇像は、先に見た理想的な「聖帝」像と相反している。しかし、これは『太平記』に「彼の帝は随分、民を愍れみ、世を治め給いしだに、地獄に落ち給う。」とあるように、すぐれた政治を行った「聖帝」であっても、ひとつの過ちによって死後は地獄に墜ちるのだという生前と死後の落差を突きつけることで、人々により鮮烈な印象を与えようとしたものであろう。他に、日本三大絵巻のひとつとして著名な『信貴山縁起絵巻』にも醍醐天皇は登場する。きらきらとした剣の護法童子が信貴山の僧、命蓮の法力によって、病気の天皇を救うために内裏へと差し向けられる――。有名な「延喜加持」の場面であるが、ここで登場する病気の天皇は醍醐天皇である。[8]
このように醍醐天皇は、多様な伝承のなかに登場し、そのなかで様々なイメージが重ねられてきた。しかしその実像について、正面から扱われることは意外にも少ない。[9] ここでは、醍醐天皇の実像に迫ることを目的とする。十世紀初頭には、藤原道長や息子の頼通が活躍した摂関期へとつながる安定的な国制が築かれ、また王朝儀式の原型が作られた。醍醐天皇は左大臣藤原時平とともに、そこで重要な役割を果たしたと考える。その点を明らかにするための素材として、醍醐天皇自身が執筆した日記『醍醐天皇御記』を用いる。

第一節　『醍醐天皇御記』の成り立ち

天皇の日記

天皇の日記を「御記」と呼ぶが、その最も早いものは、醍醐天皇の父、宇多天皇（八六七～九三一）の『宇多天皇御記』である。宇多天皇の日記は、「寛平御記」とも呼ばれ、同様に、『醍醐天皇御記』もその治世から「延喜御記」とも呼ばれる。村上天皇も日記を残しているが、『村上天皇御記』も「天暦御記」とも呼ばれる。ある程度の分量が残存している平安時代の『御記』はこれら三点のみであり、あわせて「三代御記」と称されている。これ以降も天皇が日記を書く習慣は継続し、一条天皇（九八〇～一〇一一）は日記をつけていたことが知られる。他に、後朱雀天皇（一〇〇九～四五）、後三条天皇（一〇三四～七三）も日記を残し、「後二代御記」と称され広く利用された。しかしいずれも現在は数箇条の逸文が残るのみである。これ以降の天皇の日記として、鎌倉時代では、花園天皇（一二九七～一三四八）の『花園天皇宸記』、江戸時代では、女性天皇であった後桜町天皇（一七四〇～一八一三）の『後桜町天皇宸記』が大部なものとして残っている。[10]

『醍醐天皇御記』は『宇多天皇御記』に次いで古い『御記』であるが、残念なことに、天皇の自筆の原本はもちろんのこと、写本も散逸しており、まとまった形では伝来していない。しかしその一部が、『西宮記』をはじめとする儀式書、『扶桑略記』『日本紀略』などの史書、『河海抄』『花鳥余情』などの源氏物語注釈書といった多様な書物に引用され、「逸文」として残されている。ここから『醍醐天皇御記』の復元が行われている。ただし、『御記』引用している各書は、『御記』の一日（一条）の全文を引用しているのではなく、それぞれの必要に応じて抜き書きをしている。この点は注意が必要である。一例として、醍醐天皇が父である宇多法皇の四十才を祝うために朱雀院に行幸した、延喜六年十二月七日について見ておこう。儀式書である『西宮記』致敬礼に引用された『御記』では、

> 七日。太上法皇の満四十算に因りて、宴を朱雀院に設く、云々。…靴を着して拝し奉る。還り出て本所に候ず。爰に法皇、菅根をして召さしむ。則ち入りて御前に坐す。法皇、曰く、「舞踏の時、初め袖を左右に垂る。意、地を掃ひ、臥さんと欲するに在り。而るに今日、これを見るに、袖の端を取る。此の所、長く垂るべきなり…」。

と、朱雀院(すざくいん)で宴があったことと、そこで行われた拝礼に関するやりとりについて詳しく載せている。これは『西宮記』が君臣間・臣下間で行われる拝礼の作法を記述した「致敬礼」の実例として、『御記』を引用しているからである。このような儀式の次第文とともに儀式書のなかに挙げられている実例を「勘物(かんもつ)」と呼ぶ。ここには、宇多法皇が息子の醍醐天皇に拝舞の作法を教示している様子が醍醐天皇の視点から詳しく書かれているが、これはこの日の『御記』の一部に過ぎない。源氏物語の注釈書である『河海抄』若菜上は、同日の『御記』（「延喜六年御賀御記」）として、

母屋前に二尺の廛蒔の御厨子四基を立つ。二基に御法服を納め、二基に御法具を納む。

という一文を引用しており、当日の調度品についても細かに醍醐天皇が日記に記していたことが知られる。『河海抄』が『御記』のこの部分を引用したのは、『源氏物語』若菜上のなかで、光源氏の四十の御賀の場面の調度品として「螺鈿の御厨子二よろひに、御衣箱四つ据ゑて…」とあるのを、説明するためである。このように、各書の編纂者がそれぞれの関心に従って『御記』の一部分を抜粋して引用している。おそらくこの日の『醍醐天皇御記』の元の姿は、儀式の準備から儀式の後までを詳しく記した大部なものであっただろう。しかし今ではこのような切り刻まれたような形でしか『御記』は残っていない。これが「逸文」として残るということである。

逸文の採集

これらのばらばらに残された日記の断片を、諸書を博捜して探し求めるという、気の遠くなるような作業が江戸時代以来行われてきた。現在、延喜二年（九〇二）から延長七年（九二九）までの醍醐天皇の日記が復元され、その成果が『三代御記逸文集成』（国書刊行会、一九八二年）として刊行されている。これにより現在、我々は醍醐天皇の日記を簡単に手に取り、目にすることができる。

この作業の元となっているのが、『群書類従』の編纂者塙保己一の養子、中津広昵が集成したものである。この中津の集成分は「三代御記」という名称で、国学者黒川春村が日記類を集成した叢書、『歴代残闕日記』に収められた。[11]

さらに明治時代に入り、東京帝国大学史料編纂掛（現史料編纂所）史料編纂官を務めていた和田英松（一八六五～一九三七）が大幅に増補を加えた。その成果はまずは『続々群書類従』の記録部として収められた。『続々群書類従』は、『群書類従』『続群書類従』を継ぐ叢書として、両書に漏れた重要な史料を収載したもので、大隈重信を総裁、重野安繹を会長として設立された国書刊行会の最初の刊行物として世に出された。さらに、歴代天皇の歌・著作を集成した『列聖全集』が列世全集編纂会によって大正四年（一九一五）から刊行され、そのなかのひとつ「宸記集」として歴代天皇の御日記が集成され、上巻には宇多天皇をはじめとする複数の天皇の『御記』が「御記纂」としてまとめて収められ、下巻には『花園天皇宸記』が収められている。これを担当したのが和田であり、『続々群書類従』に収録した「三代御記」にさらに増補を加えるとともに、別にその内容についての解説である『皇室御撰解題』を付している。

さらに、『列聖全集』の「御記纂」の部分は、昭和四十年（一九六五）に『増補　史料大成』のシリーズのなかに加えられ、『歴代宸記』という書名で臨川書店から複製、刊行され、広く普及した(12)。そこに、さらに所功氏による増補を加えたのが『三代御記逸文集成』である。新たに発見された逸文とともに、詳しい解説と人名索引・引用元の明示、校訂が付されている。研究の定点となる重要な成果である。

なお、これは『三代御記逸文集成』の凡例に示されているが、『御記』逸文の本文が日付順に配列し直され、そのなかで中津の集成した条文に対し、和田の集成した条文は一文字分下げられている。そして、所氏が新たに集成した条文は「補遺」として後ろにまとめて掲げてある。どの段階で集成されたものか、混同せず区別できるように配慮されている。このような形式から、和田と所氏の、先学の業績に対する敬意と、責任の所在を明確にしようとする研究者としての強い態度が感じられる。

しかし、所氏自身が述べるように、これらはあくまでも『御記』の「集成」を目指したものであり、僅かでも『御記』の可能性があるものが集められている。なかには『御記』ではなく別の日記の可能性が高いものも含まれている。例えば、和田は『西宮記』十二月　追儺に引用された延長二年十二月晦日の記事を『醍醐天皇御記』と判断して収載しているが、これは醍醐天皇の息子重明親王の日記『吏部王記』であることを、所氏が指摘している。また中津は、『北山抄』二　荷前事で、

同（天暦）八年、諒闇の年の例を勘申す。元慶四年、不出御。承和九年、出御。「延喜十五年御記」

　に不出御の例、見ゆ。又、勘申せしむべし、てへり。

とあるのに続けて、「「御記」に云はく…」と引用されている記事を、『醍醐天皇御記』延喜十五年十二月二十三日条の逸文と判断している。しかしこれは、同じく中津が『村上天皇御記』天暦八年十二月二十四日条として採っている、『西宮記』十一月　荷前の記事とほぼ同文であり、おそらく『醍醐天皇御記』ではなく『村上天皇御記』だろう。中津が年の記載のない「御記云」を直前の「延喜十五年御記」を指すと考えたために生じた誤りである。江戸時代以来の逸文集成の精華である、『三代御記逸文集成』は優れた史料集であるが、それでもなお、その重層的な成立過程を理解した上で、ひとつひとつの条文について、一旦、引用元に戻って、その文脈や引用された意図を踏まえながら、本文を熟読して判断しなければならない[13]。

また、『三代御記逸文集成』刊行後に、御記逸文として新たに指摘されたものが『国書逸文研究』誌上で紹介されている[14]。さらに二〇〇三年には、鹿内浩胤氏が発見された新出史料『寛平二年三月記』のなかに、今まで知られていなかった『宇多天皇御記』一条、『醍醐天皇御記』一条、『村上天皇御記』一条が含まれていることが公表された[15]。鹿内氏はこの写本を神田の古書即売会で発見・購入されたという。史料の発掘や整理が進んだ二一世紀になってもなお、古代史に関わる新しい発見があることに驚かされる。さらに、西本昌弘氏が宮内庁所蔵本のなかから発見した『九条家本神今食次第』にも、新出の御記逸文が含まれていた[16]。条文自体は従来、『西宮記』に引用され、指摘されていたものであったが、『西宮記』引用時に省略された部分を残す、原型に近い『御記』の逸文が残されていたことが分かった。また、川尻秋生氏は、平安時代後期の藤原宗忠（一〇六二～一一四一）の日記『中右記』のなかから、今まで指摘のなかった御記逸文を見い出した[17]。すでに刊行されていた史料であるが、今まで見過ごされてきた新たな史料を発見したと言えるだろう。このように平安時代の文献の研究は、史料集成のレベルにおいても日々、進展がある。本書でも能力の限界はあるが、可能な限り新たな成果を参照するよう努めた。

　ここまで『醍醐天皇御記』が逸文の形で残っていること、そのため留意すべき点が多いことを述べた。しかし断片的ではあれ、平安時代の天皇の日記が残されていることは幸いである。今あるものを可能な限り精緻に検討するしかない。また逸文であることを別の角度から捉えると、これまでの集成によって、『御記』の一部が復元されるとともに、『御記』がどれほど様々な書物に引用され、様々な場面で利用されてきたかという、『御記』の広がりが明らかにされているとも言える。本文が失われているからこそ、かえって利用の様相が浮かびあがってくる。ここに逸文を研究することのもうひとつの重要な意義がある。

第二節　天皇の日記の位置

日記の出現

次に日記全体のなかで『御記』がどのような位置にあるのかを確認しておきたい。日記そのものの歴史は古く、各官司の業務日誌的な毎日の記録は早くから見られる。そのなかの代表的なものが太政官の記録である「外記日記」である。ただし、個人の私的な日記の登場はそれから少し遅れ、まとまって見られるのは九世紀末からである。貴族の日記の早いものとして、藤原忠平（八八〇～九四九）の『貞信公記』、藤原実頼（九〇〇～九七〇）の『清慎公記』（まとまって伝来せず）、藤原師輔（九〇八～九六〇）の『九暦』などが残っている。さらに十一世紀には、藤原道長（九六六～一〇二七）の『御堂関白記』、藤原実資（九五七～一〇四六）の『小右記』などが残っている。[18]

貴族の日記は、その多くが政務や儀式に関する内容で占められている。これは、自分の経験を日記に書きとめることで、自分自身や子孫が、滞りなく儀式や政務を行うための資料として蓄積するためである。彼らは儀式に関して分からないことがあれば、以前の日記を調べて対処する。そのため日記を後から利用しやすいように、「部類記」も作成される。これは、検索に便利なように、「元日節会」「相撲」というような儀式ごと・項目ごとに日記の記事を集めたものである。[19]そしてそれとともに貴族たちは、日記を元にして、自らの手で儀式書を作成したと言われる。実資も『小野宮年中行事』という儀式書を作成し、実資の従兄弟に当たる藤原公任（九九六～一〇四一）は、自分の経験と祖父の藤原実頼の日記『清慎公記』をもとに『北山抄』を作成している。このように摂関期に書かれた日記は、儀式書へと結実するような政務・儀式の資料という側面が強い。摂関期以前でも、藤原師輔の日記『九暦』は、部類記の形としても残されており、儀式書『九条年中行事』も作成している。早い時期に儀式・政務の記録としての性格が強く出たものと言える。そして院政期・鎌倉時代へと時代が下っていくと「家記」として家ごとに記録を管理・秘匿するようになるという。[20]

しかし、このような日記の持つ、政務・儀式の記録としての性格は、その重要な側面の一つではあるが、すべてではない。すべての日記が政務・儀式の記録を目的として書かれてはいないし、政務・儀式の記録だけで日記が構成されているわけではない。実資と同時代の藤原道長の『御堂関白記』は自筆本が残されているが、そこまで細かな儀式次第は載せられていない。道長は人間関係を把握するために、日記を書いていたともされ、[21]『九暦』や『小右記』に見えるあり方をただちに一般化することは出来ないだろう。平安時代中期から個人的な日記が表れるが、その日記を書く目的は記主の立場や記主自身の個性によってひとつひとつ異なってくる。[22]

これら貴族の日記に少し先行する形で現れるのが、本書で扱う『御記』である。厳密に言うと、個人の日記として最も早くに現れるものは仁明天皇皇子本康親王(?~九〇一)の日記「八条式部卿親王私記」であり、元慶六年(八八二)の分があったことが知られる。[23]しかし、まとまったものとしては『宇多天皇御記』が早く、仁和三年から寛平九年(八八七~八九七)の十一年間にわたる部分が断片的に残っている。この点について、『宇多天皇御記』がその後の貴族日記に影響を与えたという見解や、それとは逆に宇多天皇によって、臣下の行っていた日記を書くという習慣が天皇にも持ち込まれたという見解が示されている。『宇多天皇御記』をどう見るかは「日記の発生」の議論に関わってくる。[24]ただ『宇多天皇御記』の内容を見てみると、それ以降の天皇の日記とも、貴族の日記とも大きく異なっている。自分の飼い猫について記した「愛猫記」のような、中国の散文のスタイルである「記」に分類されるような形式をとるものも含まれている。[25] 日付に即して、毎日つけるような形式であったかどうかも怪しい。日記の発生に関わるであろうが、位置づけるのが難しい。ここでは、日記には様々な形態があったこと、天皇の日記が、貴族の日記とほぼ同時期に発生したことを確認するに留めて、次に「三代御記」として、まとめて言及される、『宇多天皇御記』『醍醐天皇御記』『村上天皇御記』についてその概要を見ていきたい。

三代御記──『宇多天皇御記』と『醍醐天皇御記』『村上天皇御記』──

「三代御記」のうち、『醍醐天皇御記』と『村上天皇御記』とは早くから「二代御記」と称され、長らく一組のものとして扱われてきた。『村上天皇御記』も『醍醐天皇御記』と同様に、基本的に「逸文」の形でしか残されていない。[26] そして両御記の引用先として多くを占めているのが『西宮記』『北山抄』などの儀式次第を詳細に記述した儀式書である（【表1】参照）。両御記が儀式の「先例」として重宝されたことが窺える。これは、両天皇の治世が「延喜・天暦の治」と称されたことと関連するものとされる。今でこそ、『宇多天皇御記』を含めて「三代御記」と呼ぶが、その初見は、『花園天皇宸記』正中元年（一三二四）の読書目録まで降り、当初は「二代御記」と「寛平御記」という形で別にされていた。「二代御記」については、諸書に引用された逸文以外に、『延喜天暦御記抄』という「部類記」の形をとった写本が残っている。これは『醍醐天皇御記』と『村上天皇御記』を合わせて項目ごとに記事を分

表1 『醍醐天皇御記』『宇多天皇御記』の出典一覧

『醍醐天皇御記』

書名	条数
西宮記	237
扶桑略記	54
河海抄	47
北山抄	27
祈雨記	25
御遊抄	10
年中行事秘抄	9
花鳥余情	9
祈雨日記	9
撰集秘記	8
御産部類記	8
玉葉	6
小野宮年中行事	6
日本紀略	5
小右記	5
江家次第	5
年中行事抄	5
延喜天暦御記抄	4
九暦	4
台記	4
九条家本神今食次第	4
師光年中行事	4
禁秘抄	4
東寺長者補任	4
権記	3
中右記	3
親王元服部類記	3
醍醐雑事記	3
九条年中行事	2
魚魯愚抄	2
柱史抄	2
江次第抄	2
有職抄	2
三十六歌仙伝	2
古今集目録	2
内裏菊合	2
古今著聞集	2
東宝記	2
東寺要集	2
覚禅抄	2
続教訓抄	2
體源抄	2
吏部王記	1
左経記	1
春記	1
後二条師通記	1
後京極摂政記	1
禁中相撲部類記	1
小野宮年中行事裏書	1
叙位除目執筆抄	1
師遠年中行事	1
妙音院相国白馬節会次第	1
世俗浅深秘抄	1
江談抄	1
前田家本日本事始	1
皇字沙汰文	1
醍醐寺初度具書	1
教訓抄	1
鳳笙師伝相承	1
合計・59書	560

『宇多天皇御記』

書名	条数
扶桑略記	17
小野宮年中行事	11
西宮記	9
政事要略	8
年中行事秘抄	7
鴨脚秀文文書	4
師光年中行事	3
江次第抄	3
花鳥余情	3
願文集	3
日本紀略	2
北山抄	2
江家次第	2
年中行事抄	2
大鏡	2
河海抄	2
小右記	1
天皇御元服記	1
小野宮年中行事裏書	1
新撰年中行事	1
撰集秘記	1
師遠年中行事	1
吉口伝	1
魚魯愚抄	1
禁秘御抄	1
世俗浅深秘抄	1
明文抄	1
愚管抄	1
合計・28書	92

※現在、存在の知られている御記逸文を重複分も含めて
すべて合計した。

類したもので、貴族の日記の部類記と同様に年中行事を中心とした様々な項目があったであろうが、現在では「御修法事」「灌頂事」「十八日観音供事」「天供事」「念誦事」といった仏事に関わる項目の一部のみが残っており、写本が仁和寺・柳原家（現在は宮内庁）・陽明文庫に所蔵されている。[27] その項目から見て、おそらく寺家に伝わったものが残ったのだろう。このような『御記』の部類記が作られた時期については明確にはわからないが、長徳四年（九九八）に藤原行成が「部類抄」を参照したことが、行成の日記『権記』に見え、このときにはすでに部類記があったことが確認できる。部類記は日記を儀式・政務の参考とする時に、検索を容易にするために作成される。これは醍醐・村上両御記が儀式の「先例」として頻繁に利用されたことを示している。

この両御記とその性格が異なり、長らく単独で伝来されたのが『宇多天皇御記』である。これも逸文でしか残されていないが、現存している部分だけで言えば、儀式次第や作法に関する内容が比較的少なく、宇多天皇本人の率直な感情が表れている。[28] 宇多天皇の経歴は特殊であり、本来であれば、天皇位に即くような立場ではなかった。傍流の親王の息子として、一般の貴族と同様に生育され、官人として出仕もしている。天皇個人の日記は宇多天皇から始まるが、三橋正氏はこれを、このような宇多天皇の経歴によって宇多天皇が貴族に近い習慣・感覚を持っていたことに求めている。また『宇多天皇御記』については、佐藤全敏氏によって文体の分析が行われており、日本風に文法・語句を改めた変体漢文ではなく、中国的な正格漢文を比較的多く用いていることが指摘されている。[29]

後世における利用のされ方も、『宇多天皇御記』と『醍醐天皇御記』『村上天皇御記』とでは大きく異なる。平安時代において『宇多天皇御記』が儀式や政務の先例として参照されることは極めて少ない。引用された諸書の種類を見ても、『醍醐天皇御記』『村上天皇御記』が儀式書『西宮記』に多く引用されているのに比べると、その差は明白である。[30] この点に関して、鎌倉時代末の天皇、花園天皇が述べた『宇多天皇御記』への感想は示唆に富む。

今日、「寛平御記」十巻、一見し了んぬ。但し第二巻、欠く。菅丞相（菅原道真）等の臣下、多く諫を納む。此の「御記」を見る毎に、只、当時に忠臣無きを恨む。不忠不直の臣、朝に満つること多し。朕、此くの如く、末代澆季の時に生まるるは、是れ不運の至りなり。悲かな、哀かな。臣下、皆、忠を存する人無し。況んや大忠に於いてをや。歎くべし、悲しむべし。

（『花園天皇宸記』正和二年（一三一三）十月四日条）

当時、花園天皇は十七才。『宇多天皇御記』には、道真をはじめとする臣下から何度も宇多天皇が諫言を受けていたことが記されていたようだ。花園天皇はこれを読み、自分の境遇を歎く。道真たちこそ本当の忠臣である、しかし私の周囲にはそのような忠臣がいないのだ、と。現在残っている『宇多天皇御記』には、道真が宇多を諫めたという内容はなく、そもそも、道真に関する記載自体が見えない。現在残っている『宇多天皇御記』は、ごく一部に過ぎないということを、この記事は思い知らせてくれる。そしてそれとともに、花園天皇がこの『御記』から、天皇としてのあり方を学んでいることが見える。花園天皇に限らず、鎌倉・室町時代には、『宇多天皇御記』が話題に上ることが多い。『宇多天皇御記』

を読んだ近衛(このえ)兼経(かねつね)（一二一〇～一二五九）は「古事、眼前に在るごとし」と感嘆しているし、[31]一条(いちじょう)兼良(かねよし)（一四〇二～八一）は白馬節会を「青馬(あおうま)」と呼ぶ理由を『宇多天皇御記』を用いて説明し、殿上で杯を賜っている。[32]後の時代から見れば、平安時代の儀式について詳細に書いてある『醍醐天皇御記』『村上天皇御記』よりも、率直な感情を多く含んでいる『宇多天皇御記』の方が分かりやすく、読んでいて共感できる点が多かったのだろう。またここから『御記』の受け取られ方が、時代によって変化していることも見える。

　このような点を踏まえ、本書では『醍醐天皇御記』の内容から、その日記としての特徴・性格について述べる。この時期は個人の日記の発生期に当たり、天皇が日記をつけることは当たり前のことではない。[33]そもそも朝廷には日々の記録を行うための専門官が配置されている。太政官に所属する外記(げき)・内(ない)記(き)といった書記官が、毎日の政務や儀式について記録した、「外記日記」「内記記」をつけていた。これらの記録は、政策決定の際に、「先例」として参照されることも多く、事件や出来事を正確に記録しているため、歴史書を編纂する際の材料として用いられた。さらにこれとは別に、天皇の秘書官に当たる蔵人(くろうど)も「殿上日記(てんじょうにっき)」と呼ばれる記録をつけている。こちらは清涼殿(せいりょうでん)・紫宸殿(ししんでん)などの内裏で行われた儀式を中心として、その会場設営や物品準備等の細かい内容が記されている。このような記録の体制があるのにもかかわらず、なぜあえて天皇自身が日記をつけるに至ったのか。個別の検討が必要だろう。

　そしてその伝来・受容の問題も取り上げる。『醍醐天皇御記』は多くの書物に引用されていることもあって、醍醐天皇崩御後の早い段階から広く参照され、「延喜聖代観」と相まって、平安時代中・後期を通して、倣うべき儀式・政務の典拠として頻繁に用いられたとされる。しかし実際の問題として、広く天皇の日記が出回ることに、何らかの憚りはなかったのだろうか。醍醐天皇崩御直後・摂関期・院政期で、『醍醐天皇御記』の流布の状況は大きく異なる。そしてそれとともに、その利用法も大きく異なる。この点も改めて考えたい。まず第一章で『醍醐天皇御記』の内容から醍醐天皇個人に迫り、その後、第二章ではその子どもの世代が父の日記をどう用いたのかを見る。そして第三章ではさらに摂関期における状況を見ていく。このような構成で先に挙げた問題に迫りたい。

第一章　『醍醐天皇御記』から見た醍醐天皇

『醍醐天皇御記』の特徴は儀式次第を丁寧に記載している点にある。『醍醐天皇御記』は息子の朱雀天皇・村上天皇に渡り、宮中儀式の重要な局面でしばしば参照されていた。おそらく醍醐天皇もこのように利用されることを意識していたのだろう、丁寧に天皇周辺の儀式の様子について記述している。しかし息子の醍醐天皇の手元に父の『宇多天皇御記』があったことは見えず、父宇多天皇から息子醍醐天皇へ、日記は譲り渡されなかったようである。また『宇多天皇御記』の内容を見る限り、宇多天皇は自身の日記を息子に参照させるような気はなかったように思われる。

また『醍醐天皇御記』は儀式に関して豊富な内容を持つが、政治や政策に関わる内容はほとんど残されていない。例えば昌泰四年（九〇一）に起きた菅原道真の左遷事件、昌泰の変についても事件前後のことは見えず、わずかに宇佐使として九州に派遣された藤原清貫が、大宰権帥菅原道真と面会し、その内容を醍醐天皇に報告した記事が残るのみである。(1) この記事によると、ここで道真は清貫に対して、

> 自ら謀る所無し。但し（源）善朝臣の誘引を免るること能はず。又、仁和寺（宇多法皇）の御言、数ば、承和の故事を奉ること有るのみ。

と自らの罪を一部認める発言をしたという。これは、道真の左遷は藤原時平の一方的な讒言によるものではなく、皇位をめぐる争いがあったことが伺える貴重な記録である。しかしこの一条が見られるのみで、大きな政治的事件であった道真の左遷について『醍醐天皇御記』はほとんど沈黙している。また、『延喜式』『延喜格』『延喜交替式』の編纂や延喜の荘園整理令の発布といった政治的に重要な件についても『醍醐天皇御記』は一切触れていない。これが最初からそうなのか、元々は存在したが不必要な部分として残されなかったのかは分からないが、『醍醐天皇御記』を通して、当時の醍醐天皇が直面していた政治的課題やそれへの対応を知ることは難しい。

　そこで本章では、『醍醐天皇御記』の大部分を占める、儀式に関わる記事を通して醍醐天皇を追っていく。『醍醐天皇御記』からは、その当時行われていた儀式の実態が見える。そしてそれだけではなく、儀式に関わる様々な天皇の対応が、醍醐天皇自身の手で書かれている。時に判断に悩んだり、作法を誤ったり、と人間らしい天皇の姿を見ることができる。

　そして、ここからは醍醐天皇の儀式そのものに対する意識、個別の先例に対する意識も見えてくる。長く天皇位にあった醍醐天皇が、少年期・青年期・壮年期で大きく儀式への対応法を変えていることも見える。狭い視野ではあるが、そこからしか見えないこともあるだろう。儀式を通して醍醐天皇に迫りたい。なお本章で引用する史料は『醍醐天皇御記』がほとんどであるので、『御記』が逸文として残されている元の史料名と『御記』の年月日を引用の際に示した。

第一節　即位までの醍醐天皇

誕生・立太子・即位

『御記』の検討に入る前に、醍醐天皇に関わる基本事項について押さえておきたい。醍醐天皇は、宇多天皇を父に、藤原高藤の女胤子を母に持ち、仁和元年（八八五）正月十八日に誕生し、維城と名付けられた。

この当時、宇多天皇はまだ天皇に即位しておらず、前年に即位した光孝天皇の第十七皇子源定省として活動していた。[2]宇多天皇の父光孝天皇は、元々は即位など望むべくもない傍流の皇族の一人、三代前の仁明天皇の皇子時康親王であり、中務卿等の官職を歴任していた。[3]しかし陽成天皇の突然の退位により、藤原基経らの要請を受けて五十五才で即位した。このとき光孝天皇が基経に「奏すべき事、下すべき事、必ず先に諮稟せよ」と命じ、それが「関白」の濫觴となった。そして光孝天皇は同年四月、すべての息子に源氏姓を与えて臣籍とし、[4]皇太子を置かなかった。しかし仁和三年（八八七）八月に状況が大きく動く。源定省を皇太子とすることが決定し、二十五日には兄弟の中で定省だけが親王に戻され「定省親王」とされた。翌日辰一刻（午前七時頃）に立太子の儀、巳二刻（午前九時半頃）に光孝天皇が仁寿殿で崩御、酉一刻（午後五時頃）に宣耀殿で践祚の儀、という経過をたどり定省は天皇となった。[5]この間、わずか数日である。ここで当時三才であった維城（醍醐天皇）は、天皇の息子となり、寛平元年（八八九）、五才の時に、兄弟の斉中・斉世（ともに母は橘広相女義子）・維蕃（母は胤子）とともに親王宣下を受けて、正式な親王となった。[6]その後、維城から敦仁に改名し、寛平五年に九才で皇太子に立てられた。[7]

皇太子には彼を輔導するための傅・学士が置かれ、さらに彼を支える官司として春宮坊が置かれる（【表1-1】参照）。傅には大納言クラスの人物を、春宮坊の大夫・亮には参議クラスの人物を、という先例通りにランクを守りつつも、そのなかには藤原時平や菅原道真といった、即位後には敦仁を支えるであろう優秀な人物が配されている。また以前に道真は蔵人頭、藤原敏行は五位蔵人を務めており、宇多天皇の側近として仕えていた。それに加え、母胤子の弟藤原定国が少進となっている。血のつながった母方の叔父が側にいてくれたことは、幼年の敦仁にとって心強いことであっただろう。定国はこのとき、宇多天皇に蔵人として仕えている。[8]天皇と皇太子が密に連絡をとれるよう考慮されている。このように皇太子敦仁には、万全の環境が準備されていた。宇多天皇の強い意気込みが感じられる。

表1-1　春宮坊のスタッフ

寛平五（八九三）四月（立太子時）　＊『御産部類記』所引『本朝世紀』による

職名	人物	位階	兼官
傅	源能有	正三位	大納言・左近衛大将民部卿陸奥出羽按察使
大夫	藤原時平	従三位	中納言・右近衛大将
亮	菅原道真	従四位下	参議・左大弁式部権大輔勘解由長官

職名	人物	位階	兼官
大進	藤原敏行	正五位下	右近衛権中将
少進	藤原定国	従五位下	右衛門佐（蔵人）
大属	壬生望材	従六位下	右大史
学士	（置かず）	—	—

寛平七（八九三）十一月

職名	人物	位階	兼官	出典
傅	源能有	正三位	大納言・左近衛大将民部卿陸奥出羽按察使	同前
大夫	藤原時平	従三位	中納言・右近衛大将	同前
権大夫	菅原道真	従三位	中納言・左大弁式部大輔侍従	『公卿補任』寛平七年条。十一月十三日任。
亮	藤原敏行	従四位上	右近衛権中将（蔵人頭）	『古今和歌集目録』十一月任。
大進	藤原定国	従五位上	内蔵頭（蔵人）	『公卿補任』昌泰二年条。三月二十日任。
大属	壬生望材	外従五位下	左大史	『大安寺縁起』（寛平七年八月五日付）
主馬首	良峯衆樹	—	左近衛将監	『公卿補任』延喜十七年条。三月二十八日任。
学士	藤原菅根	正六位上	大内記	『菅家文草』
蔵人	藤原道明	—	—	『公卿補任』延喜九年条。「元春宮蔵人」

そして寛平九年（八九七）七月三日、皇太子敦仁親王は清涼殿で元服儀を行い、その直後に紫宸殿において践祚の儀が行われ、天皇となった。父宇多天皇は譲位し、嵯峨上皇・淳和上皇の先例に従って内裏を退去する。このとき醍醐天皇は十三才。元服儀と同日に践祚が行われた例は他にない上に、当時の天皇・皇太子の元服年令が十五・六才であったことを考えると、[9]まだ機が熟していないにもかかわらず、宇多天皇が無理に天皇位を譲ったことは明らかである。[10]十三才という年令では、独力で天皇としての様々な政務を行うことは難しい。

このとき、後に「内覧」と呼ばれる職務が置かれる。このような状況であれば本来摂政を置き、その輔導を受けるべきである。摂政には長年政治の場で活躍した実績があり、大臣を経験した者が望ましい。しかし当時、藤原良世、源能有といった年長の大臣が相次いで亡くなり、摂政になるべき適任者がいない状況にあった。そこで、大臣のひとつ下の大納言クラスの者に、奏上・宣下（天皇に申し上げる・天皇から仰せ下される）の文書を事前に見る権限を与え、天皇を補佐させるという方策が採られた。摂政のように天皇の代行を行うのではなく、あくまでも補佐する立場である。この任は大納言藤原時平と権大納言菅原道真とに命じられた。これが後に「内覧」と呼ばれる。[11]政治に関わった経験のない幼い醍醐天皇のために、宇多天皇は藤原時平・菅原道真を配し、若い天皇を導くようにその筋道を作った。

寛平御遺誡

さらに宇多天皇は天皇としての心得を記した『寛平御遺誡』を醍醐へ送っている。その一部を見てみよう。

①万事に淫すること莫く、躬を責めて節し、賞罰を明らかにすべし。愛憎に迷うこと莫く、意に平均を用いて、好悪に由ること莫かれ。能く喜怒を慎みて色に形すこと莫かれ。

②(平)季長朝臣は深く公事に熟しく、(紀)長谷雄は博く経典に渉りて、共に大器なり。昇進を憚ること莫かれ。新君、慎め。

③外蕃の人、必ず召し見るべきは、簾中に在りて之を見よ。直に対すべからざるのみ。李環、朕、已に失す。新君、慎め。

①は、天皇が人に接するときの心構えであり、公平・平等に判断を行うべきことを述べ、感情的になることを誡めている。②は用いるべき人物を説いたもの。他に道真・時平を重用すべきことも述べている。③では、他国の人と対面する場合に、必ず御簾越しで行うべきことを述べる。具体的に何があったか不明であるが、宇多天皇は李環と直に対面したことを「失す」としている。他にも護衛官に当たる近衛将監は激務なので、機会があれば必ず叙位すべきこと等、下級官人の人事や給与についても述べている。ここで宇多天皇が述べたことは、天皇として政治を行う根幹に関わることであり、それを自分の経験を元に、時に失敗談も交えながら息子に伝えている。

しかし、おそらくこれを読んでいたとしても、儀式にかかわる細かい判断を、その場その場の状況に応じて行うことは難しいだろう。突発的な穢れの発生、官人の懈怠(サボリ)、現場での意見の対立等に関して、天皇は判断を求められて、場合によっては即座に決断しなくてはならない。先に述べたように宇多天皇は、『宇多天皇御記』を醍醐天皇に渡さなかった。おそらく醍醐天皇がそれを参照し得たとしても、その内容から見て、政務・儀式の参考にはほとんどならなかっただろう。

ただ『寛平御遺誡』のなかにも一条だけ儀式に関する内容が見える。

> 諸司・諸所、言奏・見参する所、先例有らば、諸司に下して旧跡を勘(かんが)へしむべし。唯、旧遠有るは、能く推し量りて行ふべし。新君、慎め。

官人の奏上や行動については、諸司に先例を調べさせてそれに従い、分からない場合は推量して行いなさいとある。醍醐は、この宇多の指示を守ったのだろうか、しばしば先例を調べさせて、事に当たっている。ただ、ここで『御遺誡』が言っていることは、それはその通りだが、あまりにも漠然としている。

醍醐天皇の時代は、後世の模範となる正しい儀式が行われた聖代とされ、天皇自身も儀式への造詣が深かったとされる。しかし十三才で即位した当初は、儀式についての知識も経験も、参考となる手引きもない状況であった。醍醐天皇は如何にして日々行われる儀式をこなし、その見識を深めていったのだろうか。

第二節　少年期・青年期の醍醐天皇と儀式

『醍醐天皇御記』は寛平九年（八九七）の分から現存しているが、醍醐天皇の治世の最初期に当たる寛平・昌泰年間は記事がわずかしか残っておらず、即位当初の詳しい状況を『御記』から知ることが出来ない。なお昌泰四年（九〇一）の菅原道真の左遷に関して、『醍醐天皇御記』には詳しい内容が残っていないことは先に述べたが、左遷される以前の道真についても『御記』には見えず、ここから二人の関係を窺うことは出来ない。ただ、道真の漢詩集『菅家文草（かんけぶんそう）』『菅家後集（かんけこうしゅう）』には、醍醐天皇に求められて道真が漢詩を詠んだことや、道真が菅家の家集を醍醐天皇に献上して、天皇より、この家集は白氏（白居易）よりすぐれているので、これより白氏の文集を開くことはないだろう、という言葉を賜ったことが見える。[12]この四十才も年の離れた天皇と臣下は、昌泰の変以前の一時期には、漢詩を介して和やかに過ごしていたようだ。

『御記』にまとまった量の記事が見え、詳しい儀式の状況を知ることが出来るのは延喜二年（九〇二）、天皇が十七才の頃からである。

①　信頼できる臣下に従う―少年期から青年期の醍醐天皇―

臣下から天皇への先例の奏上

醍醐天皇は儀式に関して、側近と言うべき近しい臣下からの提案を受け、それを承認するという対応をしばしばとる。これは醍醐天皇がまだ若かった時期に多く見られる。

延喜二年（九〇二）、醍醐天皇十七才の頃に左大臣時平からの奏上を受けている。

二十日、左大臣（時平）、（藤原）菅根朝臣をして、奏すに「先朝、倦寝に御すと雖も、内宴有るに至りては、多く仁寿殿を用ゐる。此の度の内宴、仁寿殿に行ふべし」と、云々。

二十二日、蔵人及び所司、仁寿殿を装束す。

（『河海抄』所引延喜二年正月二十日・二十二日条）

時平から正月二十日に行われる内宴を仁寿殿で開催するよう提案があり、翌々日その通りに開催されている。(13)内宴は平安時代初期に嵯峨天皇によって新たに創始された天皇と近臣による宴会で、文人も招かれ、題を定めて漢詩が詠まれるという、極めて中国色の濃い宴会であった。院政期の『年中行事絵巻』には仁寿殿と綾綺殿の間に舞台が設置され、舞妓が登場する華やかな宴の様子が描かれている。この延喜二年以降、内宴の会場は仁寿殿でほぼ固定する。これ以前、寛平八年（八九六）・昌泰元年（八九八）・二年には清涼殿で行われており（『菅家文草』四三〇・四四六・四五三）、内宴の会場は仁寿殿に固定していない。内宴は天皇が日常生活を送っている殿舎（御在所）に近臣・文人を招き入れて行うもので、清涼殿を御在所とした宇多は清涼殿、仁寿殿を御在所とした光孝は仁寿殿で開催した。(14)醍醐天皇は清涼殿を御在所としたので、順当にいけば清涼殿で内宴を行うはずである。時平がどのような意図で、仁寿殿での開催を提案したのかは分からないが、この時平からの提案に醍醐天皇は従う。また、天皇二十才のときには、三代前の陽成天皇の例が奏上されている。

亥一刻、南殿に御す。（在原）友于朝臣、申して云はく、「元慶御時、故太政大臣（基経）、言さく、

『晦日の儺の儀式、必ずしも御帳に御さず。其の更深、夜晦を以てなり。兼ねて世俗の忌、此くの如きなり』と。前朝の故事、猶ほ此くの如し」と云々。仍りて此の夜、南殿に出づると雖も、倚子に着さず、云々。了りて主殿寮、湯殿を供すること例の如し。

（『西宮記』十二月　追儺　裏書所引延喜五年（九〇五）十二月三十日条）

これは十二月晦の日に行われる追儺に関する記事である。追儺は、災厄や疫病などを追い払い、大内裏のなかを清浄に保つための行事である。矛と盾を持ち、八目の面をかぶった方相氏を中心に、桃弓・葦矢を手にした官人・侲子と呼ばれる童たちが、声を挙げながら大内裏のなかを練り歩く。現在の「鬼は外、福は内」の節分の豆まきの原型とされる行事である。天皇は、追儺の儀の間、紫宸殿に出御する。この儀を行う官人たちはまずは天皇のもとに参入し、祭具を与えられて各所に分散していく（『政事要略』年中行事　十二月）。

在原友于はここで藤原基経（八三六〜八九一）が語った故実を醍醐天皇に伝えている。友于はこのとき参議で六十三才。宇多天皇に蔵人頭として仕えた経歴を持ち、天皇身辺の雑事には詳しかったと思われる。また、彼は三十五才の頃に陽成天皇の蔵人を務めている（『公卿補任』昌泰三年条）。その頃に基経から聞いた話なのだろう。基経の言うことには、忌みを避けるために、天皇は紫宸殿に出御しても、御帳の中で座らなかったという。この時代にしばしば問題になる死・血などに関わって発生する「穢れ」は、それに触れた人に触れたり、同じ場にいることで伝染し、広がっていくとされるが、着席せず立ったままであれば間接的な穢れは防げるという。[15] 早速、醍醐天皇は御帳の中の御倚子には着さず、立ったままで過ごし、在原友于の言に従っている。このように醍醐天皇は以前の天皇のときに行われていたことを臣下から伝えられ、それを素直に取り入れている。

天皇から臣下への問い合わせ

また、醍醐天皇から臣下に先例を尋ねることもある。例えば延喜二年（九〇二）には、内蔵寮（くらりょう）から三月三日の御燈（ごとう）の日に燈火を奉る寺をどこにするか定めて欲しい、という申請が天皇のもとに来ている。

> 内蔵寮、御燈を奉るべき寺を定めらるるを請ふ。旧例、慥かならざるに依る。右大将（藤原定国）を召してこれを問ふ。奏して曰く、「貞観（じょうがん）以来、霊巌寺（れいがんじ）に於いて奉らる。寛平の初め、月林寺（がつりんじ）を用ゐる。後、円成寺（えんじょうじ）を用ゐる」と云々。故に旧例に因り、霊巌寺に於いて、奉るべき状、仰せ了んぬ。
>
> （『西宮記』三月　御燈所引延喜二年三月二日条）

御燈は、三月三日、九月三日に北極星（北辰）を祀る儀式であり、当日、天皇は御禊・御浄食を行い、内蔵寮はしかるべき寺に燈火を奉る。ここで挙がっている月林寺は現在の修学院付近、円成寺は東山、霊巌寺は北山というように、いずれの寺も京近郊の山地に位置している。星に近いとされる高地に位置する、ゆかりのある寺を選んで奉ったものとされる[16]。さて、ここで醍醐天皇は御燈の以前の事例が確かではなかったので、当時右大将であった藤原定国に尋ねている。藤原定国は当時三十七才。醍醐天皇の母胤子の弟で、醍醐の皇太子時代には春宮少進・大進として仕えていたことは先にも見た。醍醐天皇即位後は、天皇の秘書官である蔵人頭にスライドして引き続き仕え、昌泰二年（八九九）に任を去るまで、醍醐天皇の日常生活を支える立場にあった。延喜二年の段階で、定国はすでに大納言に昇っており、議政官の一員であったが、天皇から呼び出されて、先例について尋ねられている。定国は、五年間にわたり宇多天皇の蔵人を務めていたので、その間のことを尋ねるために呼ばれたのであろう。醍醐天皇は、定国の回答を受け、貞観以来使われていた霊巌寺を選んでいる。父宇多天皇の時に使われていた月林寺・円成寺を用いなかった点は少し気になるところではある。

時平の配慮

先ほどのケースでは定国は単に先例を羅列して奏上し、天皇の判断を仰いでいた。しかし単純に事例を奏上するだけではなく、若い天皇への一定の配慮が窺えるケースも見える。

南殿（紫宸殿）に御さず。公卿已上、陣頭に於いて酒を給はる。晩頭、左大臣（時平）、見参を奏す。此日、南殿に御さんと欲するも、平野・松尾祭に当たるを以て流例を問ふ。左大臣、曰く、「先例を勘へしむるに、①嘉祥二年（八四九）四月一日甲申、南殿に御して侍従を引見す。楽を挙げること常の如し。又、②貞観十九年（八七七）四月一日、廃務。二日平野・梅宮祭の日に当たる。此の日、御さず」と云々。嘉祥已に例有り。将に出でんとするに、内侍或るは祭所に向かひ、或るは軽服に依りて候ぜず。仍りて出御せず。

（『西宮記』九月　旬所引延喜六年〔九〇六〕四月二日条）

この日は旬政に当たっており、本来であれば天皇は紫宸殿に出御し、政務に関わる奏上を受けて決裁を行い、その後で宴会が行われるはずであった。しかし、この日は天皇は紫宸殿に出御しなかった。そのため、陣座（公卿たちの座がある左近衛陣）で公卿に酒がふるまわれた。晩になって左大臣時平が出席者の名簿（「見参」）を天皇に奏上してきた。ここまでが、当日の様子を述べたものである。なお、旬政に天皇が現れないのは、それほど珍しいことではなく、天皇が出御しない場合の儀式次第も決められていた。この後、さらに醍醐天皇は続けて、不出御に至るまでの事情も記している。

この日、醍醐天皇は出御するつもりであったが、ちょうど四月上申日を祭日とする平野祭・松尾祭と日が重なってしまった。神事と重なった場合に、出御しても構わないのかどうか、先例を左大臣時平に尋ねた。おそらく時平は外記などの記録官司に先例を問い合わせたのだろう。その上で①嘉祥二年四月一日―仁明天皇のときの出御した例、②貞観十九年―陽成天皇のときの不出御の例という両様を挙げている。外記の挙げてきた先例を直接に醍醐天皇に奏上するのではなく、時平が一旦整理してから奏上しているのだろう。その上で醍醐天皇に判断してもらうという極めて行き届いた対応をとっている。醍醐天皇は、①の嘉祥例に従って出御しようとするが、結局、内侍（女官）が出払っていて誰もいなかったため出御しなかったと、少し言い訳がましく記している。このように天皇からの問い合わせに対して、両様にとれるように先例を回答してくることは、『醍醐天皇御記』にたびたび見える。

朝拝。装束、例の如し。雨雪に因り、蔵人を差し、大臣（時平）に到りて先例を問はしむ。大臣、奏せしむるに、「①天長九年（八三二）の晦の夜、雨雪たるも、元日、猶ほ朝賀を受く。②寛平七年（八九五）の晦、雪。朝賀を停む。先例、前の如し」と。寛平例に依りて朝賀を停む。

（『西宮記』正月　朝拝所引延喜八年〔九〇八〕正月一日条）

このときは、当日の雨雪により、朝賀を開催すべきか、中止すべきかの判断に困り、左大臣時平に先例を奏上させている。このときも、時平から、①天長九年の雨雪でも開催した例、②寛平七年の雪により中止した例、の両様が示されている。これを受けて醍醐天皇は寛平の例に従い、朝賀を中止にしている。延喜六年（九〇六）以降、このような醍醐天皇の判断に委ねるような先例の奏上が頻繁に見える。このとき、醍醐天皇は二十二才。そろそろ時平の手を離れて、主体的な判断をすることが望まれる年令だが、何かと時平を頼っている様子が見える。天皇が直接、先例の調査を職務とする外記に指示を出せば済むのだが、醍醐天皇は時平に尋ねる。そして時平も若い天皇に対して先例を整理して提示するとともに、自らの判断を促すような教育的な配慮をしているように見える。延喜六年当時、時平は三十六才。この十四才離れた大臣に醍醐天皇は大いに支えられていた。

このように若い醍醐天皇は時平を中心とする臣下たちに支えられて儀式を挙行している。当初は奏上された先例を、よく言えば素直に、悪く言えば受け売りでそのまま行っている。しかし徐々に自分で判断を行う場面も見え始め、少年天皇から青年天皇への成長の跡が窺える。

② 担当諸司に直接に尋ねる—青年期の醍醐天皇—

延喜九年（九〇九）以降、信頼する臣下だけではなく、担当する諸司に直接尋ねるパターンが見える。

> 高階朝臣、申して云はく、「斎院、祭に供奉する日、進止するは如何。軽服。」と。外記に仰せて先例を勘へしむ。外記春正、申して云はく、「国史・日記等に見る所無し。令・式文を案ずるに、親王に、服有り」と云々。然らば則ち、斎王、祭に参るべからざるなり。又、神祇大・少副を蔵人所に召して問ふに、申して云はく、「斎宮、軽服を忌まず」と。此れに准ぜば、則ち祭に参るべし。又、公卿等をして定めしむ。申して云はく、「斎宮の例に准ずるに、祭に参るに妨げ無し」と。公卿の定に依りて祭に参るべき事、高階朝臣に仰せ了んぬ。
>
> （『西宮記』四月　賀茂祭所引延喜九年三月二十二日条）

延喜九年（八〇九）三月二十二日には、賀茂神を祀る斎王の恭子内親王を賀茂祭に参加させるのかどうかが問題になり、高階朝臣（名未詳）が天皇への奏上を行っている。この四日前の三月十八日に恭子内親王の祖母 源 礼子が亡くなったが[17]、服喪中の斎王を神事に参加させるべきかどうかが議論になっている。ここで天皇はまず外記に先例を調べさせている。通常、先例の調査は太政官に所属する外記に命じられる。外記は職務日誌である「外記日記」の他に必要に応じて『続日本紀』以下の朝廷の編纂した正史である五国史（ここでは「国史」）を対象として調査を行う[18]。ここでは法律に当たる『養老令』『諸司式』（令・式文）も参照したようである。

ここで外記が賀茂祭の例を調査したが先例となるべきものは無かったと報告してきた。ただ、諸司式や令文などの規定からは、内親王は服喪すべきであるという。埒があかないので、ここで天皇はさらに神祇官の大・少副を蔵人所（校書殿西側）に召して尋ねている。すると、賀茂斎王の例ではないが、伊勢斎宮は軽服（父母以外の喪）を忌まないので、それに準じて参加すべきという回答が返ってきた。そこで天皇は公卿会議にかけて議論させ、その結果、喪中であっても特に問題はないという結論が出された。それを受けて、賀茂祭は例年通り五月酉日に開催されたという。

外記による日記類の調査だけでは対処できなかったが、天皇の指示により、担当官司の経験（ここでは神祇官）を聞き出すことで、賀茂祭を問題なく実施することが出来た。天皇が儀式の隅々まで知悉しているわけではないが、しかるべき部署に問い合わせを行い、それを受けて的確に差配を行い、アクシデントにも落ち着いて対処している。[19] この時期になると、天皇としての経験を積み、独力で対処できる実力が確かに見えている。

第三節　醍醐天皇と時平

①　時平と儀式

時平の評価と実像

このように周囲の臣下たちに助けられながら、儀式を執り行っていた醍醐天皇であったが、そのなかでも特に天皇が深く信頼していたのが藤原時平であった。

藤原時平（八七一～九〇九）は、菅原道真を左遷に追いやった張本人として名高い。道真が死後に天神となる過程を描く「天神縁起」のなかでは、時平が三十九才という若さで亡くなったのは、醍醐天皇への讒言によって道真を左遷に追いやって死に至らしめ、死後に天神となった道真の祟りを受けた結果とされる。特に病に倒れた時平について、「おとどの左右の耳より、青きくちなはの頭さしいたして」（『荏柄天神縁起』）という、おどろおどろしい姿が描写され、『北野天神縁起（承久本）』では、寝具に横たわって両耳から蛇を出している衰弱しきった時平の様子が生々しく絵画化されている。このように後世には大変評判の悪い時平であるが、政治家としての時平が有能であったことは同時代史料から確認できる。『寛平御遺誡』のなかでも、左大将藤原朝臣（時平）は、功臣の後にして、其の年、少しと雖も、已に政理に熟す。先年、女の事に於いて失する所有り。朕、早く忘却し、心を置かず。朕、去る春より激励を加へ、公事を勤めしむ。又、已に第一の臣たり。能く顧問に備へて、其の輔道に従へ。新君、慎め。

と、女性問題があったが、政務に関する能力がすぐれていることを宇多天皇も高く評価している。院政期の『江談抄』にも、道真と時平とがともに人望があったことが述べられている。(20) 天神信仰によって悪人のイメージが強くなっているが、改めて先入観を排してその実像を見ていく必要がある。

時平は藤原基経の長男で母は仁明天皇皇子人康親王女である。仁和二年（八八六）に十六才で元服。元服儀は光孝天皇の御在所であった仁寿殿を会場とし、天皇自らが冠を頭に載せる「加冠」役をつとめ、その場で天皇宸筆の位記により従五位下の位階を賜っている。父が関白基経であるがゆえの破格の待遇を受けている。またここからは基経が息子の時平をどれだけ溺愛していたかが伝わってくる。さらに『宇多天皇御記』にも以下のような記事が見える。

右近衛中将時平、其の児なり。賀茂祭使に充てらる。近衛等を饗するの日、彼の大臣（基経）、手親ら盃を執りて近衛等に与ふ。是れ一失なり。

（『小野宮年中行事』所引『宇多天皇御記』仁和四年（八八八）六月二日条）

時平朝臣、仲春（二月）の春日祭使と為る。其れ近衛等を饗するの日、父太政大臣、盃を執りて彼の舎人に勧む。過たるなり。
（同仁和四年十二月十一日条）

時平はこのとき近衛中将の任にあったため、何度か祭の勅使として派遣されている。近衛中将は高官の子弟が任じられるエリートのためのポストのひとつである。近衛中将は天皇の命を受けて、祭に派遣されるが、この祭使は近衛府官人にとっての晴れ舞台で、特に賀茂祭では斎王や内侍とともに行列をなして都のなかを馬に乗って進む[21]。現在、五月に行われている葵祭の斎王行列に相当するものである。このとき基経五十三才、時平は十八才。基経は息子時平の晴れ舞台にかなり気合いを入れていたのだろう、時平の部下に当たる近衛をねぎらう宴会、いわゆる還饗（かえりあるじ）に、基経みずからが出ていって酒を勧めたという。息子時平のために心をつくす基経の父親らしい一面が見えるが、阿衡の紛議の真っ最中の出来事であったこともあり、宇多天皇は、『御記』のなかで過ぎた行為であると厳しく批判している。ここにも基経の時平への溺愛ぶりが表れている。

時平の官歴を見ると侍従、右権中将、蔵人頭という上級貴族の子弟のエリートコースを進んでいる[22]。寛平三年には父基経が亡くなるが、その跡を承けて弱冠二十一才で参議となり、議政官メンバーの一員となった。相次いで上官が死亡したこともあり、六年後には大納言ながら太政官の首班に昇った。そして醍醐天皇即位とともに内覧のことに預かり、まさに政治を主導していくことになる。時平はこのとき二十七才。祖父に当たる良房（よしふさ）が右大臣になったのは四十五才、基経は三十七才であった。あの栄華を極めたとされる藤原道長ですら内覧に預かり、筆頭公卿となったのは、三十才のときであった。こう見ると、時平は相当若くして政権の中枢にいたことになる。藤原氏の嫡男として父基経から期待され、これ以上ないほどの華々しい経歴を持ち、またそれに見合った能力を持つ、まさに生まれながらの貴公子であった。

時平と醍醐天皇との直接の関係は、醍醐天皇の皇太子時代に時平が春宮大夫を務めたことに遡る。さらに、延喜元年（九〇一）に入内した醍醐天皇の后、中宮藤原穏子は時平の同腹の妹であった。このように時平はその役職・血縁によって醍醐天皇と強い関係性を築いている。このような時平と醍醐天皇の強い結びつきは政治的な側面からも説明される。時平は醍醐天皇のもとで寛平九年から延喜九年の十余年の間、筆頭公卿として国制を主導し、この間に荘園整理令の発布、『延喜式』等の法令集の編纂が進められた。また、この間の官符発給時の奉勅上卿も時平が一人で務めている。[23] この間の政策のすべてに時平が関わっている。これに加え、天皇と上皇の対立という面も指摘されてきた。宇多上皇が譲位後も菅原道真を腹心として用い、道真失脚後は時平の弟忠平と意を通じていたのに対して、醍醐天皇と時平とはこれに対抗して、上皇の政治への介入を防いだという。[24] もちろん、このような面もあるだろうが、醍醐天皇と時平の信頼関係はもっと本質的なものであったように思われる。早くに角田文衛氏が指摘したように、時平が延喜九年（九〇九）に亡くなって以降も、醍醐天皇は繰り返し彼に言及しており、時平を懐かしく思っている様子がはっきりと見える。[25] そして儀式の側面に目を向けると、より鮮明に醍醐天皇が時平に全幅の信頼を寄せていたことが見える。

雨儀における四位・五位の列立

先に醍醐天皇が、時平からの提案を受け入れ、内宴の会場を決定したことに触れたが、時平は儀式次第そのものにも大きな影響を与えている。延喜八年（九〇八）には、時平の案出した雨儀が実施されている。

余儀、雨例を用ゐる。御弓、承明門に於いてこれを奏す。行立の公卿、宜陽殿の西廂に立つ。諸大夫、承明門の東西廊に立つ。是れ、左大臣（時平）、旧例を案じて行ふ所なり。只、叙位・楽・宣命等の舞踏の時、諸大夫、猶ほ本座前に立つ。（『西宮記』正月　七日節会所引延喜八年正月七日条）

ここで行われているのは正月の七日節会の雨儀である。節会は天皇のもとに臣下が集まって行う宴会で、そのひとつである七日節会は、白馬の引き回しや妓女の舞が行われる華やかな年始の宴である。天皇と臣下は同会場に座して酒食をともにし、最後に天皇から臣下に禄が与えられる。ここに参加する官人は、ほとんどの時間を殿舎や幄に設けられた座に着席して過ごす。随って雨天であっても、会場への入場、宣命使による天皇からのメッセージの読み上げなどを濡れないようにやりすごせば、それほど問題なく執り行える。この雨天に対応した会場設営・儀式作法が「雨儀」であり、平安時代中期から見られる。『西宮記』の元日節会の儀式次第（十世紀半ば成立）には、近衛の陣に平張（布を張っただけのテント）を設置したり、殿舎の庇の下に列立したりして、雨を避けて開催することが書かれている。(26)

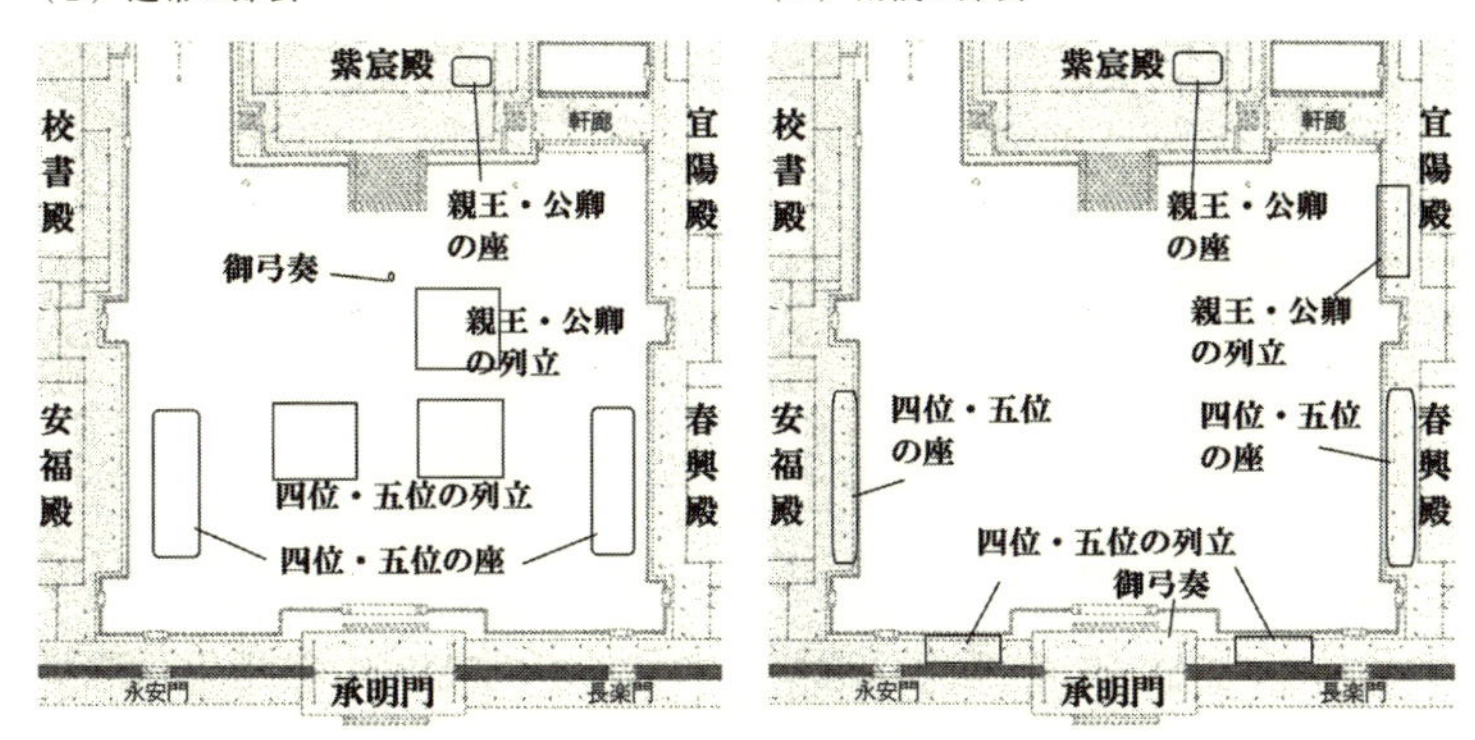

図1－1　通常・雨儀の節会の配置
（古代学協会・古代学研究所編『平安時代史事典』所収図版に加筆）

この延喜八年の場合には、本来、殿庭の中央で行われる、兵部省から天皇に弓矢を奏上する「御弓奏（みたらしのそう）」を、濡れないようにするため、内裏の南門である承明門で行っている（【図1-1】参照）。そして入場した公卿（三位以上の官人）たちは、殿庭の東北にあたる宜陽殿の庇の下に、諸大夫（四位・五位の官人）は承明門の東西廊に整列してから、各の座席に着した。これは後に成立する『西宮記』『北山抄』等の儀式書に記載されている雨儀と一致する。[27]そしてこれは「時平、旧例を案じて行ふ所なり」とされている。満田さおり氏は雨儀は醍醐朝から村上朝に整備され平安時代後期まで変化なく受け継がれると述べる。[28]この延喜八年の事例も、整備期の一例と位置づけられそうだが、もう少し踏み込んで考えてみたい。ここに「旧例を案じて」とあるように、雨儀自体はこれ以前から行われている。

　是日、早朝、天色清朗なり。亭午（正午）に及びて、暴雨滂沱し、庭礼忽ち変ず。雨儀して、事に従ふ。式兵二省の官人、承明門内の壇上に侍り立つ。
（『日本三代実録』貞観十七年（八七五）正月七日条）

すでに三十年ほど前の段階で紫宸殿で「雨儀」が用いられ、やはり承明門が活用されている。しかし、官人の列立場所として用いたものではない。また、儀式の途中で突然降り出した雨に、急遽対応したものので、事前に「雨儀」として準備されたものでもない。しかし、ここから七年後の元慶六年（八八二）正月に行われた陽成天皇の元服の際には、あらかじめ定められた「雨儀」が行われている。

…（加冠、盃が終わって）皇帝、後殿（仁寿殿カ）に御し、小時して、紫宸殿に御す。左右近衛府、閤門（承明門）を開く。親王已下・参議已上、入りて宜陽殿の西廂に立つ。四位・五位、相分かれ、入りて春興・安福両殿の前に立つ。群臣、共に拝舞す。行ひ訖りて退出す。百官六位主典已上、承明門外に於いて拝舞す。…雪に因りて地湿する故、雨儀にして、礼を成す。近仗、上儀に服す。
（『日本三代実録』元慶六年正月二日条）

天皇、紫宸殿に御す。従二位行大納言兼左近衛大将源朝臣多、内弁の事を行ふ。親王已下参議已上、閤門より入り、宜陽殿の西廂に立つ。四位・五位、相分れ、春興・安福両殿の前に立つ。内弁大納言、殿より下りて列に就く。…親王已下参議已上、昇殿す。四位已下、座に侍る。宴楽、日を竟し、歓び極まりて罷る。御被を賜ふ。…今日、元日の宴礼を兼ね行ふ。
（同三日条）

図１−２　現在の京都御所の承明門

二日は陽成天皇の元服直後に行われた拝礼、三日は元服の祝宴と延期になっていた元日節会を兼ねて行われた宴会であり、ともに雨儀が用いられている。時平はこのような「旧例」を斟酌して、雨儀の次第を作って実施したのだろう。ただし、元慶の雨儀と時平の雨儀とで相違点も見える。

元慶六年の雨儀では、四位・五位が列立する場所として春興・安福両殿の前が用いられている。確かに、東西第二堂である春興・安福両殿の前での列立は、通常の馳道を挟んだ東西列を、それぞれ東列は東に、西列は西にスライドさせただけのシンプルで分かりやすい移動である。通常、東側に列立している親王から四位参議の列を、雨儀の場合には東にスライドさせて東第一堂の宜陽殿の庇部分に列立させるのと原理としては同じであり、分かりやすく、かつ整然としている。

それが時平の案では四位・五位＝諸大夫は、その列立位置を南側の承明門の東西廊としている。これは一見すると、分かりにくい移動であるが、参加者の具体的な状況を考えてみると、こちらの時平案の方が合理的である。四位・五位＝諸大夫の列は、東西方向の列（横列）が馳道を挟んで全部で三列。王の四位五位の列、臣四位の列、臣五位の列となる。一列の人数が比較的多いため東西に細長い陣形となる。南北方向に広がっている春興・安福殿の庇に収まるためには列ごとに北に九〇度回転させた形にならなければいけない。東西にスペースの取れる承明門の東西廊ならば列の形を保ったまま雨を避けることができ、大きな変更も少ない。優れた殿舎の利用法と言える。

いくつかの点から、雨儀として四位・五位が承明門で列立した最初の例は、おそらくこの延喜八年であったと考えられる[29]。時平はこれ以前の雨儀のあり方を踏まえた上で、より合理的な列立をここで新たに行った。そしてこの承明門での列立は、その後も長く雨儀の一部として用いられ続ける。なお、承明門は現在、【図1-2】のような構造として復元されており、また院政期の『年中行事絵巻』朝覲行幸には檜皮葺の立派な門として描かれている。大きな屋根を持ち、スペースも十分にあり、官人の列立もある程度まで可能であっただろう。

雨儀における内弁作法

平安時代中期から見える雨儀の整備に、時平が関わっていることを述べた。また醍醐天皇も旧例を踏

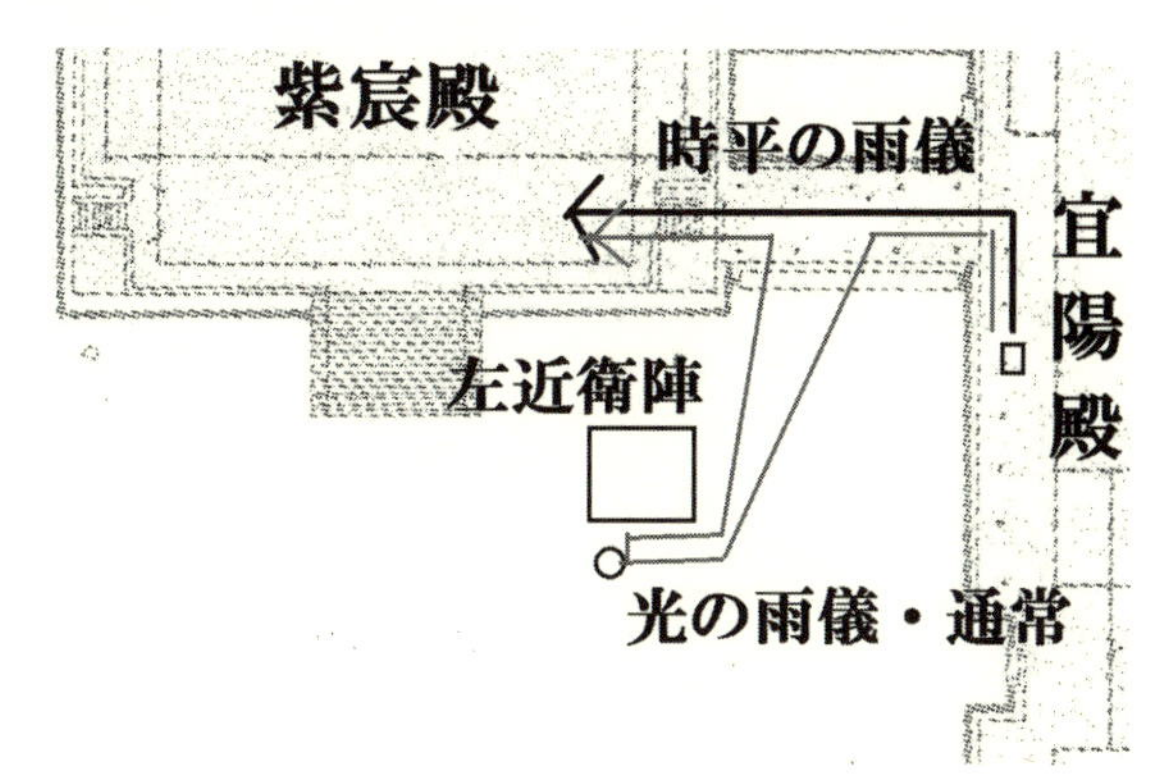

図１－３　節会での内弁の動き

まえつつ、儀式を合理的に改めていく時平を頼もしく思っていたのだろう。雨儀に関わる別の記事からそれが窺える。

> 南殿に出る。掌侍、大臣（源光）を召す。左仗に至り、立ちて揖し、還りて殿に上る。雨湿に依り、行ふ所。故左大臣（時平）、仗頭に到らず、直ちに座を起ち、称唯して殿を上る。而るに今、此の儀見る所無し。
>
> （『西宮記』正月　節会所引延喜十二年（九一二）正月一日条）

ここでは雨儀のときの内弁（ここでは源光）の動作について、醍醐天皇が感想を述べている。すでに三年前の延喜九年（九〇九）に時平は亡くなっている。時平の死後、筆頭公卿となったのは右大臣源光であり、このとき、節会の責任者、内弁を務めている。内弁は、他の官人が承明門から会場である内裏に参入する以前に、すでに内裏のなかにいて、儀式を行うための様々な指示を出し、儀式を統括する。基本的に全官人のトップにあたる筆頭公卿が務める。それに対して、開始前には承明門の外でスタンバイしている者たちを「外弁」と呼ぶ。彼らは内弁の指示を受けて承明門から参入する。

　このときは節会が雨儀で行われ、開始するに当たって、内弁の源光は掌侍（女官）から紫宸殿に昇殿するよう呼ばれた。そこで宜陽殿に置かれた兀子（腰かけ）から起ち、殿庭の左近衛陣のところまで出ていって、座らずに揖（拝礼）だけを行ってから昇殿した（【図1-3】参照）。これを見た醍醐天皇は、今は亡き時平の動作を思い返している。時平が内弁を務めたときには、光のように陣のところに進むことなく、兀子から起つと返事（「称唯」）をしてすぐに昇殿したという。確かにこれなら、ずっと屋根のあるところを進むので雨に濡れることがなく、合理的ではある。

　雨儀でない通常の場合は、内弁は宜陽殿の兀子を立ち、左近衛の陣の辺りまで西に進み、座を与えられた感謝の意味を込めて揖と再拝（謝座）を行い、そこから紫宸殿に昇殿する。[30]これが念頭にあって、光は雨に濡れながらも左近衛陣のところまで出て揖を行ったのだろう。時平の方式は合理的ではあるが、拝礼の動作までも省略しており、丁寧さに欠ける。時平の作法は天皇に対して失礼に当たる気がするが、醍醐天皇は時平の方式を高く評価していたようで、「而るに今、此の儀見る所無し」と、時平の作法を懐かしく思っている様子が見える。そしてこの後にこの時平の方式が復活していたことが知られる。この出来事の五年後の延喜十七年に、雨儀の場合に皇太子（保明親王）が謝座すべきかどうかが問題になった。醍醐天皇は当時の右大臣、忠平にそのことを尋ね、忠平は以下のように返答している。

　雨湿の時、殿内に在る者、拝すべし。内弁は座辺に於いて拝す、てへり。而れども前例、拝さずに直ちに上る。然らば則ち、太子、殿上に在ると雖も、宜しく諸臣と同じく拝さず。

（『西宮記』正月　節会所引延喜十七年正月一日条）

雨湿の場合、殿舎のなかにいる者は、拝礼を行うのに問題はないし、内弁も兀子の側で拝礼をすればいい。しかし、すでに実際に、これまで内弁は拝さずに直接昇殿してきた。だから内弁より地位の高い皇太子も拝礼しなくてもいいはずだ、と忠平は述べている。内弁は拝礼をせずに直接昇殿するという時平の作法が広く行われていたことが分かる。この忠平の回答に対し、醍醐天皇は、「定め申すに依り、更に謝座せざれ」と受け入れている。しかしこの方式が行われたのはこの時期だけであったようで、以降の儀式書を見てみると、言及はあるが、当時は行われていない古い作法とされている。

雨湿、内弁、謝座せず、直ちに参上す。太子、又、謝座せず。親王以下、庭中に列立し、謝座・謝酒せず、直ちに参上して着座す。近代、此の儀無し。

（『北山抄（ほくざんしょう）』一　同日宴会事）

天慶七年（九四四）例、同日、雨湿の時、謝座せず昇殿す。内弁、仰せて云はく、「謝す莫かれ」と。近代、此の儀無し。

（『西宮記』正月　節会）

雨儀で謝座をしないことは、十世紀半ばの『西宮記』や十一世紀初めの『北山抄』といった儀式書に引用されてはいるが、「近代、此の儀無し」とされ、今は行われていないものとされている。十世紀前半の醍醐天皇の治世とその少し後に限って許容されていた作法なのだろう。

そして内弁の雨儀での作法は十世紀半ば以降、「雨儀は座の前に於いて拝す。」（『西宮記』正月　節会）や「大臣、兀子の南傍に一両歩行きて謝座す。」（『北山抄』一　同日節会事）と、内弁は兀子から直進するが、謝座は座辺で行うとされる[31]。時平の方式に修正が加えられ、謝座を行っているが、これも時平に始まる作法として継承されている。

又、雨儀の日、内弁、瓦（兀カ）子を起ち、南行すること一両歩にて謝坐す。是れ、先帝（醍醐天皇）の勅語なり。故左大臣（時平）の為す所なり、てへり。

（『小野宮故実旧例』天慶元年（九四四）七月二十一日）

これは、藤原忠平から息子実頼に伝えられた教命である。藤原忠平は、時平の弟で、この時期の儀式・故実を集大成し、儀礼に関する高い見識を持っていた人物とされる。忠平は息子実頼（さねより）・師輔（もろすけ）に様々な場面で儀式に関して指示・教導を行ったが、これもその一つである。このなかで、陣に出ることなく、二三歩下がって謝座をするのが、時平の作法とされている。「先帝の勅語」とあることから、ある段階で醍醐天皇が時平の行っていた作法をもとに、内弁が行うべき作法として定めたことが分かる。このような時平への扱いを見ると、醍醐天皇が儀式に関して時平を深く信頼していたことが理解される。しかしここで若干の修正（謝座をする）が加えられていることからも分かるように、時平の作法は当時としては合理的過ぎたのかもしれない。また注目されるのは、延喜十二年の段階で、源光の動作を見て、「時平はこうだったのに…」と思う醍醐天皇の心の動きである。時平は死後もなお醍醐天皇にとって大きな存在であった。

また、時平の行っていた作法は、儀式における重要な基準の一つとなっていると言える。『醍醐天皇御記』のなかで、醍醐天皇は「失か」「失誤」「違失」という語句を用いて、正しい儀式次第が行えなかったことを厳しく指摘している。それは臣下の者だけではなく、時に天皇自身に向けられている。そのような場合、『内裏式』などの儀式書や確実な先例を基準としていることが多い。しかしそれだけではなく、ここで見られるように時平の作法がひとつの規範・判断基準となっている。時平が亡くなって三年が経っても、醍醐天皇にとって時平は儀式を行うときの拠り所であった。そしてそれは単なる「先例」ではなくて、「故左大臣…」という生々しい形で思い起こされている。

内宴に見える時平の故実

この後も、『醍醐天皇御記』のなかには時平への言及が見える。延喜十三年（九一三）の内宴について、以下のように記している。

大納言藤原朝臣（忠平）、事由を奏し、（三善(みよしの)）清行(きよゆき)を召して題を献ぜしむ。先例は二人を召す。題を奉らしめて選定す。只、故紀朝臣（長谷雄）、参議たる時、故左大臣（時平）、一人を召して献ぜしむ。若しくは彼の例に因るか。

（『西宮記』正月　内宴所引延喜十三年正月二十一日条）

内宴のなかでは漢詩が賦されるが、その詩題は当日に文章博士などのしかるべき人物二名に命じて提出させる。しかしこのとき藤原忠平は三善清行一人に命じて行わせたという。この措置に対して、醍醐天皇は、かつて時平が、参議であった紀長谷雄一人に命じた例を思い出し、その例に倣ったものか、と述べている。醍醐天皇の記憶が確かなら、長谷雄が参議であり、かつ、時平が存命していた、延喜三年から九年の出来事だろう。『北山抄』三　内宴事所引『村上天皇御記』応和二年（九六二）二月二十一日条には、「先例、公卿（参議以上）の儒者有らば、多く、一人を召す」とあり、約五十年後の段階ではこれが「先例」とされている。[32] 村上天皇にとっては、このことはあくまでも先例として守るべき規範である。しかし、醍醐天皇にとっては、自分が目の当たりにしていた時平の例として想起されている。さらに、同日の宴会の場面にも亡き時平が登場する。

> 大宰帥親王（敦固親王・醍醐天皇の同母弟）、座を起ちて、行酒す。年来、親王の行酒の事無し。故式部卿親王（本康親王カ）在る時、又、此の事無し。後に聞くに、親王、申すに、「故左大臣（時平）、行酒せしむるを語る」と云々。然らば則ち、故実有るべし。若しくは是れ、忘却するか。

内宴で親王が臣下に行酒する（お酌をする）ことは今までなかったが、このとき敦固親王がそれを行った。敦固親王は醍醐天皇の同母弟である。醍醐天皇の記憶によれば、式部卿親王のときにもこのようなことはなかった。式部卿親王は、おそらく延喜元年（九〇一）に亡くなった仁明天皇皇子本康親王であろう。七十才以上の長寿を保ち、琴や和歌の上手としても著名な存在であった[33]。その本康親王も行っていなかったのに、親王が酒をついで回ったことを醍醐天皇は不審に思っている。後に敦固親王本人に尋ねたところ、これは時平が親王に語った作法であるということであった。そこで醍醐天皇は「然らば則ち故実有るべし」とし、時平の言ならば、何か故実があるのだろうと半ば盲目的に時平の見解を支持し、さらに「若しくは是れ、忘却するか」と、自分が重要な故実を忘れてしまっているのだろうか、と謙虚に自分を責めている。

内宴での親王の行酒は、細かい話なので記録等にあまり残ることがなく、実例からは確認できないが、これ以降の儀式書の次第文では、「公卿、行酒す。或いは親王、行ふ。」（『西宮記』）、「或いは親王、盃を勧む。」（『北山抄』）とされ、場合によっては行うことが書かれている。また源延光（九二七〜七六）の著したとされる『親王儀式』という儀式書のなかに、内宴行酒が項目としてあったことが知られる[34]。内宴での親王行酒は、後の時代に定着している。死後もなお、時平が一定の影響力を持っていたことが見て取れる。

醍醐天皇がこれほどまでに時平を信頼しているのは、彼が生前に、故実に詳しく、儀式の整備をリードしてきた存在だったからであろう。天皇は時平の死後も彼が行った作法を高く評価し、それを積極的に継承・定着させようとしている。

② 同時代人の時平への評価

『醍醐天皇御記』に見える時平は、儀式に練達しているとともに、旧例を踏まえながら合理的な考え方で新たな作法を自ら作っていく人物であった。従来の道真を陥れた悪人、或いは延喜の治を支えた政治家とは異なる、儀式に詳しい有能な貴族としての側面が見えた。

『御記』以外の同時代の記録にも、時平を儀式や故実に詳しい人物とする評価が多く見られる。醍醐天皇の時平への信任は少し常軌を逸しているように思えるほどだが、時平の作法を高く評価しているのは、何も醍醐天皇だけではなかった。

忠平からみた時平

時平の弟、忠平も兄の儀式作法について折に触れて言及している。忠平は、時平の死後、彼に代わって権力を握った。後には朱雀天皇の摂政、関白、さらに村上天皇の関白を務め、長期間にわたって政治の主導権を握り、栄達を遂げた人物である。しかし兄時平が活躍している時期には、忠平は議政官メンバーに入っておらず、長らく右大弁にとどまっていた[35]。時平が亡くなった延喜九年以降、僅か三年で参議、権中納言、大納言と急激な昇進を遂げ、太政官のナンバー2の地位に昇り、延喜十三年には源光の死によって筆頭公卿となる。

このような経緯もあって、忠平はこの八才上の兄、時平にかなり複雑な感情を持っていたようだ。それが透けて見えるのが、忠平の息子師輔の『九暦（きゅうれき）』の記事である。忠平は承平（じょうへい）六年（九三六）に太政大臣に就任する。そのことを父基経の墓に報告に行った夜、息子の師輔に昔語りをしたことが見える。

殿下（藤原忠平）、太政大臣の御慶に依りて、山科御陵並びに宇治御墓所に参らる。殿に還るの後、亥剋に至り、御前に候ず。仰せて云はく、「曽て我、尚ほ幼少の時、前閤（基経）、仰せて云はく、『我が嗣、汝の所に在り』てへり。此の事、已に数度に及ぶ。而るに今、彼の命に違はず、摂政の職を授けられ、其の後、今年に至り、我、太政大臣に任ぜらる。聖人の一想、神妙と謂ふべし。感歎の深、落涙、胸を霑す」てへり。

（『九暦記』承平六年九月二十一日条）

このとき忠平はすでに五十七才。忠平が幼少のときに父基経は、「自分の跡を継ぐのは、汝（忠平）だ」と何度も言っていたが、これに背くことなく、基経と同様に摂政・太政大臣に昇ることが出来た、と自身の感慨を述べている。何とはなしに聞くと、父基経の期待を受けていた忠平は見事にその跡を追うことが出来た、という美談に見える。しかし冷静に考えると、基経が亡くなったとき、忠平はわずか十二才であり、上には兄の時平二十才、仲平（なかひら）十七才がいた。ましてや若いときから有能であり、溺愛していた時平を差し置いて、基経がこんなことを言うのだろうか。これは忠平の捏造ではないのか。[36] さらに忠平は続けて以下のように述べる。

又、仰せて云はく「左大臣（時平）、御病の時に及びて、宣ぶるに、『我が骨を前閤（基経）の御墓所の辰巳の方へ置け』と云々。是れ、若しくは皇太子宮を象（かたど）るか。前々太政大臣（良房）並びに内（うち）麿（まろ）大臣の墓、某辺に在り、云々。慥かに其の所を知らず」てへり。

時平が死の直前に、「自分の骨は、父基経の南東側に葬ってほしい」と忠平に命じたが、これは皇太子宮を意識したものか、と忠平は述べている。皇太子の御在所である東宮は天皇のいる内裏の南東に位置している。忠平は、自分の遺骨を父の南東に作って欲しいと願う時平に対して、父基経の後継者という意味を持たせているのか、と勘繰っている。さらに、この辺りには、藤原良房（忠平の祖父）や内麻呂（良房の祖父、忠平の高祖父）の墓もあって、場所はよく分からないのだ、と述べており、結局、時平の希望は叶えられなかったようである。基経の墓であった次宇治墓は、現在の宇治陵に当たる。[37] しかし、この辺りは藤原氏一族の墓所であるというだけで、個々人の埋葬地はよく分からない。この時代の貴族の墓所は曖昧であり、藤原氏であっても墓地の管理はしっかりなされていなかったという。[38] 忠平が先祖の墓の位置がよく分からないというのは、その通りだろう。しかし、ここでは忠平の時平への思いが屈折した形で表れている。基経の後継者づらをしていた時平は、死してなお自分が基経の後継者と主張しようとしたが、生きて父の後継者となったのは、他ならぬ私、忠平なのだと暗に主張しているように思える。自身が晴れて太政大臣となったためでたい場面で、わざわざ時平のことを持ち出してくること自体が、忠平が兄に強いコンプレックスを持っていたことを示している。ここには、時平と忠平の兄弟間の確執の根深さがうっすらとであるが確かに見えている。

また、忠平はしばしば儀式に関することで時平を低く評価する発言をしている。時平の大臣大饗には違例があった、時平が提案した作法を時の人は「頗る便宜無し」と言った、ということを師輔に話している。[39] しかし、その忠平にしても、時平の功績については無視できなかったようだ。

仰せて云はく、「…而るに延喜の初め比（ころ）、左大臣時平、諸事、故実に因准して申し行ふ。古日記に依りて内侍をして人を召さしむ。其の後、今に従ひ行ふ」てへり。

（『九暦記』天慶七年〔九四四〕十月十一日条）

ここで四月・十月に行われる旬政での作法について忠平が述べている。儀式の開始時に、陣座（左近衛陣の座）に待機している大臣を殿上に呼ぶ際には内侍（女官）を介すのだと、忠平が息子師輔に教えている。そのなかで、時平が「諸事、故実に因准して申し行」ったとしている。時平は旬政の作法をはじめとする、多くの儀式（「諸事」）を改め、それが継承されている、と忠平は述べている。またそのような際に時平は「古日記」を参照したという。この件は、『醍醐天皇御記』にも確かに見える。

南殿に御す。掌侍時子、東檻に臨みて大臣を召す。前例、南殿に出づる時、内侍、公卿を召す。而るに五・六年来、内より気色を受けて参上す。此の日、左大臣（時平）、先例を奏せしむ。故にこれを行ふ。

（『西宮記』十月　旬所引延喜七年十二月十六日条）

おそらくこの延喜七年に時平の示した作法が、後に継承され、忠平から師輔に伝えられたのだろう。また、忠平自身が時平から教授された故実を使う場面も見られる。

又、仰せて云はく、先帝（醍醐天皇）の御時、仁和寺行幸の日、予（忠平）、蔵人頭（藤原）恒佐（つねすけ）朝臣を使はして奏せしめて云はく、「仁和寺の大門に至りて輿を下りる時の警蹕（けいひつ）、奉るやいなや如何。

其の由は、故左大臣（時平）、云はく、『昔、承和帝王（仁明）、嵯峨院（嵯峨上皇）に行幸するの日、広沢池（ひろさわのいけ）の畔に於いて警蹕を停む。此の例を思はんが為、仁和寺行幸の日、彼の寺の大門の許（もと）に於いて、警蹕を奉るやいなやの由、蔵人頭（藤原）菅根朝臣に問ふ。而るに彼の朝臣、早く奉仕すべきの由を示す。茲に因りて奉仕し了んぬ』と云々。此の事、已に先例有り。左右、処分に随ふ」と。恒佐朝臣、参上して事由を奏す。返り来たりて云はく、「主上、此の事を聞食（きこしめ）して感悦の気有り。『嵯乎、余、未だ此の事を悟らず。而るに今、此の由を聞くに、尤も鑑戒と為す。然らば則ち、今より以後、彼の寺の行幸するの日、寺の近辺に至りては警蹕すべからず』」てへり。

（『九暦記』承平六年〔九三六〕十一月六日条）

忠平から息子師輔に対し、かつて自らが醍醐天皇の仁和寺行幸に左大将として従ったときのことを語っている。いつのことか明記がないが、延喜十二年（九一二）～同十五年の間のことと考えられる。[40] ここでは警蹕を行うかどうかが問題となっている。警蹕とは、天皇が出御するとき、輿から下りるとき、移動されるときに、先払いや注意を促す意味を込めて、近衛大将が「おお」「おし」などの声を出すことである。[41] これに関して忠平は、兄時平から聞いたという、以下の話を醍醐天皇に奏上している。

かつて仁明天皇が、父嵯峨天皇のもとに行幸した際に、遥か前の広沢池の辺りから警蹕をさせなかったという。時平はこの先例を知っており、醍醐天皇が宇多法皇のいる仁和寺に行幸した際に、仁和寺の大門の前で輿から降りるときの警蹕は行わない方がいいのではないかと蔵人頭の菅根に伝えた。しかし菅根は咄嗟のこともあって、その意図を理解せず、時平に「早く警蹕を行うように」と指示した。左大将であった時平はそれに従って警蹕を行ったという。これもいつのことか明記がないが、昌泰三年（九〇〇）〜延喜八年（九〇八）の間の出来事だろう。[42]このことを以前に兄時平から聞いていた忠平は、蔵人頭藤原恒佐（ふじわらのつねすけ）を介して醍醐天皇に、これを奏上した。醍醐天皇はこの話に非常に感心し、これ以降、寺の近辺に到ったなら警蹕は停止させようと述べられたという。警蹕を行うのは天皇の移動時のみであり、「天皇がいらっしゃるので畏こめ」ということを周囲に知らせるために行う。随って父や母にこれを聞かせるのは失礼であり、天皇であっても父母のもとに向かう場合、警蹕を行うべきでない。これは、子が親に敬意を表す「孝」の考え方による措置である。

忠平は、醍醐天皇が自分の奏上に感激されたのだ、という手柄話を、息子に語って聞かせているのだろうが、醍醐天皇は「時平の言」であることに重きを置いているのだろう。仁明天皇は、承和（じょうわ）二年（八三五）から、嵯峨太上天皇の亡くなる承和九年まで毎年、父太上天皇・母皇太后の御在所である嵯峨院に行幸しており、この間のことを時平は示しているのだろう。彼は約七十年前の出来事を把握していたことになる。時平が古い儀式に通じており、それを時宜に応じて用いようとしたことが見え、彼の有能さがここからも確認できる。おそらく醍醐天皇もこのような点に「感悦」したのだろう。また醍醐天皇が「今より以後…警蹕すべからず」と述べた通り、以降の儀式書では「其の宮外一町、警蹕を停む。」（『西宮記』正月　有上皇及母后者三日朝覲）と、父母への行幸の際には警蹕をしないとされている。[43]

このように、時平とそれほど良好な関係ではなかった弟忠平ですら、時平の儀式を踏襲するとともに、時にはそれを上手く利用している。

時平と部下

また、忠平以外の官人が時平の例を踏襲していることも見える。

予（師輔）の禄、桜色の綾細長一襲・袴一具。又、鷹一聯。大臣（藤原恒佐）、曰く、「故左大臣時平、左大将を兼ぬ。賭弓（のりゆみ）の勝饗（かちのあるじ）の夜、例の禄の外、鷹一聯を以て、中将（藤原）定方に給ふ。彼の例に依りて行ふ所なり」と云々。

（『西宮記』正月　賭弓所引『九暦』承平七年（九三七）十一月十八日条）

これは師輔が日記のなかで、弓場始（ゆばはじめ）の後の近衛府の饗について述べた記事である。近衛府官人の参加する、打ち上げ的な宴会であるが、ここで右近衛府の長官の右大将藤原恒佐から、次官の中将師輔に禄が与えられている。ここで右大将恒佐が言うには、部下の師輔に対して通常の禄に鷹を加えて与えたのは、かつて時平が左大将であったとき、中将の藤原定方（ふじわらのさだかた）に鷹を与えたことに倣ったものである、という。このような禄は長官のポケットマネーから出すもので、長官の気前の良さが試される。恒佐は延喜六年（九〇六）～同九年の間、左近衛府で左少将として時平・定方と部署を同じくしている。[44] おそらく定方が時平から禄を賜った場面に居合わせ、それを目にしていたのだろう。そのときのことをずっと覚えており、三十年後、自身が長官になったときに、時平と同じように、部下に通常以上の禄を与えたのだろう。部下が「自分も真似したい、いつかはああなりたい」と思えるような、尊敬すべき上司であった時平の様子が窺える。部下達の模範となる行動をとり、天皇から信任されているだけではなく、部下からも慕われている時平の人柄が窺える。或いは恒佐からすれば、時平の後任の左大将であった源光・藤原忠平には時平のような部下への心遣いが見られなかったので、それへのあてつけの意味もあったのかもしれない[45]。儀式・故実とは少し異なるが、ここでも時平の行動が随うべき例とされている。

さらに他に約百年後に当たる摂関期にも、時平の例が尊重されていたことが見える（【表1-2】参照）。その一例を見ておこう。藤原行成『権記』寛弘八年（一〇一一）十一月九日条には、三条天皇の大嘗祭（代始めの盛大に行われる新嘗祭）の準備について行成が道長から指示を受けている様子が書かれている。ここで、道長は仁和寺から「寛平式」と呼ばれる大嘗祭について詳しく述べた書を入手したことを語っている。おそらく寛平九年（八九七）十一月二十日に行われた醍醐天皇の大嘗祭のときの儀式次第を記したものであろう。この書を「其の中に取るべきの事有り」「甚だ興有るの事、両三存す」と、道長は絶賛している。しかしそれでも儀式のなかで不明な点があったため、行成にそれを尋ねている。この後、行成は自宅に帰り、「時平大臣の御草子」を参照している。

> 家に帰りて、「時平大臣の御草子」を見る。件の説、吉き説なり。天長十年（八三三）の例を注す。
> 又、上の秘説等、此の草子の中に在り。

大嘗祭について詳しく載せているらしい「時平大臣の御草子」が、具体的にどのようなものかは不明であるが、秘説を多く載せる書であったことが見える。行成は他に時平の消息（書状）も所蔵している。

故大納言（行成）の御許に在る、貞信公（忠平）御消息文十五巻、并びに忠仁公（良房）・昭宣公（基経）・時平太閤等の御消息等、択び出して関白殿（頼通）に奉る。是れ召し有るに依るなり。

（『左経記』長元元年〔一〇二八〕二月十六日条）

行成の死後、彼が所蔵していた良房・基経・時平・忠平の消息を娘婿の源経頼が整理して、頼通に献上したことが見える。行成の死後は頼通の所有に帰したようだ。どういう訳でこれら藤原氏の歴代嫡流の消息が行成のもとにあったのかは記されていないが、祖父の伊尹（師輔の嫡男）から相続した可能性が高いだろう。(46) 時平に関わる書物・書状は極めて限定的だが、貴族社会に継承されている。(47)

表1-2　『醍醐天皇御記』以外に見える時平と儀式に関わる記事

No	出典	内容	備考
1	『貞信公記抄』延喜七年（九〇七）八月一日条	旬で下物を賜るときに時平は跪き候じた。	
2	『貞信公記』（逸文）延喜八年（九〇八）四月二十日条	賀茂祭では内侍に警固の由を奏させた。	『北山抄』六　警固事所引
3	『貞信公記』（逸文）延喜九年（九〇九）正月七日条	時平が下名を給うときに、式部・兵部丞は磬折した。	『北山抄』一　七日節会所引
4	『邦基卿記』延長三年（九二五）九月三日条	時平が源光に九月三日に官奏に候ずよう命じた。	『新撰年中行事』三月所引

5	『吏部王記』承平五年（九三五）十一月九日条	時平が宰相中将のときに左大臣源融が警蹕を行って咎められた。	『政事要略』年中行事　十一月所引・師輔の言
6	『九暦記』承平六年（九三六）九月二十一日条	時平の大臣大饗のときには四位を以て請客使とし、先例に反した。	忠平の言
7	『九暦記』承平六年（九三六）九月二十一条	時平の大臣大饗のときの禄が親王と納言とで同じだった。	忠平の言
8	『九暦記』承平六年（九三六）十一月六日条	仁明天皇が朝覲行幸では警蹕をしなかったことを時平は醍醐天皇に奏上しようとした。	忠平の言
9	『九暦』（逸文）承平七年（九三七）十一月十八条	時平は左大将のときに近衛の饗で禄を追加して部下に与えた。	『西宮記』正月　賭弓所引
10	『小野宮故実旧例』天慶元年（九三八）七月二十一日	雨儀の内弁は兀子の南で謝座をする。これは時平の行ったことである。	忠平の言
11	『吏部王記』天慶二年（九三九）十一月二十五日条	新嘗会で見参を奏上させている間には、東第三の柱下に候ず。時平が基経説を受けたものという。	『政事要略』年中行事　十一月所引・師輔の言
12	『小野宮故実旧例』天慶三年（九四〇）十二月二十三日	節会に遅参の場合は、装束司の弁に連絡して儀式を始めさせる。これは時平が示した説である。	忠平の言
13	『吏部王記』天慶七年（九四四）正月十六日条	旬のときには時平は中間より母屋に入った。	『西宮記』十月　旬所引

No.	出典	内容	備考
14	『九暦記』天慶七年（九四四）十月十一日条	旬で内侍をして大臣を内裏に召す方式を時平が復活させた。	忠平の言
15	『九暦記』天慶七年（九四四）十二月十一日条	醍醐天皇が宇多法皇に対して跪いたが、これは時平の奏上による。	忠平の言・延喜六年十一月七日のこと
16	『村上天皇御記』応和元年（九六一）三月十七日条	右大臣を官奏候侍者とするときに、時平は上表を行った。	『西宮記』官奏所引
17	『村上天皇御記』康保二年（九六五）六月四日条	実頼が奏上した時平の例に従い陣座で除目を行う。	『西宮記』正月　除目所引
18	『村上天皇御記』康保三年（九六六）二月二十一日条	時平は紀長谷雄に御製の詩を読ませた。	『八雲御抄』二
19	『権記』寛弘八年（一〇一一）十一月九日条	「時平大臣御草子」に大嘗祭の詳しい記載があった。	
20	『左経記』長元二年（一〇二九）二月十六日条	行成の所蔵していた時平の御消息を頼通に進上した。	
21	『西宮記』正月　除目	列見・除目・下名を同日に行った。	昌泰三年二月十日の記録
22	『西宮記』酒座事	時平が寛平中の本康親王の失について述べた。	延長二年正月二十五日の記録
23	『北山抄』六　卜定斎宮事	時平は二度卜定を行った。	延喜三年二月十九日の記録

24	『北山抄』六　大臣従八省参内裏儀	外記庁で右大臣道真とともに時平が並んだ。	昌泰の間
25	『北山抄』二　十五日牽信濃勅使御馬	時平が着座しなかった。	延喜五年八月十八日の記録
26	『北山抄』六　勅書事	立太子のときに時平を第一に拝すべき人とした。	延喜四年二月十日のことか
27	『北山抄』三　読奏事	郡司読奏のときに披見の儀がなかった。	昌泰二年のこと
28	『政事要略』糺弾雑事	惟宗直本に命じて「検非違使私記」を作成させた。	寛平四年頃か
29	『江家次第』除目	除目の名替について、時平が醍醐天皇に示した。	
30	『師遠年中行事』	一分召のときの奏文は十枚を過ぎないようにすること。時平の奏上による。	『西宮記』正月　一分召所引『九暦』にも見える

ここまで藤原時平と儀式の関わりについて述べてきた。政治家としての印象の強い時平であるが、それに加えて、承和例をはじめとする古い儀式をよく知り、儀式の面でも醍醐天皇を支えていたことが見えた。醍醐天皇は彼を全面的に信頼し、ことあるごとに頼りにしている。

時平死後に筆頭公卿となる源光・藤原忠平は、時平のように醍醐天皇から頻繁に儀式に関する諮問を受けることもなく、醍醐天皇は彼らをそこまで信頼していなかったようである。或いは内覧としての立場による側面もあるだろうし、醍醐天皇の少年期・青年期を通じて筆頭公卿であった時平に比べ、壮年期に筆頭公卿を務めた光・忠平ではおのずから役割も違ってくるだろう。醍醐天皇の経験・知識が蓄積されていけば、天皇が一人で判断を出来るようになり、大臣の意見はそこまで必要とされなくなるだろう。しかしそれを差し引いても、時平は醍醐天皇にとって特別な存在であったように思われる。それは醍醐天皇と時平、両者の儀式に関する考え方によく表れている。次に節を改め、この時期の儀式が何に規制されていたのかについて見ていきたい。少年期・青年期の醍醐天皇は臣下の言に従っていたが、徐々に自らの判断を行うようになってくる。延喜九年（九〇九）に時平が亡くなったことも醍醐天皇の自立を促したのかもしれない。そして様々な儀式の中で「誤失」「違失」など、作法の誤りを指摘するようになる。「誤り」であると判断するということは、正しい儀式が想定されているということである。そのような場合に醍醐天皇の拠り所となったのが『内裏式』と「先例」であった。

第四節　醍醐天皇の判断基準―『内裏式』と承和例―

①　内裏式

勅撰儀式書と私撰儀式書

儀式での作法が正しいのか間違っているのか。これは非常に判断の難しいことである。平安時代中期以降、儀式は様々な先例の積み重ねによって成立していく。醍醐天皇の時代から六・七十年後の、藤原道長や藤原実資（ふじわらのさねすけ）が活躍する、いわゆる摂関期には、儀式の作法をめぐって様々な説が唱えられ、ある人から見れば正しい作法であっても、他の人から見たら誤っているという事態がしばしば起きている。[48]

このような摂関期に見える儀式・故実の出発点は、この醍醐天皇の時代にあるとされる。摂関期の貴族が儀式の先例として参照する事例は、圧倒的に延喜年間が多く、それ以前の事例が参照されることは少ない。[49] 早くに竹内理三氏は、この時期に父基経の故実を時平と忠平が継承し、長命を保った忠平が集大成を行い、さらにその息子の実頼・師輔がそれを継承し、小野宮流・九条流と呼ばれる故実の流派を形成したことを指摘した。[50] 実頼はその故実を藤原公任・藤原実資らの子孫に伝えた。また師輔の故実も子孫の藤原行成や藤原道長をはじめとする貴族たちに継承された。[51] そして儀式の細部に各の家の作法があるような、煩雑な儀式が形成されていった。

醍醐天皇・時平・忠平の時代は、まだこのような細かな作法は定められていないが、後に参照される儀式が行われた、故実の形成期であった。醍醐天皇たちの行動・作法が先例となり、後世の規範となった。この次の世代から、自身の日記や経験を元にした儀式書の編纂がはじまる。いわゆる私撰儀式書の登場である。醍醐天皇の孫に当たる源高明（九一四～九八二）によって編纂された『西宮記』は年中行事と臨時とから成るすぐれた儀式書であり、長く参照された。他にも藤原師輔が父忠平の教命や自身の日記を元に『九条年中行事』を作っている。また醍醐天皇の息子村上天皇（九二六～九六七）も『清涼記』『新儀式』といった儀式書を編纂したという。少し後であれば藤原公任（九六六～一〇四一）が祖父実頼の日記『清慎公記』を参照しつつ、他の説も幅広く総合した『北山抄』を編纂している。

このように後の人々は醍醐天皇の時代の事例を参照するとともに、実際行われた儀式をもとに私撰儀式書を作成してマニュアル化し、儀式を挙行する助けとした。しかし醍醐天皇の時代にはそのような便利なものは存在していなかった。ただ古くに遡ぼれば、宮廷儀礼は飛鳥・奈良時代から連綿と行われている。ここでは礼義を掌る官司である式部省が中心となり、朝廷の各官司が、掃部寮は会場設営、式部省は官人の誘導、といったそれぞれの役割を果たすことで挙行され、各官司ごとに儀式に関する細則を定めた「式」「記文」が作られた。この飛鳥時代以来の儀式は平安時代初期の嵯峨天皇の時代に大きく再編・整備される。そして、この前後に、中国の『大唐開元礼』をはじめとする礼書の記載を参考にしながら、儀式の内容を時間を追って詳しく示した儀式書が成立する。嵯峨朝以前の古い儀式を示した『内裏儀式』が弘仁初年頃（八一五頃）に成立する。さらにその後の儀式の変更点を反映させた『内裏式』が嵯峨天皇の命によって編纂され、弘仁十二年（八二一）に撰進された（【表1-3】参照）。その後『内裏式』を増補する形式で、その後の実情を反映させた『儀式（貞観儀式）』が貞観十四〜十九年（八七二〜八七七）頃に作られる。これら、朝廷の命によって作られた儀式書を「勅撰儀式書」と呼ぶ。

しかしその後、約八十年間、勅撰儀式書は作られず、応和三年（九六三）以降に、醍醐天皇の息子村上天皇の主導で、最後の勅撰儀式書『新儀式』が編纂された。醍醐天皇の時代は、『儀式』から『新儀式』の間の儀式書の作られない時代に当たる。しかもこの間には宇多天皇によって賀茂臨時祭をはじめとする新たな儀式も開始されている。[52] このような確固たる基準となる儀式書がなく、自分の経験もないなかで、醍醐天皇は臣下たちの意見を聞き、「外記日記」や官司ごとに蓄積された先例を参照しながら儀式を挙行する。そしてそれ以外に『内裏式』をひとつの基準としている。平安貴族社会の中で『内裏式』は長く参照され続け、『西宮記』殿上人事では「奉公の輩」が備えるべき書、『貫首秘抄』では主上の御作法を知るための書として挙げられている。『内裏式』を重視する姿勢は醍醐天皇に限ったものではないが、『醍醐天皇御記』では『内裏式』への言及が九箇所に及んでいる。

表1-3　平安時代の主な儀式書

書名	成立年	撰者	構成	概要	主な刊本
『内裏儀式』	弘仁初年頃	不詳	計一四項目	節会を中心に儀式次第を示す。唐風化が行われる以前の内容を持つ。	『故実叢書』
『内裏式』	弘仁十二年（八二一）	藤原冬嗣等	上中下　計二四項目	嵯峨天皇の命により作られた勅撰儀式書。弘仁十一年（八二〇）の儀式の唐風化を反映。天長十年（八三三）改訂。	『故実叢書』『神道大系』
『儀式（貞観儀式）』	貞観十四年～十九年（八七二～八七七）	不詳	巻一～十　計七九項目	神事から政務に至るまでの内容を網羅。『内裏式』の記載を継承しつつ、編纂当時の実情を反映。	『故実叢書』『神道大系』『古典文庫』
『清涼記』	天暦元年（九四七）前後	村上天皇	ほぼ散逸。	藤原師尹の加注本があった。『新儀式』と同書か。	『新訂増補国書逸文』
『新儀式』	応和三年（九六三）以降	村上天皇カ	臨時二巻のみ現存。計七八項目	『清涼記』と同書か。『内裏式』『儀式』の記載を継承しつつ新たな儀式を加える。	『群書類従』公事部

『九条年中行事』	師輔の晩年（九五〇頃）カ	藤原師輔	恒例・臨時【御服事~九月風水損事】＊冒頭を欠き、二月から始まる。計一六三項目	各行事について丁寧に儀式次第を述べる。勘物はほとんどない。	『群書類従』公事部
『西宮記』	高明の晩年（九八〇頃）カ	源高明	恒例【巻一~六】・臨時【巻七~二十二】＊ただし巻十八・二十一・二十二は非西宮記。（巻次は故実叢書による）計四九一項目＋尊経閣文庫蔵「官奏事」	平安時代中期の儀式次第を詳細に記載した私撰儀式書。儀式ごとに勘物（実例）を付す。後に源経頼が増補。写本により構成・字句が異なり、対照表を参照して善本を選ぶ必要がある。	『故実叢書』（前田家巻子本）『神道大系』（前田家大永本）『史籍集覧』（松岡本）
『北山抄』	長和年間（一〇一二~一七）	藤原公任	恒例【巻一・二年中要抄】・臨時【巻三・四拾遺雑抄　五践祚　六備忘】・故実【巻七都省雑事　八大将儀　九羽林要抄　十吏途指南】計三〇七項目	摂関期の儀式次第を詳細に記載。祖父実頼の日記『清慎公記』を多数引用。巻七以降には弁官・近衛大将・次将等、職務ごとに必要な内容を記載。	『故実叢書』『神道大系』
『新撰年中行事』	寛仁二年（一〇一八）頃カ	藤原行成	年中行事【上下】計七六〇項目	多数の項目について、関連する式文や実例を引用して沿革を示す。	西本編『新撰年中行事』

『小野宮年中行事』	実資の晩年（一〇二〇頃）カ	藤原実資	恒例・臨時【神事〜致敬及下馬】計二九九項目	各行事に簡潔に解説を加えたもの。実例だけではなく、式文を多く引用する。	『群書類従』公事部
『撰集秘記』	康和年間（一〇九九〜一一〇四）頃	藤原為房	九冊のみ現存【正月乙・丙・庚、二月乙、九月、十二月の甲・乙、臨時七、臨時十九】	当時すでにあった『装束記文』『清涼記』『蔵人式』『九条年中行事』『西宮記』『北山抄』『新撰年中行事』等の儀式書を項目毎に集成。現在は散逸したものも多く、貴重。	所編『東山御文庫本撰集秘記』
『江家次第』	天永年間（一一一〇〜一一一二）頃	大江匡房	恒例【巻一〜十一年中行事　十二神事　十三仏事】・臨時【巻十四・五践祚　十六欠・十七賀事　十八政務　十九遊宴　二十執柄諸家　二十一欠】計一六〇項目	『西宮記』『北山抄』等の先行する儀式書を吸収しつつ院政期の内容を示す。装束・補設も含め網羅的に説明していて、分かりやすいが必ずしも当時の実態を反映しておらず注意が必要。	『故実叢書』『神道大系』
『雲図抄』	永久三年〜元永元年（一一一五〜一一一八）	藤原重隆	年中行事　計三四項目	年中行事について指図を用い記したもの。	『群書類従』公事部

〔参考文献〕『群書解題』公事部　続群書類従完成会、一九八二年　所功『平安朝儀式書成立史の研究』国書刊行会、一九八五年　北啓太「解説」（『宮内庁書陵部本影印集成』西宮記三　八木書店、二〇〇七年）　西本昌弘「解題」（同編『新撰年中行事』八木書店、二〇一〇年）　小倉慈司「『雲図鈔』解説」（『尊経閣善本影印集成』雲図鈔　八木書店、二〇一二年）

醍醐天皇の「大失」

醍醐天皇二十六才、時平の死の翌年、正月の七日節会を行うなかで、天皇は『内裏式』に言及している。

南殿に出づ。近衛、門を開く。吾（醍醐天皇）、大臣（源光）に語りて云はく、「例、門を開くは、位記筥（きのはこ）を置く後に在り。大臣、即ち立ちて呼び、門を開くを停めしめよ」てへり。而るに「式」を案ずるに、実は先に門を開くべし。即ち催して、門を開かしむ。此れ大失なり。

（『西宮記』正月　七日節会所引延喜十年〔九一〇〕正月七日条）

醍醐天皇が節会の会場である紫宸殿に出御すると、承明門が近衛によって開けられた。ここで醍醐天皇は、右大臣源光に指示を出した。「本来、門を開くのは、位記筥（叙位される人に渡す位記を納めている筥）を所定の場所に置いた後なのだから、開くのが早すぎる。大臣が指示をして、開くのを止めさせなさい」と。しかし言った後に「式」を確認すると、先に門を開くと書いてあり、間違った指示を出していたことが判明した。ここで参照している「式」とは『内裏式』であろう。『内裏式』には七日節会の儀式文「七日会式」が載っており、確かにそこには位記筥を設置する以前に、開門をするよう書かれてある。[53]醍醐天皇は慌てて、再度、指示を出させて門を開かせている。

ここでは醍醐天皇は『内裏式』を参照して自分の指示を改めており、これが儀式を行う際の重要な基準であったことが見て取れる。最初に右大臣源光に対して誤った指示を出してしまい、醍醐天皇は多くの官人の前で赤っ恥をかいた。しかしすぐに改めさせるとともに、「大失なり」ときちんと自分の日記に残し、反省しきりの様子が見える。ここからは醍醐天皇の謙虚な人柄も見える。これは余談になるが、醍醐天皇が後世「聖帝」とされるのには、このような天皇の人柄も大きく作用しているのだろう。院政期の大江匡房（おおえのまさふさ）『江談抄』に「御馬御覧（おうまごらん）の日、馬助以上、参上すべき事」として、次のような話が載せられている。

醍醐天皇の時代に清涼殿東庭で御馬御覧があった。二匹の馬が暴れ出したが扱う人がおらず、馬寮の助であった藤原忠文（ふじわらのただふみ）が馬を引き離して事なきを得た。これを見ていた馬寮の年老の下級役人は「あはれはえなきよかな。先朝の御時ならましかば（ああなんと見栄えがしない御世だ。先朝の御時であればなぁ…。）」と語り、馬を扱える人が少ないことを嘆いたので、醍醐天皇はこれを聞いて恥ずかしく思われた。

ここには儀式での失敗を謙虚に反省する醍醐天皇の姿が重ね合わされる。こういった説話的な話もまったくの作り話ではないのかもしれない。

また、醍醐天皇が『内裏式』を儀式の際も手元に置き、途中で参照してその細かい次第の確認をしている点も注目される。『西宮記』侍中事には行幸の時に『内裏式』を御笏（ごしゃく）・靴とともに運ぶことが見え、『江家次第』にも、節会の際に蔵人頭によって、『内裏式』の入った「式筥（しきはこ）」が天皇の西側の机の上に置かれたことが見える。これも形式的なものではなく、天皇が儀式次第を確認するために準備された実用的なものであったのだろう。それに加えて気になるのが、源光の立場である。時平の死後、廟堂の首班となったのは彼であったが、醍醐天皇は左大臣時平が亡くなった後も、源光を右大臣に据え置き、左大臣を空席としている。これには様々な理由が考えられるが、この一件からは、醍醐天皇が儀式の面で源光を信頼できなかったことが伝わってくる。光が醍醐天皇の発した「門を開くを停めしめよ」という誤った指示をどう受け取ったのかは分からない。間違ってるのに…と思いつつ従ったのか、何も気づかなかったのか。どちらにしても、光が頼りにならないことに変わりはない。これが時平であれば、醍醐天皇の誤りを事前に指摘して、うまく差配してくれただろう。いや、そもそも時平が内弁であれば醍醐天皇は安心してすべて任せ、口を出すこともなかっただろう。時平がいれば、恥をかくこともなかったのに…と醍醐天皇は思ったのではないだろうか。このように時平を失い、信頼できる大臣がいないなかで、醍醐天皇は『内裏式』を自身の判断基準として用いている。他に以下のような記事も残る。

弘仁・承和例、殿を下りて拝舞す。延暦例、殿上に拝舞す。「内裏式」、亦、殿を下るの儀、見えず。仍りて延暦例に従ふなり。

（『西宮記』皇太子元服　所引延喜十六年（九一六）十月二十二日条）

醍醐天皇の息子で皇太子であった保明親王の元服の日の『御記』である。紫宸殿での加冠の儀式が終わった後、皇太子は天皇への拝礼を行う。ここではそれを殿上で行うか、階下で行うかが問題となっている。弘仁例は、弘仁十四年（八二三）の仁明天皇（当時は正良親王）の元服、承和例は、承和五年（八三八）の恒貞親王の元服を指す。[54] これらの例では、皇太子は殿を下って拝舞したという。しかし延暦例——延暦七年（七八八）の平城天皇（当時は安殿親王）の元服儀——では、殿上で拝舞を行ったという。

ここで醍醐天皇は八十～百三十年位前の事例を参照していることになる。しかし実際に参照しえる「皇太子元服」の実例は確かにこの三例しかない。自身敦仁親王（醍醐天皇）の元服儀は、宇多天皇の譲位当日に仁寿殿で行われたイレギュラーなもので参考にならない。父・祖父である宇多・光孝天皇は皇位に関わる以前に元服を済ませている。その前の陽成・清和（せいわ）天皇は、幼帝として即位し、即位後に元服したので、「天皇元服」という別の形式の儀式になる。そうなると該当するのは、相当以前の事例になるが、ここに挙げられている恒貞親王（承和例）・仁明天皇（弘仁例）・平城天皇（延暦例）の皇太子元服しかない。これらの実例を記録した「記文」等を参照して細かい点を確認し、息子の元服儀を執り行っている。しかしやはり迷った場合には「内裏式」を参照し、それに近い延暦例を採用している[55]。

なお現存する『内裏式』には、「皇太子元服儀」は見えないが、弘仁初年に成立した、『内裏式』に先行する儀式書『内裏儀式』には存在したことが知られる。『内裏式』で新たに儀式文が作られなかったものについては、『内裏儀式』の次第が引き続き用いられ、それが「内裏式」とも呼ばれた[56]。ここで醍醐天皇が参照したのも厳密には『内裏儀式』であろう。どちらにしても醍醐天皇は百年ほど以前の儀式書を基準として用いていることになる。

先例と『内裏式』

次に少し後のことになるが、延長（えんちょう）三年（九二五）、醍醐天皇四十一才のときに行われた、息子の寛明（ひろあきら）親王（朱雀天皇）の立太子儀を取り上げる。このとき、藤原忠平が内弁大臣を務めたが、ここでは大臣が官人の参入を指示するときの作法が問題となっている。この左大臣忠平と醍醐天皇とのやりとりに『内裏式』が見える。

是より先、大臣（忠平）、申さしめて云はく、「先例を検ずるに、貞観十一年（八六九・陽成天皇の立太子（以下（　）内同））、寛平五年（八九三・醍醐）、宣命の時の例、舎人を召す。天長十年（八三三・恒貞親王）、承和九年（八四二・文徳）、仁和三年（八八七・宇多）、延喜四年（九〇四・保明親王）等、并びに舎人を召さずに門を開き、即ち刀禰、参入す。「延喜四年日記」に云はく、『召さず。天長十年、承和九年、仁和三年等の例に依る』と。而るに承和・仁和等の例、必ずしも貞観・寛平の例に依らず、これを行ふ。如何すべし」と。仰せしめて云はく、「「内裏式」を見るに、舎人を召す事無し。仰せて舎人を召すこと、又、其の例有り。彼に准じて行はしむるに何事か有らん」と。

（『西宮記』正月　大臣召所引延長三年十月二十一日条）

立太子儀の当日、天皇が会場である紫宸殿に出御し、内弁の左大臣藤原忠平が天皇の召しによって殿上の座に着し、諸衛が南門を開いた。ここで内弁である忠平は、官人の参入を指示するのだが、この方法を巡って、醍醐天皇に判断を仰いでいる。

官人が儀式のために内裏に参入する時には特定の作法がある。[57] 先に召されて殿上に昇っている大臣が宮中の雑用係である舎人を呼ぶ。舎人は門の外から返事をするが、代わりに少納言が参入する。大臣は少納言に向かって「刀禰を召せ」と命じ、これを受けて少納言は再び門の外に出て、承明門の外にいる

京都の産物
献上・名物・土産

東　昇（京都府立大学教授）著

京都（京都府全域）の各地域を軸に、近世・近代に特徴的な「献上・名物・土産」という枠組みから京都各地の産物をめぐる歴史を語る。第Ⅰ部：献上で朝廷への鮎、宮内省への猪・鹿、将軍への鰤、藩主への鮴、第Ⅱ部：名物で天橋立の知恵の餅、京都の松茸、第Ⅲ部：土産で加佐郡の桐実、青谷の梅、宇治の喜撰糖、を語る三部構成。

■四六判並製・282頁　二、七五〇円

ISBN978-4-653-04564-9

詩歌交響
和漢聯句のことばと連想

楊　昆鵬（武蔵野大学文学部教授）著

詩と歌の融合によって題材の個性が増幅し、新たな価値を生み出す和漢聯句。和漢聯句の独自な表現と連想方法を丁寧に分析し、多岐にわたる高度な専門知識をもった作者たちの思いとその文化的・社会的背景を明らかにする。和漢聯句研究のみならず中近世文学研究に必読の一書。

■Ａ５判上製・420頁　五、二八〇円

ISBN978-4-653-04558-8

尾崎翠の詩学

山根直子（京都女子大学非常勤講師・同志社大学／同志社女子大学嘱託講師）著

大正末期から昭和初期にかけて活躍した小説家、尾崎翠。翠文学に存在する五つの鍵概念「告白」「象徴」「追憶」「分心」「対話」を用いて代表作「第七官界彷徨」とその連なる作品群「歩行」「こほろぎ嬢」「地下室アントンの一夜」を読み解くことで、尾崎翠がどのようにその詩学を創り上げたかを明らかにし、翠文学の魅力に迫る。

■四六判上製・300頁　四、二九〇円

ISBN978-4-653-04563-2

石濱純太郎 大壺讀書記

映日叢書5

高田時雄（京都大学名誉教授）編

東洋の古語と西域出土の仏典・古文献の研究者として活動した石濱純太郎（一八八八―一九六八、雅号：大壺）の読書記を中心とした遺文を集めた。加えて、文字学や漢文、漢学に関する雑文、大阪の漢学の伝統について語る断章など、主著には採られなかった未刊行・未発表の文章を収録。『續・東洋學の話』に続き、石濱純太郎の業績と思いに迫る一冊。

■菊判上製・234頁　五、五〇〇円

ISBN978-4-653-04255-6

ヒンドゥークシュ南北 歴史考古学攷

新刊

桑山正進（京都大学名誉教授）著

第3巻「玄奘三蔵の形而下」

ヒンドゥークシュ山脈南北地方、そこは大文明の地ではない。しかし、ここを押さえる政治勢力は、中央アジアばかりか東アジアまで及び、歴史の経過は大きく影響を被った。この地域は、アジアの歴史の鍵鑰である―考古学調査と文献精読の成果（すべて未単行の論考）を結集し、全4巻に編む。

■第3巻　B5判上製・506頁　一六、五〇〇円

3巻：ISBN978-4-653-04593-9
ISBN978-4-653-04590-8（セット）

山田慶兒著作集

新刊

『山田慶兒著作集』編集委員会 編

第4巻「中国医学思想Ⅰ」

東アジア科学の総体あるいは個別理論に対して個性的な研究を展開し、思想史的アプローチによって科学文明の本質を探り続けた山田慶兒。単行本未収録の論文から未発表原稿まで、氏の学術的業績の全貌と魅力を明らかにする。主要著作は著者による補記・補注を加えそれぞれ定本とし、各巻に解題・月報を付す。

■第4巻　菊判上製・442頁　一六、五〇〇円

4巻：ISBN978-4-653-04604-2
ISBN978-4-653-04600-4（セット）

船山　徹（京都大学人文科学研究所教授）著

増補改訂

東アジア仏教の生活規則　梵網経

最古の形と発展の歴史

東アジア仏教徒の日々の生活規則『梵網経』。中国で偽作されたその「最古」の形を策定し、明確な意図をもって書換えられた経典の歴史変遷に迫る。未公開資料（日本奈良朝写本）の録文も収録。長らく入手困難であった初版に、唐招提寺蔵、覚盛願経『梵網経』の研究を収録した増補改訂版。

■菊判上製・552頁　一〇、五六〇円

ISBN978-4-653-04475-8

船山　徹（京都大学人文科学研究所教授）著

梵網経の教え

今こそ活かす梵網戒

現実社会に続く戦争とそこから生じる報復の連鎖にどう対処すべきか、いまこそ我々は古典の教えを新たに学ぶべきである―いまなお読み継がれる大乗仏教徒の生活規則『梵網経』。平易な現代語訳に基づき、その教えと特徴を解説する。混迷する現代の課題に本経の教えはどう応えるのか。『梵網経』下巻原文・全訳付。

■四六判並製・264頁　一、九八〇円

ISBN978-4-653-04476-5

諫早直人（京都府立大学文学部准教授）
向井佑介（京都大学人文科学研究所准教授）編

馬・車馬・騎馬の考古学

東方ユーラシアの馬文化

最新の考古学研究と理化学的分析の成果のもと、馬の家畜化から車輌の導入、そして騎馬遊牧まで、馬と人とが歩んできた長い歴史を解きあかす。人類社会における馬の役割とその重要性とは―馬を鍵として、ユーラシア諸地域の歴史・文化を横につないで理解するための新たな視座を提供する。

■四六判上製・312頁　三、五二〇円

ISBN978-4-653-04539-7

官人にこれを伝える。官人は順に門から入り、殿庭に列立する。この舎人を召す方式を用いるのか、それとも開門と同時に参入させるのか、それがここでは問題となっている。忠平は「外記日記」或いは「記文」を参照したのだろう、網羅的に近年の立太子儀の先例を羅列する。[58]忠平の示した先例によると、陽成天皇・醍醐天皇の立太子の時には舎人を召し、恒貞親王・文徳天皇・宇多天皇・保明親王の時は召さなかったという。確かに二つの例が存在していて、俄には決しがたい。これに対して醍醐天皇は、まず「内裏式」の該当箇所の記載を確認している。そこに「舎人を召す」という記載がないことを確認した上で、それでもすでに舎人を召した例があるなら、それに准じて行うのに何の問題があろうかと述べ、舎人を召す方式を行わせている。醍醐天皇は忠平の列挙した先例を一々吟味するのではなく、まず「内裏式」を参照し、その上で判断を下す。結果として「内裏式」にこれに関する記載はなかったのだが、多くの先例の間で混乱している様子の忠平に対して、醍醐天皇は明確に「内裏式」を基準としつつ、落ち着いた臨機応変の対応を見せている。[59]

またこの立太子儀のなかでは、他の場面でも「内裏式」が用いられている。

即ち、藤原朝臣（恒佐）、進みて宣命の位に就きて宣制す。訖（おわ）りて諸大夫、拝舞す。「内裏式」に曰く「再拝」と。拝舞せしむるは前例に依るか。

（『西宮記』正月　大臣召所引延長三年十月二十一日条）

その後の官人の参入・宣命の場面であるが、宣命使（せんみょうし）の藤原恒佐によって皇太子を立てる旨を示す宣命が読まれ、その後、官人たちが拝舞を行った。それに対して醍醐天皇は、「内裏式」には「再拝」するとあるのに、そうではなくて「拝舞（再拝と舞踏・より丁寧な礼）」をしたのは、何か先例があるのだろうか、とここに感想を書き付けている。「内裏式」を基準とし、それと異なる礼式にチェックを入れている。(60)

他に、延長七年（九二九）の朝賀でも奏賀・奏瑞の方法をめぐって『内裏式』が引用されている。

『内裏式』への回帰1――射礼――

醍醐天皇の重要な判断基準の一つが『内裏式』であったことが確認できた。さらに、醍醐天皇にとって、『内裏式』は儀式を執り行うときの単なる判断基準だけに留まらない。

> 豊楽院（ぶらくいん）に御し、射礼（じゃらい）を観ること『内裏式』の如し。左大臣（時平）、内より奏するに、「寛平御時、東宮帯刀（たちはき）に仰せ有り、左右近の次に射る」と。仰すに「彼の例に依れ」と。帯刀一両、射る。時に日、已に暮れ、宮に還御するに及ぶ。…
>
> （『西宮記』正月　射礼所引延喜七年〔九〇七〕正月十七日条）

毎年、正月十七日に行われる、天皇の前で選抜された官人たちが弓を射て、その腕を競い合う儀式、射礼の日の『御記』である。このとき醍醐天皇は二十三才で、まだ時平も存命していた。この日は豊楽院を会場とし、『内裏式』の通りに行われた。それに加えて寛平御時＝宇多天皇の治世に、通常の射手に加えて東宮の護衛を務める東宮帯刀に射させたことが、時平から奏上され、これが行われている。一見すると、東宮帯刀の参加以外は、儀式書に書かれている通りに、問題なく儀式が行われたことを示す平板な内容である。

しかし開催場所に着目したい。射礼は七世紀の孝徳朝まで遡る古い儀式であり、飛鳥・奈良時代には南門や朝堂院で開催されたが、平安時代には豊楽院を会場とするようになる。豊楽院は平安京で新たに作られた大内裏内の施設で、節会や外交儀礼などの国家的饗宴の会場として利用された。その跡地は現在の七本松二条の付近に当たり、ここから屋上に葺かれていた緑釉瓦も出土しており、当時の華やかさの一端が見える。(61) 弘仁十二年（八二一）撰進の『内裏式』には、この豊楽院を会場として行う射礼の儀式次第が記されている。しかし、この『内裏式』に定められた方式は徐々に行われなくなっていく。

【表1-4】に九世紀から十世紀初頭の射礼の開催場所を示した。嵯峨朝には天皇出御で豊楽院を会場とし、『内裏式』通りに行われている。しかし豊楽院を会場としながら、天皇は出御しないことが増えていく。清和天皇のときには豊楽院で天皇出御で行われた例が三例見えるが（貞観二年〔八六〇〕・四年・六年）、貞観七年以降は天皇は出御せず、公卿に命じて建礼門前で行わせることが常態化する。陽成天皇・光孝天皇のときは豊楽院での開催は一例も見えず、宇多天皇のときに、寛平六年（八九四）の一例がわずかに見えるばかりである。(62) 平安時代中期には『内裏式』の儀式次第通りに射礼が開催されることはほとんどなくなっていた。このように全官人の参加を前提にして大規模に行われていた儀式が、簡略化されていくことは、この時期の他の儀式にも共通して見える傾向ではある。(63)

	貞観十四年（872）	停止	—	諒闇（太皇太后崩）による。	三実
	貞観十五年（873）	建礼門前	×	公卿に勅して行わせる。	三実
	貞観十六年（874）	建礼門前	×	公卿に勅して行わせる。	三実
	貞観十七年（875）	建礼門前	×	公卿に勅して行わせる。	三実
	貞観十八年（876）	建礼門前	×	公卿に勅して行わせる。	三実
陽成	貞観十九年（877）	建礼門前	○		三実
	元慶二年（878）	建礼門前	○		三実
	元慶三年（879）	建礼門前	×	公卿に勅して行わせる。	三実
	元慶四年（880）	建礼門前	○		三実
	元慶五年（881）	停止	—	諒闇（清和上皇）による。	三実
	元慶六年（882）	建礼門前	×	公卿に勅して行わせる。	三実
	元慶七年（883）	豊楽院	×	公卿に勅して行わせる。	三実
	元慶八年（884）	建礼門前	×	公卿に勅して行わせる。	三実
光孝	元慶九年（885）	建礼門前	○		三実
	仁和二年（886）	建礼門前	○		三実
	仁和三年（887）	建礼門前	○		三実
宇多	仁和四年（888）	豊楽院	不明	基経第でも行う。	紀略
	寛平元年（889）	—	—		—
	寛平二年（890）	—	—		—
	寛平三年（891）	豊楽院	×		紀略
	寛平四年（892）	—	—		—
	寛平五年（893）	—	—		—
	寛平六年（894）	豊楽院	○		紀略
	寛平七年（895）	—	—		—
	寛平八年（896）	未詳	不明	射遺が無かったことのみ判明。	西
醍醐	寛平九年（897）	—	—		—
	昌泰元年（898）	建礼門前	○		紀略
	昌泰二年（899）	—	—		—
	昌泰三年（900）	—	—		—
	延喜元年（901）	—	—		—
	延喜二年（902）	建礼門前	○		西
	延喜三年（903）	建礼門前	○		北
	延喜四年（904）	—	—		—
	延喜五年（905）	—	—		—
	延喜六年（906）	—	—		—
	延喜七年（907）	豊楽院	○		西御・貞
	延喜八年（908）	豊楽院	○		西御・貞
	延喜九年（909）	—			
	延喜十年（910）	豊楽院	×		貞
	延喜十一年（911）	豊楽院	×	公卿が行う。	貞
	延喜十二年（912）	豊楽院	○		貞・紀略
	延喜十三年（913）	不明	×		貞
	延喜十四年（914）	豊楽院	×	雪により不出御、公卿が行う。	貞
	延喜十五年（915）	豊楽院	×		紀略
	延喜十六年（916）	—	—		—
	延喜十七年（917）	—	—		—
	延喜十八年（918）	豊楽院	○		紀略・西
	延喜十九年（919）	豊楽院	○		紀略
	延喜二十年（920）	豊楽院	不明		貞
	延喜二十一年（921）	—	—		—
	延喜二十二年（922）	—	—		—
	延長元年（923）	—	—		—
	延長二年（924）	不明	×		貞
	延長三年（925）	建礼門前	○	地湿す。	貞
	延長四年（926）	建礼門前	×	公卿が行う。	貞
	延長五年（927）	建礼門前	×	公卿が行う。	貞
	延長六年（928）	—	—		—
	延長七年（929）	—	—		—
	延長八年（930）	—	—		—

〔凡例〕 すべて日付は正月十七日。天皇出御かつ豊楽院開催の事例を網掛けで示している。
—は史料がないことを、出御項の○は出御、×は不出御、「不明」は史料からは読み取れないことを示す。出典の「類史」は『類聚国史』、「貞」は『貞信公記抄』、「西」は『西宮記』正月下射礼、「西御」は前記西宮記所引『醍醐天皇御記』、「北」は『北山抄』三　射礼、「紀略」は『日本紀略』。

表1－4　9～10世紀における射礼の会場（嵯峨朝～村上朝）

天皇	年（西暦）	会場	出御	備考	出典
嵯峨	弘仁元年（810）	—	—		—
	弘仁二年（811）	豊楽院	○	渤海使が参加。	後紀
	弘仁三年（812）	—	—		—
	弘仁四年（813）	南庭	○		後紀
	弘仁五年（814）	馬埒殿（武徳殿）	○		類史
	弘仁六年（815）	豊楽院	○	渤海使が参加か。	後紀
	弘仁七年（816）	豊楽院	○		類史
	弘仁八年（817）	豊楽院	○		類史
	弘仁九年（818）	豊楽院	○		類史
	弘仁十年（819）	豊楽院	○		類史
	弘仁十一年（820）	豊楽院	○	渤海使が参加か。	類史
	弘仁十二年（821）	—	—		—
	弘仁十三年（822）	豊楽院	○	渤海使が参加か。	類史
	弘仁十四年（823）	—	—		—
淳和	天長元年（824）	射宮（武徳殿）	○		類史
	天長二年（825）	建礼門南庭	×	右大臣に行わせる。	類史
	天長三年（826）	—	—		—
	天長四年（827）	—	—		—
	天長五年（828）	射宮（武徳殿）	○		類史
	天長六年（829）	—	—		—
	天長七年（830）	豊楽院	○		類史
	天長八年（831）	武徳殿	×		類史
	天長九年（832）	—	—		—
	天長十年（833）	建礼門	○		類史
仁明	承和元年（834）	豊楽院	○		続後紀
	承和二年（835）	豊楽院	○		続後紀
	承和三年（836）	豊楽院	○		続後紀
	承和四年（837）	豊楽院	○		続後紀
	承和五年（838）	豊楽院	○		続後紀
	承和六年（839）	豊楽院	○		続後紀
	承和七年（840）	豊楽院	×	大納言に行わせる。	続後紀
	承和八年（841）	—	—		—
	承和九年（842）	豊楽院	○		続後紀
	承和十年（843）	—	—		—
	承和十一年（844）	—	—		—
	承和十二年（845）	建礼門	○		続後紀
	承和十三年（846）	豊楽院	○		続後紀
	承和十四年（847）	豊楽院	○		続後紀
	嘉祥元年（848）	豊楽院	×	右大臣に行わせる。	続後紀
	嘉祥二年（849）	豊楽院	×	左右大臣に行わせる。	続後紀
	嘉祥三年（850）	豊楽院	×	大臣に行わせる。	続後紀
文徳	嘉祥四年（851）	—	—		—
	仁寿二年（852）	豊楽院	○		文実
	仁寿三年（853）	豊楽院	×	公卿に勅して行わせる。	文実
	仁寿四年（854）	停止	—	殿前で行わせる。	文実
	斉衡二年（855）	豊楽院	×	公卿に勅して行わせる。	文実
	斉衡三年（856）	停止	×	殿前で行わせる。	文実
	斉衡四年（857）	豊楽院	×	公卿に勅して行わせる。	文実
	天安二年（858）	豊楽院	×	公卿に勅して行わせる。	文実
清和	天安三年（859）	停止	—	諒闇（文徳天皇崩）により停止。	三実
	貞観二年（860）	豊楽院	○		三実
	貞観三年（861）	豊楽院	×	雨。公卿に勅して行わせる。	三実
	貞観四年（862）	豊楽院	○		三実
	貞観五年（863）	豊楽院	×	公卿に勅して行わせる。	三実
	貞観六年（864）	豊楽院	○		三実
	貞観七年（865）	建礼門前	×	公卿に勅して行わせる。	三実
	貞観八年（866）	建礼門前	×	公卿に勅して行わせる。	三実
	貞観九年（867）	建礼門前	×	公卿に勅して行わせる。	三実
	貞観十年（868）	建礼門前	○		三実
	貞観十一年（869）	建礼門前	×	公卿に勅して行わせる。	三実
	貞観十二年（870）	建礼門前	×	公卿に勅して行わせる。	三実
	貞観十三年（871）	建礼門前	○		三実

醍醐天皇の時代も即位後しばらくは建礼門前を会場として射礼を行っていた。しかし、この『御記』に書かれた延喜七年（九〇七）に、豊楽院での開催が再開され、延喜二十年までここが会場として用いられる。またこの間、延喜七・八・十二・十八・十九年には醍醐天皇の出御が確認できる。このときを起点にして豊楽院での射礼が復活しているのだ。これは以前の会場を改めて『内裏式』の儀式次第通りに射礼が行われたことを意味する。この記事にある「『内裏式』の如し」には、このような儀式のあるべき姿を復興させた、醍醐天皇の感慨が込められているのではないだろうか。

『内裏式』への回帰2―相撲大節の成立―

同様の状況が相撲（すまい）でも見られる。相撲は宮中で七月に行われた行事で、全国各地から腕力に自信のある相撲人（すまいにん）を集め、彼らを左右に分けて相撲を取らせて勝敗を競う行事である。相撲は承安四年（一一七四）を最後に廃絶するまで、平安時代前期・中期を通じて盛んに行われた。藤原実資の日記『小右記（しょうゆうき）』にも、事前の練習風景、相撲人同士の争い等、様々な内容が書きとめられている。このように相撲は平安時代を通じて行われるが、その形式は平安時代中期に大きく変化する。(64)

相撲は二日に渡って行われる。『内裏式』では一日目は大内裏の南側に作られた苑池、神泉苑（しんせんえん）、二日目は紫宸殿を会場とし、参議以上・四位五位官人・六衛府官人・内舎人からそれぞれ人員を出して編成された臨時の官司、左右相撲司により儀式が運営される。しかし、承和三年（八三六）を最後に神泉苑での開催は見えなくなり、それに代わり、紫宸殿や仁寿殿・綾綺殿といった内裏内の殿舎が使用される。

さらに九世紀末には、相撲司が集められることはなくなり、相撲人を率いて儀式を運営するのは武官である左右近衛府の役割となる。

　このような変化のなかで、醍醐天皇二十九才のとき、延喜十三年（九一三）七月二十六・二十七日に開催された相撲は特筆される。

　二十六日丙寅。天皇、武徳殿に幸ず。相撲節有り。二十七日丁卯。又、同殿に幸ず。（『日本紀略』）

ここでは相撲が両日とも武徳殿（ぶとくでん）で開催されている。武徳殿は大内裏の西側に位置する、東側に広い空間を持つ殿舎で、主に騎射（うまゆみ）や競馬（くらべうま）などの武事に関わる行事の会場として用いられる。醍醐朝で相撲はこれまで、綾綺殿をはじめとする内裏殿舎で行われていた。このときに限って内裏外の大きな施設を会場としている。またこの間の『貞信公記抄』には忠平が連日、「相撲司に向かふ」ことが記されている[65]。忠平はこの前後の年には近衛府の長官として相撲の運営に関わっているが、その場合には「府に向かふ」と記されている[66]。ここから、この延喜十三年のときには相撲司が編成されていたことが知られ、ここに『内裏式』に見えるかつての運営方式が復活している。これ以降、武徳殿で相撲を行う例は見えず、また相撲司の任命は、数例が確認できるがいずれも形式的なものに過ぎない[67]。この延喜十三年の相撲だけが前後の事例から孤立している。一時的な措置ではあるが、射礼と同様に醍醐天皇によって『内裏式』への回帰が目指されたものとして位置づけられる[68]。

九月九日に行われる節会（重陽宴）にもこれと同様の状況が見える。九月九日節会の会場は長らく紫宸殿であったが、『内裏式』では、神泉苑で開催するものとされている。醍醐天皇はこれに准じようとしたのだろう。一度、神泉苑を会場としようとしている[69]。このときは雨天によって中止され、実施されなかったが、これも『内裏式』に准じた儀式開催を目指したものと考えられる[70]。特に各儀式の会場に顕著に現れているが、醍醐天皇には、『内裏式』通りに儀式を行おうとする意志があったことが窺える。

②　承和例

承和の故事

また『内裏式』以外に『醍醐天皇御記』にいくつか出てくるのが、承和例＝仁明天皇の先例である。近年、仁明天皇の治世（八三三～八五〇）を転換期として位置づける向きがあるが[71]、以前から所功氏らによって、仁明天皇の治世は笙・笛等の音楽が盛んに行われた華やかで文化的な時代であると、平安時代の天皇・貴族が見なしていたことが指摘されている[72]。確かに『醍醐天皇御記』でも、承和の先例は宴会での音楽に関わって登場する。延喜八年の元日節会では、

> 左大臣（時平）を召す。語りて云はく、「前代の元日、侍臣、酒を給はる後、絃歌の事有り。日記を勘ふるに、承和三年（八三六）・十一月（年カ）・貞観三年（八六一）、此の事有り」と云々。…左大臣、座を起ちて曰く、「書司（ふみのつかさ）を召す」と。これを許す。大臣、内侍に目（もく）して之を召す。典書（てんしょ）滋子、

御琴を持ち、東の障子戸より入りて候ず。左大臣、これを持ちて兵部卿（貞保親王）に授けて弾かしむ。侍臣、同音、唱歌す。数曲の後、大臣、見参を奏す。

（『西宮記』正月　節会所引延喜八年〔九〇八〕正月一日条）

と、ここで承和及び貞観の例に従って元日節会で絃歌を奏している。節会では通常、庭中で大歌所や雅楽寮による歌や楽器の演奏があるが、ここではそれとは別に「絃歌の事」が行われた。女官が持ってきた天皇の御琴を楽の名手であった貞保親王が弾き、侍臣たちがそれに合わせて歌っている。楽しげで和やかな雰囲気に満ちた宴会の一齣である。他にも延喜十年（九一〇）の内宴では「承和の故事に依りて、絃歌を奏せしむ」とされる[73]。いずれも宴会のなかで特別に音楽を奏した事例である。承和の時代に音楽が盛んであったことが知られるが[74]、それがここにも見える。

承和例―把笏―

しかし『御記』で承和例が持ち出されるのは、このような楽に関わることだけではない。延喜六年（九〇六）十一月七日の宇多法皇の四十才を祝う朱雀院での宴において、以下のようなやりとりが見える。

了りて左大臣（時平）を召して語りて曰く、「『続日本後紀』を見るに、『嘉祥三年（八五〇）、仁明天皇、嵯峨太上皇に奉謁する時、天皇、殿の階下に降りて北面して跪きて笏を端す。左右大臣を召して勅す』と云々。見るに終日把笏すること明らかなり。而るに前年、奉謁の時、只、奉拝の時、把笏す。此れ已に誤失なり。今、終日、把笏するは如何」と。大臣、曰く、「然り。把笏するに於いては何事か有らん」と。則ち把笏して進みて西対の簾下に至りて候ず。

（『西宮記』致敬礼　所引延喜六年〔九〇六〕十一月七日条）

このとき醍醐天皇は二十二才、左大臣時平に以下のように語っている。『続日本後紀』には、仁明天皇が父である嵯峨太上天皇に奉謁するときに、天皇が階下に降りて跪いて笏をきちんと持ったという記事があり、これを見る限り、仁明天皇は終日把笏している。これまで自分が父宇多法皇と謁見するときは、拝礼を行うときにしか笏を持たなかったが、これは「誤失」であった。今日は終日把笏しようと思うが、どうだろうか。これを受けて時平は、「然り」と答え、把笏することを勧めている。この時平の回答を受けて醍醐天皇は把笏をしている。

確かに『続日本後紀』嘉祥三年正月三日条にはこの記事が見える。醍醐天皇はこれを読み、仁明天皇が嵯峨太上天皇に拝謁したと理解しているが、これは誤りであり、仁明天皇がここで拝謁しているのは母の太皇太后橘嘉智子であった。[75] ただ、醍醐天皇はこれを子天皇と父上皇間の礼式に関わるものとして取り上げ、この仁明天皇のとった行動に従っている。ここには父の宇多法皇に敬意を表すために必死な様子の醍醐天皇が見える。[76]

ただ、ここで注目したいのは、醍醐天皇が、六国史の四番目の正史であり、仁明天皇の治世をカバーしている『続日本後紀』に言及している点である。一般に儀式や政務に関する先例に言及するときには「承和例」「弘仁例」というように「年号＋例」で示される。あるいは「承和九年記に云はく…」といった年や日付を示した形式で引用される。これは官司の保管している「記文」や「外記日記」を参照したものだろう。儀式や政務において判断のために先例が必要な場合は、太政官に所属する外記に命じて、職務日記である「外記日記」を調査させて提出させる。また、その必要に応じて六国史も調査の対象とする。[77]その場合は「国史云…」という形で引用され、『続日本紀』『続日本後紀』等の個別の書名を挙げることは稀であった。[78]これは、すでに菅原道真の手によって、六国史の記事を項目ごとに整理して部類化した『類聚国史』が編纂されており、それを先例の調査に用いていたからであろう。六国史は歴史書なので当然、年月日順に記事が並べられている。それが『類聚国史』では、「神祇部」「帝王部」「人部」「歳時部」といった大項目、さらにその下に細かい項目——「歳時部」であれば「元日朝賀」「二宮大饗」「卯日御杖」「七日節会」というふうに——を設けて、記事を分類して配列している。六国史を用いて先例を調査する場合には、このほうが検索が容易で利用しやすい。ただしこのような先例集としての歴史書の利用の仕方は、歴史書が本来持っていた、出来事の善悪を正しく表すとともに、朝廷の正統性を示すという「鑑」としての役割が失われたことを示し、ここに歴史意識の変質が見えることが指摘されている。[79]

ただし、このような時代のなかで醍醐天皇はここで『続日本後紀』という書名を明記して承和の先例を挙げている。これは外記などの官司に調べさせたものではないだろう。何か問題が発生し、それに対処する必要に迫られて先例を外記に調べさせ、その結果、この嘉祥二年の例を参照した、というような通常のケースであれば、「国史に云はく」や「嘉祥三年記に云はく」という引用の形式が用いられるはずである。この嘉祥三年の記事は、醍醐天皇自らが『続日本後紀』そのものを参照して、見出だしたものなのではないだろうか。おそらく、日頃から特に『続日本後紀』を読み込み、仁明天皇の時代の例を参照し、それを儀式を行う際にも模範としていたのではないか。

このように仁明天皇の時代を醍醐天皇が殊更に重要視するのは、ひとつには嵯峨太上天皇（太上天皇の期間―八二三〜八四二、以下同）の存在が大きいだろう。これまで他にも平城太上天皇（八〇九〜八二四）、淳和太上天皇（八三三〜八四〇）、清和太上天皇（八七六〜八八〇）、陽成太上天皇（八八四〜九四九）等の太上天皇が存在している。このなかで嵯峨太上天皇のみが、息子の仁明天皇の在位中に太上天皇として存命しており、これが父太上天皇と息子天皇との関係の参考となる唯一の例であった。醍醐天皇はこれを自らと宇多法皇との関係に置き換えて参考としていたのだろう。

時平と醍醐天皇―共通の指向―

ここまで『内裏式』と承和例を取り上げてきた。このように醍醐天皇は、諸司から奏上される近々の先例に加え、『内裏式』や承和例を自発的に参照して儀式に臨んでいる。なにか問題が発生したときに古い例を参照するに留まらず、儀式の挙行方式を『内裏式』に准じて行おうとする強い意志があったことも見えた。『内裏式』は弘仁十二年（八二一）に成立した儀式書であるが、醍醐天皇はこれに準拠する姿勢を見せており、儀式に関して復古的な傾向が強く見られる。醍醐朝は、「先帝の御時、諸事を糺し行はる」とされるが[80]、そのような状況が具体的に確認できる。

また時平が承和の事例に詳しかったことは、先に挙げた『九暦』承平六年（九三六）十一月六日条のなかで、仁明天皇の朝覲行幸での警蹕について知っていたことからも明らかであり、古い故実をよく知る人物であったとされる。こうして見ると醍醐天皇と時平とはともに、少し前の元慶・仁和・寛平の例を参照するにとどまらず、さらにそれ以前の古い事例をもとに儀式を行うという、共通する指向を持っていたことが指摘できる。醍醐天皇・時平の両者がこのような古い例を重んじた背景としては、以下のような状況が想定される。

嵯峨天皇の時代に成立した『内裏式』は、唐風の礼式を取り入れた洗練された形式を示し、ここで儀式は一つの到達点を迎える[81]。次の淳和天皇、嵯峨の息子仁明天皇の時代までは、軽微な変更はありつつも『内裏式』の形式が守られている。しかし次の文徳天皇の後は、清和天皇・陽成天皇という幼帝が続く。おそらくここで本来の成人した天皇が行うべき儀式作法は大きく失われてしまったのではないだろうか。先に見たように光孝天皇は、元々帝位に就くことが想定されていなかったため、天皇としての作法を知る機会はほとんどなかった。光孝天皇は親王としての振る舞いにはすぐれていたようで、宇多天皇も醍醐天皇に舞踏について説明するなかで

此くの如きの儀式、先帝（光孝天皇）、能く知る。然るに今、これを知る人無かるのみ。
（『西宮記』致敬礼　所引延喜六年〔九〇六〕十一月七日条）

と述べている。しかしこれは臣下の作法に過ぎない。天皇としての儀式全体に関わる判断を求められて

も、出来ることは限られていただろう。宇多天皇も、蔵人所の整備、賀茂臨時祭等の新たな祭祀の創始など、儀式の整備に努めたとされるが[82]、従来から行われていた儀式に関しては光孝天皇のときとほとんど変わらない状況であっただろう。

このような状況下において醍醐天皇と時平が儀式のあるべき姿を復興しようとした場合、仁明天皇の例まで遡らざるを得ない。実際、節会をはじめとする儀式の会場も、仁明天皇までは『内裏式』通りに開催されており、本来の儀式の挙行方法が行われていた。若い醍醐天皇と時平は、古い例を参照しながら、積極的に儀式を復活させていった。醍醐天皇の政治、特に時平政権期には、格式の編纂、荘園整理令の発布など律令制への回帰を目指す政策が多いとされるが、儀式に関しても平安時代前期のあるべき姿を取り戻そうとする意識が強かったことが確認される。

時平が亡くなった後も、この醍醐天皇の方向性は変わることはなかった。時平亡き後、筆頭大臣となった藤原忠平は、儀式に練達した官人であり、彼の作法は後世に大きな影響を与えたとされている。彼の息子実頼の小野宮流、師輔の九条流には父忠平の息子への教命が大きく影響を与えたという。確かに忠平の教命を記した『九暦記（きゅうれきき）』や『小野宮故実旧例（おののみやこじつきゅうれい）』には、忠平が儀式に関わる詳細な指示をしている様子が見える。また忠平は兄時平とともに基経の儀式の継承者であったとされる。しかし、『醍醐天皇御記』をはじめとする同時代史料を確認すると、儀式に対して意外に冷淡な忠平の姿が浮かび上がる。そしてその態度は、醍醐天皇・時平の復古的傾向とは相反するものであった。この点については後で触れることとし、次に壮年期の醍醐天皇について見ていきたい。

第五節　壮年期の醍醐天皇

違例への対応

二十数年にわたって天皇として儀式や政務に臨んで経験を積み、醍醐天皇は安定的な政権を実現した。しかし同時に、先例を守らない者、違例を行った者に対する厳しい面も、年を経るごとに頻繁に見えるようになる。延長六年（九二八）には、官司と以下のようなやりとりをしている。

神今食の饌、一窪手に干物・魚物、各四種を盛る。而るに今夜の饌、只、干物四種を盛るも、魚物を供へず。仍りて蔵人（源）時忠をして其の由を問はしむ。采女等、申して云はく、「前例、供へ奉ること此くの如し。新嘗会に至りては魚物を加へ供ふ」と。只、内膳司、前例を申すを得ず。仰せしめて云はく、「前例、新嘗会は、干物・魚物、各一箇に、神今食は八種の物を、共に一窪手に盛る。此れ即ち、多年、供へ来たる所にして、一両年の事に非ず。此の采女等、前例を知らず。須らく暁饌に至りて、前例に依りて加へ供へしむべし」と云々。

（『権記』長保二年七月十三日条所引延長六年十二月十一日条）[83]

神今食は六月と十二月の年二回行われる祭祀で、天皇が一晩をかけて神嘉殿で神を迎え、共に食事を行う儀式である。夕饌と暁饌の二度にわたって、食事が準備されるが、ここではその内容を巡って問題が起こっている。醍醐天皇は、窪手（葉で作った祭祀で用いる容器）に、本来、干物四種、魚物四種の計八種を載せるべきとする。しかし実際に出て来た食事は干物四種のみであった。そこで食事の準備に関わる内膳司・采女に尋ねたところ、采女は、干物四種を盛るのが先例であり、魚物を加えるのは新嘗会のときだとして誤りを認めなかった。これに対し、醍醐天皇は、新嘗会と神今食の違いを的確に説明して見せ、采女の言を「前例を知らず」と切り捨て、暁饌はきちんと八種を揃えよ、と叱責している。

このとき、醍醐天皇は四十四才。即位してすでに二十一年が経っている。その経験をもとにして、担当官司である采女の意見を退けている。食事やその盛り方の細かい点まで天皇が把握していることに驚かされる。あるいは神事なので特に気を遣っているのだろうか。ただ、このような細かいことまできっちりと指摘するので、周囲の人々は結構息がつまっていたのではないかと思う。このように、この時期の醍醐天皇は儀式に関して、相当の研鑽を積み、自身で判断が出来るようになっていた。

合理的な対応

また、醍醐天皇の儀式への関わりの特徴として、先例に従うだけではなく、それに囚われず合理的な判断を行っている点が挙げられる。一例として、延喜十八年（九一八）、醍醐天皇三十二才のときの出来事を取り上げる。

主殿・主水（もいとり）等の寮司、解斎（げさい）の手水・粥等を供す。前例を問はしむるに、申して云はく、「穢有りて神事に供さざると雖も、猶ほ解斎の手水等を供す」と云々。事意を案ずるに斎有りて後、解斎有るべし。而るに穢れに依りて斎かざらば、宜しく解斎無かるべし。此の例、已に以て迂誕なり。後に宜しく改定すべし。

(『西宮記』六月　神今食所引延喜十八年〔九一八〕六月十二日条)

これも神今食のときの記事である。このときは内裏内(淑景舎)で穢れが発生したため、天皇は祭祀の会場である神嘉殿に出御することができず、天皇に代わって神祇官の官人が祭祀を行った。通常の神今食では、祭祀が終わった後に、潔斎を解くための手水・粥が準備されて天皇に供される[84]。この年には天皇は祭祀を行っていないのだから、必要ないはずであるが手水と粥が供された。醍醐天皇が担当官司の主殿寮・主水司に確認したところ、これまで天皇が神事を行わない場合も、解斎のための手水・粥を準備してきたという。手元のマニュアルに従って、例年深く考えず行い続けていたのだろう。これを醍醐天皇は「已に以て迂誕なり」と、不必要な回りくどいことであるとし、改めるべきことを述べている。粥・手水といった些末なことではあるが、諸司の述べた先例に従うのではなく、「事意を案」じて合理的な判断をしている。この頃になると醍醐天皇は、先例に囚われず自分自身で合理的な判断を行うようになる。この合理的という点も醍醐天皇の儀式に対する態度の特徴のひとつである。

二宮大饗での装束をめぐって

次に壮年期の醍醐天皇の儀式に対する考え方が表れている事例として、服喪中の装束を取り上げる。

親族や本主の服喪の期間に人々は喪服を着して生活するが、その期間内でも節会・行幸・神事等の重要な儀式に際しては通常の衣服を着して参加していた[85]。しかしどの範囲まで喪服を着すべきかは曖昧であり、しばしば問題となっていた。

延長七年（九二九）の年末に醍醐天皇の猶子雅明親王が亡くなり、醍醐天皇の皇子は兄弟の喪に服していた。服喪中の身である自分たちが年始に行われる二宮大饗に参加すべきかどうか、皇子たちは醍醐天皇に判断を仰いでいる。その経緯が醍醐天皇皇子の重明親王の日記『吏部王記』に詳しく見えている。

弾正親王（代明親王）、云はく、「明日の二宮饗、吉に就くべきや否や」と。親王（雅明親王）の服の内に依るなり。会（元日節会）、了りて清涼殿に参りて気色を候ず。上（醍醐天皇）、曰く、「吉に就くべし」と。明日の装束を問ふ。弾正親王、奏して云はく、「諸卿、云はく、『素服を着すべし』」と。上、曰く、「①二宮饗、簡易に従ふと雖も、拝礼無きに非ず。是れ朝賀の儀を用ゐる。②又、両宮の饗、私事に非ず、公事と謂ふべし。③又、「東宮式」に云はく、『此の日、宮人、公服を着す』と云々。已に公服を着し、魚袋・靴等を着するに、何ぞ素服を用ゐん。又、古は皆二日は吉に就く。近年、凶服を着すこと有り。是れ訛なり。須らく吉服を着すべし。唯、三日は凶服を着すべし」と。弾正親王及び余、詔に依りて素服を用ゐず。（『西宮記』正月　二宮大饗所引『吏部王記』延長八年正月一日条）

二宮大饗は正月二日に、中宮・東宮（それぞれ皇后・皇太子の御在所）に官人が参上して行われる年始の挨拶とその後の宴会である。このときは中宮藤原穏子と皇太子寛明親王のもとで行われた。醍醐天皇皇子の代明親王・重明親王は、服喪中であったが、重要な行事である朝賀・元日節会には参加した。それが終わった後、清涼殿を訪れて醍醐天皇に翌日の二宮大饗への対応を尋ねている。

醍醐天皇の回答は明快である。①二宮大饗は皇后・東宮への拝礼があるので、天皇に対する拝礼を行う元日朝賀と同様に扱うべき、②饗宴であるが公事というべき行事である、③すでに「春宮坊式」（春宮坊の細則）に春宮坊に仕える官人はこの日は「公服」を着す規定がある、[86]という理由により、喪服ではなく通常の服装で参加するよう皇子たちに指示している。

ここで確認しておきたいのは醍醐天皇の判断基準である。二宮大饗の儀式内容（拝礼がある）と意義（私事ではなく公事）とを踏まえ、理路整然とした判断を行っている。貴族たちの見解・近年の例では喪服で参加するとしているが、これを醍醐天皇は「是れ訛なり」＝本来のあり方ではない、として一蹴している。時平とともに「諸事を糺し行って」いた、醍醐天皇らしい見解と言える。ここで醍醐天皇が重視しているのは公か私かという点である。

小朝拝の停止

ここで想起されるのが、有名な小朝拝（こちょうばい）停止の記事である。小朝拝とは清涼殿で正月一日に臣下から天皇に対して行われる年始の拝礼である。飛鳥時代以来、正月一日には大極殿に出御した天皇に対し、全官人が列立して拝礼を行う、朝賀儀が行われてきたが、これは国家の「大儀」とされ、最も威儀の整った盛大な儀式であった。朝賀儀は「朝拝」とも呼ばれるから、小朝拝はまさに朝賀の簡易版であることを意味する。(87) 小朝拝はその参加者が公卿・殿上人に限られ、また会場も天皇の御在所の前庭であり、(88) 天皇により近しい官人によって、天皇により近い距離で行われる年頭の挨拶であった。(89) 文徳朝以降に成立し、例年行われていたようだが、(90) 醍醐天皇が延喜五年（九〇五）にこれを停止させたことが『醍醐天皇御記』に見える。

是日、定有り。小朝拝を止む。仰せて曰く、「昔の史書を覧ずるに、王者に私無し。此の事は私礼なり」と云々。

（『西宮記』正月　小朝拝所引延喜五年正月一日条）

また他に『年中行事秘抄(ねんじゅうぎょうじひしょう)』正月でも同日条の『醍醐天皇御記』を引用しているが、

左大臣時平に仰せて、小朝拝を止む。

と傍線部の箇所を加えた形で見えている。(91) 醍醐天皇は、「王者に私無し」という言葉を引用して、小朝拝は私礼であるとして、それを停止した。「王者に私無し」とは、『漢書』文帝紀(ぶんていき)や『魏書』高允(こういん)伝に見える言葉である。醍醐天皇は中国の史書のなかの言葉を引用した上で、公と私という区分を一つの基準として持ち出している。おそらく、朝賀が本来の「公」の行事であるのだからこれをきちんと開催する、小朝拝は後発的な天皇の近臣のみが参加する「私」の行事なので、行うべきではないということなのだろう。このような公・私の区別にこだわる態度は、延長八年正月の二宮大饗のときと同様である。小朝拝を停止した延喜五年（九〇五）には、醍醐天皇は二十一才、時平もまだ存命であった。先例に囚われずに合理的な考え方で筋を通すという醍醐天皇の判断の特徴は、すでに若い頃から確認できる。

ここまで、主に『醍醐天皇御記』を素材として、醍醐天皇の儀式への取り組み方について見てきた。はじめは諸司や近臣の意見に従うだけであったが、徐々に自らの判断を示すようになる。そのときに彼を導いたのは藤原時平であった。時平と醍醐天皇は『内裏式』や承和例に見える平安時代初期のあり方への回帰を目指すとともに、合理的な判断を行って儀式を整備していった。時平亡き後も醍醐天皇は『内裏式』や承和の先例を参考にしながら儀式を取り仕切った。そのような経験のなかで、醍醐天皇は儀式の意義を捉えた極めて合理的な判断を行い、すぐれた見識を持つ天皇となった。また、醍醐天皇の時代の儀式は「復古的」かつ「合理的」な傾向を持っていると言える。

第六節　父としての醍醐天皇

醍醐天皇の皇子・皇女

次に『醍醐天皇御記』以外の同時代の史料も含めて取り上げ、そこから見える醍醐天皇について述べていきたい。ここでは特に晩年の醍醐天皇を取り上げ、彼の父としての側面を見ていこう。

醍醐天皇は多くの后を持ち、その子女も多かったことが知られる。『本朝皇胤紹運録』によると、皇子二十一人、皇女十八人、計三十九人の子がいた（【表1-5】参照）。このように多くの子女がいたものの、醍醐天皇は皇太子を二度にわたって失っている。最初に醍醐天皇が皇太子に選んだのは、正妻に当たる藤原穏子（基経女・時平妹）の産んだ保明親王であった。保明親王は生まれた翌年に当たる延喜四年（九〇四）に皇太子に立てられた。[92] 将来を嘱望されていたが延長元年（九二三）にわずか二十一才で亡くなった。すぐに保明親王の男、当時五才であった慶頼王が皇太子に立てられたが、彼もその二年後に亡くなってしまう。この度重なる不幸を菅原道真の怨霊の仕業とする向きも強かったという。[93] しかし醍醐天皇と藤原穏子はこの間に皇子を授かり、延長元年（九二三）に寛明親王が誕生する。時に醍醐天皇・穏子ともに三十九才であった。これが後の朱雀天皇である。さらに二年後には成明親王、後の村上天皇が誕生する。

伝統的に天皇の子である皇子・皇女は、天皇の居所である内裏では養育されず、主に母のもとで育てられた。親王宣下という儀式で初めて父天皇と対面する。成人すると親王・内親王は自らの家政機関を持つため、生涯を通じて、血のつながった親子として父天皇と時間を共有することは極めて少なかった。[94] しかし醍醐天皇の中宮穏子は、ようやく生まれた皇子寛明親王を道真の怨霊から守るために、内裏で養育した。『大鏡』によると、穏子は殿舎の格子をすべて下ろさせて、昼でも灯りをともして御簾のなかで寛明を育てたという。こうした事情により、寛明親王から内裏での皇子の養育が始まる。弟の成明親王も内裏で生まれ、内裏で養育された。[95] 『源氏物語』は、光源氏は生母桐壺更衣が亡くなったため、内裏で生育したという設定で描かれているが、それは醍醐天皇の時代以前にはあり得ないことであった。それまでの天皇と皇子とは異なり、醍醐天皇と寛明・成明親王とは居所を同じくしており、物理的に近しい関係にあった。

それに加えて、醍醐天皇自身が育った環境も大きく影響しているだろう。先に述べたように、父宇多天皇が即位したとき、醍醐天皇は三才であった。即位以前の宇多の地位は、皇族の血をひいた一般の貴族に過ぎず、宇多・醍醐の親子関係はそれまでの天皇とは異なり貴族のそれに近く、親密なものであったろう。醍醐天皇に対して宇多法皇が高圧的に振る舞う背景には、このような生育環境があったとされる。(96) 自分と父親の関係は、自分とその子との関係に影響するであろうから、醍醐とその皇子との関係も、以前までの天皇と皇子に比べると、庶民的でより近しいものになるのではないか。

童親王拝覲と小朝拝

醍醐天皇と皇子との関係がよく見えるのが、年始の拝礼の儀である。皇子たちが成長してくると、父として皇子からの年始の挨拶を受けることが見える。(97)

> 太子（保明親王）、参入す。云々。暫くして克明（よしあきら）親王・代明親王、庭中に拝舞す。又、これを召す、云々。太子・親王に酒肴を給ふ。親王等、拝舞する時、一拝を落とす。仍りて親王別当恒佐・（藤原）俊蔭を召して罰酒を給ふ、云々。…
>
> （『西宮記』正月　童親王拝覲所引延喜十二年（九一二）正月四日条）

表1-5　醍醐天皇の皇子女

No	名	生没年	母	親王・内親王宣下 年	親王・内親王宣下 年令	元服・着裳 年	元服・着裳 年令	備考	*
①	勧子内親王	八九九?~?	為子内親王（光孝皇女）	昌泰二（八九九）	一	延喜一四（九一四）〔貞〕	一六		―
②	宣子内親王	九〇二~九二〇	源封子（旧鑑女）	延喜三（九〇三）	二	―	―	斎院（九一五~九二〇）〔賀〕	●
③	恭子内親王	九〇二~九一五	藤原鮮子（連永女）	延喜三（九〇三）	二	―	―	斎院（九〇三~九一五）〔賀〕	●
1	克明親王	九〇三~九二七	源封子（旧鑑女）	延喜四（九〇四）	二	延喜一六（九一六）	一四	延喜一一（九一一）将順から改名	●
2	保明親王	九〇三~九二三	藤原穏子（基経女）	延喜四（九〇四）	二	延喜一六（九一六）	一四	延喜四（九〇四）立太子　延喜一一（九一一）崇象から改名	●
④	慶子内親王	九〇三~九二三	源和子（光孝皇女）	延喜四（九〇四）	二	延喜一六（九一六）	一四	敦固親王妻	●
3	代明親王	九〇四~九三七	藤原鮮子（連永女）	延喜一一（九一一）以前	―	延喜一九（九一九）〔元部〕	一六	延喜一一（九一一）将観から改名	二七
⑤	勤子内親王	九〇四~九三八	源周子（唱女）	延喜八（九〇八）〔要〕	五	延喜一八（九一八）〔貫〕	一五	師輔妻〔要〕	二七
⑥	婉子内親王	九〇四~九六九	藤原鮮子（連永女）	延喜八（九〇八）〔要〕	五	―	―	斎院（九三一~九六七）〔要〕	二七
⑦	都子内親王	九〇五~九八一	源周子（唱女）	延喜八（九〇八）〔要〕	四	―	―		二六
⑧	修子内親王	九〇五?~九三三	満子女王（輔相王女）	―	―	―	―		二六
⑨	敏子内親王	九〇六~?	藤原鮮子（連永女）	延喜一一（九一一）	六	―	―		二五
4	重明親王	九〇六~九五四	源昇女	延喜八（九〇八）〔要〕	三	延喜二一（九二一）	一六	延喜一一（九一一）将保から改名	二五
5	常明親王	九〇六~九四〇	源和子（光孝皇女）	延喜八（九〇八）〔要〕	三	延喜二一（九二一）	一六	延喜一一（九一一）将明から改名	二五
6	式明親王	九〇七~九六〇	源和子（光孝皇女）	延喜一一（九一一）	五	延喜二一（九二一）	一五		二四
⑩	雅子内親王	九一〇~九五四	源周子（唱女）	延喜一一（九一一）	二	―	―	延喜二〇（九二〇）賜姓　斎宮（九三一~九三六）師輔妻〔要〕	二一
7	有明親王	九一〇~九六一	源和子（光孝皇女）	延喜一一（九一一）	二	延喜二一（九二一）	一二		二一
⑪	普子内親王	九一〇~九四七	満子女王（輔相王女）	延喜一一（九一一）	二	延長三（九二五）〔遊〕	一六	源清平・藤原俊連妻〔要〕	二一
8	時明親王	九一二~九二七	源周子（唱女）	延喜一四（九一四）	三	延長三（九二五）	一四	＊〔要〕「将明」とする。	●

9	長明親王	九一三～九五三	藤原淑姫（菅根女）	延喜一四（九一四）	二	延長三（九二五）	一三		一八
10	源高明	九一四～九八二	源周子（唱女）	｜	｜	延長七（九二九）〔新〕	一六	延喜二〇（九二〇）賜姓〔類〕	一七
11	兼明親王	九一四～九八七	藤原淑姫（菅根女）	｜	｜	延長七（九二九）〔新〕	一六	延喜二〇（九二〇）賜姓〔類〕貞元二（九七七）復	一七
⑫	靖子内親王	九一五～九五〇	源封子（旧鑑女）	延長八（九三〇）	一六	｜	｜	延喜二〇（九二〇）賜姓〔類〕師氏妻〔要〕	一六
⑬	源兼子	九一五～九七二	源周子（唱女）	｜	｜	｜	｜	延喜二〇（九二〇）賜姓〔類〕	一六
⑭	源厳子	九一六～？	不詳	｜	｜	｜	｜	延喜二〇（九二〇）賜姓〔類〕	一五
12	源自明	九一八～九五八	藤原淑姫（菅根女）	｜	｜	｜	｜	延喜二〇（九二〇）賜姓〔類〕	一三
⑮	韶子内親王	九一八～九八〇	源和子（光孝皇女）	延喜二〇（九二〇）	三	延長二（九二四）〔西〕	七	斎院（九二一～九三〇）〔賀〕源清蔭・藤原惟風妻〔要〕	一三
13	源允明	九一九～九六二	源敏相女	｜	｜	承平四（九三四）〔西〕	一六	延喜二〇（九二〇）賜姓〔類〕	一二
⑯	康子内親王	九二〇～九五七	藤原穏子（基経女）	延喜二〇（九二〇）	一	承平三（九三三）	一五	師輔妻	一一
14	雅明親王	九二〇～九二九	藤原褒子（時平女）	延喜二一（九二一）	｜	｜	｜	猶子（宇多息）	●
⑰	斉子内親王	九二一～九三六	源和子（光孝皇女）	延長元（九二三）〔要〕	三	｜	｜	斎宮（九三六）	一〇
⑱	英子内親王	九二一～九四六	藤原淑姫（菅根女）	延長八（九三〇）	一〇	天慶元（九三八）	一八	斎王（九四六）〔貞〕	一〇
15	寛明親王	九二三～九五二	藤原穏子（基経女）	延長元（九二三）〔産部〕	一	承平七（九三七）	一五	朱雀天皇　延長三（九二五）立太子	八
16	章明親王	九二四～九九〇	藤原桑子（兼輔女）	延長八（九三〇）	七	天慶二（九三九）	一六		七
17	行明親王	九二五～九四八	藤原褒子（時平女）	延長五（九二七）	三	承平七（九三七）	一三	猶子（宇多息）	六
18	成明親王	九二六～九六七	藤原穏子（基経女）	延長四（九二六）	一	天慶三（九四〇）	一五	村上天皇　天慶七（九四四）立太子	五
19	源為明	九二七？～九六一	藤原伊衡女	｜	｜	天慶四（九四一）	一五		四
20	盛明親王	九二八～九八六	源周子（唱女）	｜	｜	天慶五（九四二）	一五	賜姓されるが康保四（九六七）復	三
21	童子	｜	不詳	｜	｜	｜	｜	〔要〕に見えず	｜

〔凡例〕『本朝皇胤紹運録』『一代要記』をもと、醍醐天皇の皇子女を生年順に配列し、男子を網掛けで示した。No欄には便宜的に親王は1～21、内親王は①～⑱の通し番号を生年順に付した。＊欄の数字は醍醐天皇崩御時の年令を示し、●は存命していなかったことを示す。〔　〕内に略号で出典を挙げた。要は『一代要記』、貞は『貞信公記抄』、賀は『賀茂斎院記』、産部は『御産部類記』、元部は『元服部類記』、西は『西宮記』、類は『類聚符宣抄』所収延喜二十一年二月五日官符、遊は『御遊抄』、新は『新儀式』、貫は『貫之集』を指す。それ以外はすべて『日本紀略』。

このとき皇太子保明と克明は十才、代明は九才。ここではまだ少年である幼い親王から天皇への年始の挨拶が行われている。『西宮記』では、この儀式は「童親王拝覲（わらわしんのうはいきん）」と呼ばれている。天皇に対して年始に拝礼を行うという点では、近臣が天皇に対して行う小朝拝と同様であり、清涼殿東庭を会場とする点も共通している。これは、皇子の小朝拝と言っていいだろう。ただし相違点もある。近臣たちは拝礼が終われば、そのまま退出するが、皇子の場合には、拝礼の後に清涼殿に昇殿させて、酒や食事が振る舞われる。天皇と皇子との親子水入らずの楽しい時間だったのだろう。この延喜十二年のときには、醍醐天皇・三人の皇子・お世話係の別当が殿上で過ごしている。ここでは克明・代明親王が拝舞の動作を少し間違ってしまった。そこで親王に代わって別当の藤原恒佐・藤原俊蔭がそれぞれ罰酒（誤りに対する罰として飲まされる酒）を受けている。ほほえましい雰囲気に包まれている様子が見える。このように幼い親王が年始に醍醐天皇に拝謁する儀式は、延喜十年に当時八才の皇太子保明親王が行ったのが初見であり、その後も続けて見られる（【表1-6】参照）。醍醐天皇が父―息子の親子関係に関わる儀式を大切にしていたことが見て取れる。

先に述べたように、近臣による小朝拝は、延喜五年（九〇五）に「私礼」であるとして停止され、それ以来、行われなかった。しかし、その間、皇子の成長に伴って、幼い皇子から天皇への年始の挨拶が開始された。このようななかで近臣による小朝拝が復活する。

大臣（忠平）、申すに依りて、小朝拝有り。午三ヽ（剋）、帳中に坐す。皇太子、参上し、東又廂（ひがしまたびさし）に於いて拝舞す。了りて退出す。四剋、親王以下、東庭に於いて拝す、云々。

（『西宮記』正月　小朝拝所引延喜十九年正月一日条）

延喜十九年（九一九）に小朝拝は復活し、皇太子・親王・近臣たちが、清涼殿前の東庭で天皇に拝礼を行った。忠平も、以下のように日記に記している。

殿上の侍臣、小朝拝有り。先年、仰せに依りて停止す。而るに今日、臣下、固く復旧を請ひ、此の礼有り。所以は、何ぞ当代の親王、拝賀有るに、臣下何ぞ礼無し。此れ臣・子の道、義、同じ、云々。

（『貞信公記抄』延喜十九年正月一日条）

忠平たちが天皇に要求し、小朝拝は復活した。忠平は、「当代の親王」＝醍醐天皇の皇子たちは、拝賀を行うのに、なぜ臣下は拝賀を行えないのでしょうか、臣は天皇にとって子と同じでしょう、と儒教的な考え方を持ち出して、小朝拝の復活を要求する。[98]忠平たち大臣と、幼い皇子とを同じように扱うのはかなり乱暴な話である。しかし先に「王者に私無し」と言って小朝拝を停止した手前、自分の皇子のためのプライベートな側面の強い儀式だけを強行し続ける訳にもいかない。醍醐天皇は忠平たちの声を受けて、小朝拝を復活させた。ここで延喜五年の醍醐天皇の決断は元に戻された。醍醐天皇は、「王者に私無し」という自分の発した言葉に足下をすくわれる形になってしまった。ここで復活した小朝拝は、この後も長く行われる。これは大儀である朝賀の衰退を背景としており、古瀬奈津子氏はそこに「公的

表1-6　年始における皇子の拝謁及び小朝拝の実施状況

天皇	年（西暦）	月日	参加者	会場	史料上の表記	備考	出典
宇多	寛平六（八九四）	正月三日	皇太子（敦仁）	紫宸殿	「拝観」	当時一〇才。酒肴あり。	紀
	寛平八（八九六）	正月三日	皇太子（敦仁）	―	「拝観」		紀
醍醐	延喜一〇（九一〇）	正月四日	皇太子（保明）／克明親王	紫宸殿／清涼殿	「参観」「朝観」／「拝舞」	酒肴あり。当時八才。	紀・貞
	延喜一一（九一一）	正月四日	皇太子（保明）	―	「参観」「入観」		紀・貞
	延喜一二（九一二）	正月四日	皇太子（保明）・克明・代明親王	―	「参観」「朝観」「参入」「拝舞」	酒肴あり。	紀・貞・西醍
	延喜一三（九一三）	正月四日	皇太子（保明）・童親王	―	「朝観」		貞
	延喜一四（九一四）	正月四日	皇太子（保明）	―	「朝観」		貞
	延喜一五（九一五）	正月三日	皇太子（保明）・親王	―	「参観」		紀
	延喜一九（九一九）	正月一日	皇太子（保明）・親王・殿上侍臣	清涼殿	「小朝拝」「参上」「拝舞」	忠平の奏上によって小朝拝復活。	西醍・貞
	延喜二〇（九二〇）	正月二日	―	―	「小朝拝」		貞

	延喜二一（九二一）	正月四日	童親王	清涼殿	「拝舞」	酒肴あり。	西
	延長四（九二六）	正月一日	内宿侍臣	―	「小朝拝」	御物忌による。『勘例』なしとする。	西
	延長八（九三〇）	正月一日	―	―	「小朝拝」	―	紀
朱雀	天慶四（九四一）	正月一日	王卿・侍臣・六位	清涼殿	「小朝拝」		西史
	天慶八（九四五）	正月一日	―	―	「小朝拝」		西史
	天慶九（九四六）	正月一日	―	―	「小朝拝」		紀
村上	天徳元（九五七）	正月一日	皇太子（憲平）・王公	―	「御拝」「小朝拝」	当時八才。	九
	天徳元（九五七）	正月三日	広平親王	―	「参入拝礼」	当時八才。	九
	天徳二（九五八）	正月二日	皇太子（憲平）・広平・致平親王	―	「参観」「参拝」		紀・九
	天徳三（九五九）	正月二日	皇太子（憲平）	―	「拝観」		紀
	天徳四（九六〇）	正月一日	―	―	「小朝拝」		九・年
	天徳四（九六〇）	正月二日	皇太子（憲平）・為平親王	―	「参観」「拝礼」「拝賀」	為平、当時九才。	紀・九
	応和元（九六一）	正月二日	皇太子（憲平）	―	「参観」		紀
	応和二（九六二）	正月一日	皇太子（憲平）	―	「参観」		紀

応和三（九六三）	正月三日	皇太子（憲平）・致平親王	清涼殿	「参上」	酒肴有り。	西
康保元（九六四）	正月二日	皇太子（憲平）・為平親王	清涼殿	「参観」「拝観」「参上」「拝舞」	酒肴有り。	紀・西村
康保三（九六六）	正月一日	致平親王以下殿上侍臣	清涼殿	「小朝拝」		紀・西村・西
康保三（九六六）	正月二日	皇太子（憲平）	―	「参観」「拝観」	酒肴有り。	紀・西
康保四（九六七）	正月一日	―	―	「小朝拝」		兵

凡例：小朝拝停止記事は表に含めなかった。殿上侍臣も参加する「小朝拝」を網掛けで示している。出典欄の紀は『日本紀略』、貞は『貞信公記抄』、西は『西宮記』、西醍は『西宮記』所引『醍醐天皇御記』、西村は『西宮記』所引『村上天皇御記』、西吏は『西宮記』所引『吏部王記』、年は『年中行事秘抄』、九は『九暦』、兵は『兵範記』嘉応元年一二月一五日条。

なものから私的なものへ」という貴族社会全体の変化を見出だした[99]。忠平の提案はこのような変化に沿うものであったのだろう。しかしここで敢えて、醍醐天皇とその周囲の人間関係という視点から見ると、忠平によって痛いところを突かれて醍醐天皇の理想は踏みにじられてしまった。時平が存命していれば、このようなこともなかったのではないだろうか。ここで年始の童親王拝観の儀式は、小朝拝復活のテコとして用いられてしまった。しかし、その後も継続して行われている。一応、醍醐天皇が幼い皇子と過ごすことのできる貴重な時間は守られた。

醍醐と皇子

また、幼い時期だけではなく成人した後も、親王たちは父天皇と頻繁に関わっている。その様子は醍醐天皇の皇子重明親王の『吏部王記』に詳しく見える。醍醐天皇の皇子たちは、夭逝した者も多く、醍醐天皇の晩年に最も年長であったのは第三皇子の代明親王（九〇四～三七）で、延長六年（九二八）に二十五才であった。重明親王は代明親王の二才下で、代明に次ぐ年長者であった。代明は延喜十九年に、重明は同二十一年に、同じく十六才で元服した。成人後も親王たちは、節会などの儀式の後には天皇の御在所である清涼殿を訪れているが、そこではしばしば儀式に関わる話が交わされている。

> 上（醍醐天皇）、出御す。陽成院三親王（元長親王）、群臣を引きて参り昇る。…南殿の事、了りて、清涼殿に参る。上、曰く、「承前の例、[α]官奏無きの時、大将、先に昇殿して着座す。次いで親王、昇殿す。[β]若し奏有るの時、大臣兼大将の者、奏、了りて殿を下る。即ち出居、先に昇りて着座す。後に群臣、昇殿し了んぬ。而るに今日、親王、先に昇殿す。是れ、甚だ先例に非ざるなり。…」
>
> （『政事要略』年中行事　十月所引『吏部王記』延長六年（九二八）十月一日条）

紫宸殿で行われた旬の後に、清涼殿で醍醐天皇と重明親王とが話をしている。このとき醍醐天皇は四十四才、重明親王は二十三才であった。このときの旬の儀式のなかで、元長（もとなが）親王（陽成天皇皇子）が昇殿する順番を誤ったので、醍醐天皇がここでそのことを指摘している。醍醐天皇は、αの官奏（大臣から天皇への重要な案件の奏上）が無いときとβの官奏のあるときとで、昇殿の順は異なると述べている。このことは後の儀式書で確認できる(100)。この日は官奏があったので、親王は出居次将（紫宸殿への官人の出入りを督察する天皇の護衛官）の後に昇殿すべきであった。しかし元長親王が先に昇殿したため、醍醐天皇はそれを、「甚だ先例に非ざるなり」としている。重明親王が今日の誤った例を先例と見なして行わないよう、親王の今後のことを考え、誡めの意味をこめて敢えて親王の前で指摘しているのだろう。儀式における親王としての正しい作法を、醍醐天皇自ら息子の重明親王に教授している。

　また親王たちの方で、儀式・作法で分からないことがあった場合、天皇に直接、「気色を候ず」ことも見られる。先に見たように、延長八年（九二九）には代明・重明親王が服喪中の二宮大饗への参加の可否を醍醐天皇に尋ねるため清涼殿を訪れていた。他に、無位の一世源氏（源氏を賜姓されて臣下となった皇子）の待遇について親王から醍醐天皇に尋ねたことが見える。この前年に一世源氏である源高明、兼明らが元服したが、まだ位階がなかったため(101)、兄に当たる代明・重明親王が、彼らの具体的な処遇をどうするかを父天皇に尋ねた。このときに醍醐天皇は以下のように答えている。

> 無位一世源氏、公庭に出仕するの事、近年、其の例無し。仁和以前、此の事有り。須らく彼の時に遇ふの人に問ふべし。但し昔、嵯峨太上皇、始めて源氏姓を賜ふに、（源）明朝臣をして対策せしめんと欲すに、詔して曰く、「若し及第する時は五位を賜れ。其の対策の時に当たりては六位に叙すべし」と。則ち、平人に殊ならざるを知る。或いは六位を賜れ。爾時、山田春興（城カ）、亦、詔を奉りて対学し、対策せんと欲す。未だ其の本意を果たさざるに、天皇、崩ず。明朝臣、四位を

賜はるも対策せず。春興（城カ）、先を守る。麹塵の直衣、未だ知らざる所なり。又、六位は雑袍と雖も直衣を服すこと能はず。相比べ定むべし。又、座次、理、六位の上に加ふべし。然りと雖も五位の上・四位の下に就くが適ふを得るか。抑も須らく先例を問ふべし。

（『政事要略』糺弾雑事所引『吏部王記』延長八年八月二十九日条）

近年は無位の一世源氏が存在せず、待遇が分からないので、無位一世源氏の存在した仁和以前のことを知る人に尋ねよ、としている。確かに、宇多天皇も自分の皇子に賜姓を行っておらず、近いところで言えば光孝天皇皇子が該当する。元慶八年（八八四）の光孝天皇即位時に、光孝の皇子全員に源氏が賜姓され、そのなかには無位のものも含まれていた。源定省―後の宇多天皇―もこのときは無位一世源氏であった。[102] 醍醐天皇はこの例を念頭に置いているのだろう。ただ、他の人に尋ねよ、としながらも、いろいろとアドバイスをしている。学問に励み、対策及第が望まれていた嵯峨天皇皇子　源　明（八一三～五二）が四位を賜わった例に触れるとともに、明の学友に任じられた学生、山田春城にまで話が及んでいる。さらに装束や座次にも言及し、座次としては五位・四位の間に座るべきか、と述べている。結局は後日、忠平らに公卿会議を開かせて定めさせたが、[103] 座次は醍醐天皇の述べた通りに定められた。このように醍醐天皇の皇子たちは、自分たちに関わることについて、直接に醍醐天皇の指示を仰ぎ、それを受けて行動している。また軽微な内容であっても、直接に天皇の御在所を訪れて尋ねている。それに対して醍醐天皇も丁寧に答えている。ここには親である天皇と子である皇子との親密な姿が見える。他にも同年に行われた駒牽においても、醍醐天皇は重明親王・当時二十六才の常明親王・二十一才の有明親王を側に置き、その場で駒牽の御馬は必ず賜るように、と言い含めている[104]。

藤原忠平は息子実頼・師輔に儀式に関する教示を数多く行った。そして実頼・師輔も不明なことがあれば、父のもとに行き教えを乞うている。当時の貴族が儀式に関わる重要な情報を、父から子へと伝えるのと同様に[105]、醍醐天皇も息子の親王たちに様々な故実を伝えようとしている。故実の伝承という点から見ても、醍醐天皇と親王の関係性は貴族の親子関係と非常に近しい点が見られる。

またこれは歴代天皇のなかでも、儀式に通暁した醍醐天皇でなければ出来ないことであった。この翌月に醍醐天皇は若くして亡くなる。最後に親王たちには口伝の形で様々な故実を伝えようとしていたのかもしれない。

醍醐天皇と忠平１―服喪中の二宮大饗参加をめぐって―

醍醐天皇が皇子との間に、以前よりも親密な親子関係を形成していたことに加え、儀式に対し深い造詣を持っていた結果、醍醐天皇は皇子に対して様々なことを教授することが出来た。他の天皇に同様なことが出来たとは到底思えない。自ら儀式全体に目を配り、時には失敗しながらも研鑽を積んできた結果であろう。醍醐天皇が天皇として在位した期間は三十四年に及ぶ。毎日、失敗できない緊張感のなかで儀式に取り組んできた、その蓄積の成果により、天皇でありながら、儀式を取り仕切る立場にある公卿以上の高い見識を身につけた。そしてもう一人、藤原忠平もこの時期の儀式を支えていた人物とされる。醍醐天皇・藤原忠平は同時代に生き、ともに故実の形成者と目されている。しかし具体的な儀式に即して二人の判断を見ていくと、その判断基準は決定的に異なっている。
醍醐天皇は最近の例を踏まえながらも、平安時代前期の儀式本来のありかたを重視する。また儀式の意義・来歴を捉えた極めて合理的な判断を行い、特に「公私の別を守る」ことを重視している。それが鮮やかに表れていたのが、第五節で取り上げた、服喪中の二宮大饗参加をめぐる代明親王・重明親王とのやりとりであった。服喪中の儀式参加については忠平も別の件で自身の判断を述べている。それを確認してみよう。

昨日、節会に依りて吉服を着す。今日の装束、独身定め難し。仍りて気色を賜らしむ。命を報じて云はく、「今日、猶ほ軽服を着すべし」と。

（『西宮記』正月　二宮大饗所引『清慎公記』延長二年〔九二四〕正月二日条）

『清慎公記』は実頼の日記であり、このとき実頼は二十五才で近衛権中将の任にあった。[106] 彼はこのとき服喪中で、元日節会は吉服で参加したが正月二日の二宮大饗の服装をどうすべきか判断に困り、父忠平に尋ねている。[107] これを受けて忠平は軽服（父母以外の軽度の喪のときに着る喪服）を着すように指示している。忠平の判断は、先に見たように醍醐天皇が公服＝通常の装束で参加せよ、としたのとはまったく異なる判断である。忠平の判断は先に醍醐天皇が「訛なり」として否定した、公卿の言・近年の例と一致する。ここには、特に確たる理由もなく、最近の例に従う現状追認的な忠平と、筋道を立てて判断を行い、最近の例を糺そうとする醍醐天皇という、二人の儀式に対する考え方の相違が鮮やかに表れている。

両人の見解の相違は次の世代に継承される。『西宮記』（大永本第五冊）人々装束　二宮大饗には「軽服（父母以外の軽い喪）の人、吉服を着す」とあり、醍醐天皇の見解が踏襲されている。しかし、『同』（大永本第九冊）は、同箇所を「軽服の人、道理は吉服を着すべし。而るに或いは服衣（喪服）を着す」と、本来は吉服だが、喪服を着す場合もあるとし、忠平の見解に傾いている。[108] 儀式書のなかでも見解が揺れている。また、実頼の孫の藤原公任の手による儀式書『北山抄』（一　二日大饗事）には、

> 王卿以下、先に御所に進みて拝賀す。式、拝賀儀有り。而るに近代、行ふ所、之くの如し。α軽服の人、吉服を着する由、「吏部王記」に見ゆ。上（醍醐天皇）、曰く、「服に着すは、拝礼に便無し」と云々。β而るに猶ほ服の装束（喪服）を着すべき由、「延長二年私記」に見ゆ。貞信公（忠平）の仰せ、てへり。近例、これに従ふ。

と見える。αは醍醐天皇の見解が示されていた『吏部王記』延長八年正月一日条を指し、βは延長二年正月二日条の『清慎公記』（「延長二年私記」）に言及しているが、最後に「近例、これに従ふ」とあるように、『北山抄』の成立した十一世紀初頭には、βの喪服が用いられていたようである。結局、忠平の見解が貴族社会では継承されたことが判明する。しかし醍醐天皇から直接に教示を受けた重明親王は、二十数年経った後も、父の教えを守り続けている。

> 故院（朱雀上皇）の殿上の公卿、心喪の者、纓を巻きて座に着す。式部卿重明親王、独り吉服を着

して座に在り。陳べて云はく、「去る延長七年、故第十親王（雅明親王）、薨ず。其の服、正月に及ぶ。仍りて二日大饗、吉に即くべきや否やの由、内裏（醍醐天皇）に奏す。仰せて云はく、『二宮大饗、節会に非ざると雖も、猶ほ吉に即くべし。其の故、何ぞ件の饗□□、須らく拝礼有るべし。而るに拝を停めて饗を行ふは、権時の例なり。何ぞ服に着して拝賀を致さんかな』てへり。今、彼の時の先皇（醍醐天皇）の仰せを想像し、着する所なり」と云々。

（『九条殿記』東宮大饗　天暦七年（九五三）正月二日条）

このとき重明親王は四十八才。朱雀上皇が前年三月に亡くなったため、上皇に殿上人として仕えていた公卿たちは、皆、軽い喪である心喪に服していた。そのため正月の東宮大饗には、服喪中の冠である巻纓で参加していた[109]。そのなかで重明親王一人だけが通常の服装で参加していた。ここで重明親王は師輔に向かって、ことの経緯を熱く語っている。

重明は、今は亡き醍醐天皇の意見に従っていることを述べ、その理由として二宮大饗では拝礼があることを挙げ、「何ぞ服に着して、拝賀を致さんかな」＝喪服を着して、年始の祝いの拝礼をするのはおかしいでしょう、と述べている。醍醐天皇の示した「二宮大饗は公事である」「春宮坊式に規定がある」という点には触れられていないが、重明親王はかつての父天皇からの教示を思い出し（「先皇の仰せを想像し」）、その教えを固く守っている。しかし他の公卿たちは、忠平の見解と同じく服喪の装束で参加しており、重明親王はこの場において完全に浮き上がっている。このように後世の貴族社会では忠平の見解が用いられ、醍醐天皇の合理的な見解は省みられなくなっている。

醍醐天皇と忠平2―九月九日節会の召詞―

もう少し醍醐天皇と忠平の見解の相違について見ておこう。

今日、初めて内弁の事を行ふ。年来の日記、「刀禰を召せ」てへり。而るに、上（醍醐天皇）、曰く「『大夫等を召せ』とすべし」と。仍りて今日、「大夫等を召せ」とす。

（『貞信公記抄』延喜十二年（九一二）九月九日条）

忠平の日記『貞信公記』に見える九月九日節会の一齣である。この時忠平は三十三才。前年に大納言に昇進し、議政官で右大臣源光に次ぐ、ナンバー2の立場となった。このとき忠平は初めて節会の責任者である内弁を務めることとなった。内弁は節会開始時に、外で待機している参加者に参入を指示する。そのときの指示の言葉、「召詞」がここでは問題となっている。召詞は節会の種類によって異なる。『内裏式』によると、元日節会・踏歌節会・九月九日節会は「侍従（マウチキミタチ）を召せ」、七日節会・新嘗会は「大夫（トネ）を召せ」と使い分けるという。これは参加者の違いに対応したもので、「侍従（マウチキミタチ）」とする節会には議政官と侍従という限られた官人が、「大夫（トネ）」とする節会には比較的多数の官人が参加することに対応している。後には元日節会・踏歌節会・九月九日節会は「大夫（モウチキミタチ）」、七日節会・新嘗会は「刀禰（トネ）」となり、表記が異なるが[110]、召詞自体に基本的に変化はなかったと思われる（【表1-7】参照）。

表1-7　儀式書に見える召詞

	元日節会	七日節会	踏歌節会	五月五日節	相撲節	九月九日節	新嘗会
内裏儀式	侍従	大夫等	侍従	大夫等	—	侍従	—
内裏式	侍従	大夫等	侍従	大夫等	大夫等	侍従	大夫等
儀式	侍従	大夫等	侍従	大夫等	大夫等	大夫等	大夫等
西宮記	大夫達	刀禰	侍従〈大夫達〉	刀禰	大夫等	大夫達	刀禰
九条年中行事	欠失	欠失	欠失	—	※	大夫等〈称侍従〉	刀禰
北山抄（年中要抄）	侍従〈末不千君達〉	大夫達〈刀禰〉	侍従	—	※	侍従	刀禰
北山抄（羽林要抄）	侍従	刀禰	—	—	※	侍従	刀禰
江家次第	大夫達	とね	大夫達	—	※	—	刀禰

〔凡例〕
—はその儀式が当該儀式書には見えないことを示す。相撲節の※は相撲召合に変化したため内弁が官人を召す次第がない。

ただ、九月九日節会の召詞には不確かな点がある。ほとんどの儀式書は「侍従(マウチキミタチ)を召せ」とするが、貞観年間成立の『儀式』のみ「大夫等(トネ)を召せ」としており、両説が存在する。(11)どちらを用いるのか迷うところであるが、ここで忠平は近年の例＝「年来の日記」を参照して「刀禰(トネ)」を用いようとしていた。

しかしそれに対して醍醐天皇は『内裏式』に記載されている「大夫等（モウチキミタチ）」を使用するよう指示している。この一連の流れは『北山抄』二　九日節会事に簡潔にまとめられている。

『儀式』に云はく、「大夫等を召せ」と。是れ、「刀禰」と称すべきなり。大節に非ざると雖も、文人相加ふるに依るか。「九条記」、此くの如し。而るに、延喜十二年（九一二）、勅定して、「侍従」と称するを以て善と為す。

『儀式』の記載が特殊なこと、それに『九条殿記』は従っていること、しかし、延喜十二年の勅定によって「侍従（モウチキミタチ）」とすることが定められたことがまとめられている。延喜十二年の勅定とは、先に見た醍醐天皇から忠平への指示を指すのだろう。この一件からも、最近の例に従う忠平と、『内裏式』に忠実であろうとする醍醐天皇との違いが鮮やかに浮かび上がる。忠平は故実の継承者とされるが、古い先例にさほど興味がなく[112]、近年の例を踏襲しようとする。忠平は、時平・醍醐天皇とはまったく異なるスタンスで儀式に取り組んでいる。

醍醐天皇と忠平の関係

醍醐天皇と忠平は儀式に関してしばしば正反対の見解をとっており、儀式に対する根本的な考え方が違っていたように思われる。忠平と醍醐天皇はそりが合わなかったという指摘は早くからある[113]。忠平は、時平亡き後、藤原氏の氏長者となり、昇進を重ねたが、筆頭公卿となった後も長らく右大臣の地位に留め置かれた。彼が左大臣に昇進したのは、筆頭公卿となってから十一年後の延長二年（九二四）のことであった。高官の人事は天皇の専権事項であり、ここに醍醐天皇の意志が働いていたことが推測される。また醍醐天皇は忠平よりもむしろ時平の遺児である保忠や敦忠に期待しており、皇后の藤原穏子も同様であったという[114]。

このような政治状況からだけではなく、儀式からも醍醐天皇と忠平との考え方の相違が明らかになった。時平と醍醐天皇は同じ理想を持って儀式の整備を行っている。明らかな意思を持って、儀式のあるべき姿を追い求めて、以前のあり方を復活させている。また醍醐天皇は、小朝拝や二宮大饗に言及するなかで公事／私事という区別を重視し、公事を優先させる見解を示す。これは天皇とはこうあるべきという原則にのっとった、極めて筋の通った見解である。それに対して忠平は、ここ数年の例に従う傾向が強く見られる。しかし結果的には、正論を唱える醍醐天皇の見識よりも、時流に即している忠平の見解が後の貴族社会に継承される。

ここまで同時代史料に基づいて、『醍醐天皇御記』に見える儀式への関わりを軸にして醍醐天皇について見てきた。醍醐天皇はわずか十三才で即位したが、即位後しばらくの間は、諸司や近臣の助言に従って儀式に取り組み、特に藤原時平を全面的に信頼していた。時平の補佐を受けつつ徐々に自ら判断を下すようになり、時平の死後は『内裏式』や承和例を参照しつつ、自ら判断を行っている。さらに晩年には、誤った作法を行う諸司を咎めるような場面も見られる。また醍醐天皇は儀式を行う際に復古的な側面が強く見られる。これは時平も同様であり、二人は同じ価値観を共有していた。それに対して藤原忠平にはそのような様子は見えず、むしろ最近の例にそのまま従っている場面が多く見られる。藤原忠平・師輔父子は、平安時代の儀式の整備に大きな役割を果たしたとされ、現在の研究のなかで非常に高く評価されているが、それは過分な評価ではないかと思う。彼らは『貞信公記』『九暦』などの日記を残し、そのなかで儀式での作法の細部にまで言及し、様々な蘊蓄を傾けている。しかしそれは、実際行われた儀式を、枝葉末節に到るまで詳しく書き留めたに過ぎない。忠平たちが見ていて記録した、延喜・延長年間の儀式は、時平と醍醐天皇が試行錯誤のなかで作り上げた部分が多かったのではないだろうか。時平と醍醐天皇は、後の儀式の原型を作ったと言えるのではないか。醍醐天皇が天皇でありながら、大臣に任せきりにするのではなく、かなり主体的に儀式に関わっている様子は、今まで見てきた通りである。

このように儀式に取り組むなかで、醍醐天皇が参考にすることができたのは『内裏式』と『外記日記』や六国史に残っている実例の記録だけだっただろう。宇多天皇・光孝天皇は当てにならず、陽成天皇・清和天皇は幼帝で参考にならない。そうなったら、具体的に模範となる事例は、結局、文徳天皇や仁明天皇まで遡ることになる。復古的に見えるものにはこうした側面もあっただろう。

だからこそ、天皇の身近な儀式を記した日記＝『御記』を残す必要性を、醍醐天皇は誰よりも感じていたのではないだろうか。そして、その日記は息子の朱雀・村上天皇へと確かに継承される。

第二章　『醍醐天皇御記』の利用

第一節　醍醐天皇の死

清涼殿の落雷

醍醐天皇は延長八年九月二十九日に崩御した。享年四十六才であった。若すぎる死であったが、これはこの年六月二十六日に清涼殿に落雷があり、そのショックから体調を崩したためとされる。この落雷は怨霊となった天神菅原道真によるものとされ、[1] その様子は各種の『天神縁起』のなかで生々しく描かれているが、そこには多分に脚色が混ざっている。[2] ここでは、客観的かつ簡潔な筆致で書かれ、「外記日記」の逸文である可能性の高い『扶桑略記』裡書によって見ておこう。[3]

この日、左大臣忠平は、日照に苦しむ民のために神泉苑の池水を放出する旨の宣旨を、勅を奉って陣座で外記に作らせている。政務が通常通りに行われていた。しかし午後三時頃から、雷が鳴りはじめた。天皇の警護のため、諸衛は陣を立て、公卿たちも醍醐天皇のいる清涼殿に移動してお側に控えていた。四時頃に雷が閃いて清涼殿に直撃し、その場にいた大納言藤原清貫と右中弁平希世は死亡。あまりに悲惨な状況で周囲の人々は見ていることができなかったという。さらに、右近衛忠兼も死亡。衣服を焼損したものが二人いたが、しばらくして助かったという。また、清涼殿の南簷（みなみのき）に火がついたが、右近衛の茂景（しげかげ）によって消し止められた。清貫と希世は担がれて内裏から運び出されたが、外には騒ぎを聞きつけた人々であふれていたという。

内裏のなかで、しかも天皇のごく近くで三人の臣下が落雷によって亡くなるという衝撃的な事故であり、道真の祟りかどうかは置いておいても、以前から病がちであった醍醐天皇が体調を崩すのも無理はなかっただろう。七日後には、常寧殿に遷ったが体調は戻らず、七月十五日には咳病に罹っている。天皇の快復を願って、度者の決定、五壇修法の実施、五大尊の造仏などの仏教による対応が次々と行われた（【表2-1】参照）。しかし快復の見込みは立たず、八月二十二日に朱雀天皇（寛明親王）への譲位が行われた。このとき朱雀天皇は八才。この幼い天皇を支えるために藤原忠平が摂政に任じられた。(4)

表2-1　醍醐天皇の病状（延長六年〜八年）

年	月日	病状を示す表現	内容	出典
延長六	正月一日	「煩寸白」	寸白を煩い、節会に出御せず。	『小野宮故実旧例』
	正月十六日	「煩御」	踏歌節会に出御せず。	『日本紀略』
延長七	十月一日	「御躰不調」	旬に出御せず。	『貞信公記抄』
延長八	六月二十六日	「不豫」	清涼殿の落雷による。	『日本紀略』

六月二十九日	—	貞崇法師が清涼殿で読経を行う。	『古今著聞集』神祇
七月二日	—	清涼殿から常寧殿に移御。	『日本紀略』
七月十五日	「御咳病」	天皇が咳病にかかる。	『日本紀略』
	「主上御悩」	天皇が病気にかかる。	『東寺長者補任』所引『吏部王記』
七月二十一日	—	天台阿闍梨五人が五壇修法を行う。	『日本紀略』
	「依天皇御薬」	延暦寺で白檀五大尊を作り始める。	『扶桑略記』裡書
八月九日	「依御薬」	度者五百人を定める。	『扶桑略記』裡書
八月十一日	「依御薬」	諸社奉幣使を定める。	『扶桑略記』裡書
八月十九日	「御息災之祈」	度者一千人を給う。	『日本紀略』
	—	信貴山の命蓮を召して御前で加持を行わせる。	『扶桑略記』裡書
八月二十日	「御病」	重明親王が天皇の病気平癒を長谷寺に祈願する。	『玉類抄』所引『吏部王記』
八月二十三日	—	几帳内に臥して官奏を覧る。	『西宮記』官奏所引『吏部王記』
八月二十五日	「祈御不豫」	定方が天台山で金剛般若経を読ませる。	『日本紀略』
九月三日	「有障」	御燈を奉らず、御禊を行う。	『政事要略』九月所引『吏部王記』

九月七日	「依御薬」	天皇不豫により左右大臣が候ず。	『扶桑略記』裡書
九月九日	—	節会に出御せず。	『政事要略』九月所引『吏部王記』
九月二十二日	—	朱雀天皇に譲位。	『西宮記』天皇譲位所引『吏部王記』
九月二十六日	—	朱雀天皇と対面。	『西宮記』天皇譲位所引『吏部王記』
九月二十八日	—	宇多法皇と対面。	『河海抄』柏木所引『吏部王記』
九月二十九日	—	七寺で御諷誦を修す。受戒。この日崩御。	『醍醐雑事記』所引『吏部王記』

病床の醍醐天皇

しかし、醍醐天皇は病気に罹って以降も、かなり無理をして政務や儀式を執り行っている。

左大臣、詔を奉りて、左中弁（紀）淑光朝臣をして官奏を奏せしむ。六枚。上（醍醐天皇）、几帳内に臥して、これを聴く。（『西宮記』官奏　所引『吏部王記』延長八年八月二十三日条）

上（醍醐天皇）、直衣を服し、強いて加冠し、笏を端して御座に御す。侍臣、大奴佐（大幣）を以て昇殿して進り御す。上、摩りて息し了んぬ。（『政事要略』年中行事九月　所引『吏部王記』延長八年九月三日条）

政務の決裁では、床に臥しながらも判断を行い、御燈の禊では、無理をして起き上がり、着替えて冠を着して行っている。病を押してでも天皇としての責務を果たそうとする様子が見える。そして、この間も天皇の判断力は失われていない。先に見た息子代明親王からの一世源氏の待遇に関わる質問はこの間に出されたものだが、これにも適確に答えていたし、重明親王にも駒牽の先例を示している。(5) さらに譲位の当日に至っても、右大臣藤原定方から、固関使（鈴鹿・不破・逢坂の三関の警固を行わせるための使者）の派遣の手続きについて、尋ねられている。天皇が病気で衰弱している、差し迫った状況であるにもかかわらず、かなり些細なことを尋ねてきている。おそらく、普段からこのように醍醐天皇に細かい点を確認しながら、政務や儀式を行っていたのだろう。この定方からの質問に対して醍醐天皇は、「吾れ知る所に非ず。須らく左大臣（忠平）に触れて行はしむべし」と答えている。それはそうだろう。いい加減にしてくれと言いたげである。

譲位の四日後に当たる二十六日には、醍醐上皇が朱雀天皇を呼んで拝謁している。朱雀天皇は藤原師輔に抱かれて参上し、拝礼を行った。その後で醍醐は朱雀天皇一人だけを几帳のなかに呼び、五つの遺誡を授けたという。幼い朱雀天皇は醍醐の遺誡を指を折って覚えた。①神祇を敬え、②法皇（宇多）を奉れ、③左大臣忠平のおしえを聞け、④旧人をかえりみよ。すぐ後に朱雀天皇に尋ねたが、この四つは思い出せたが、五つ目は忘れてしまったという。二十八日には宇多法皇が醍醐上皇のもとを訪れた。翌二十九日には、尊意から戒を授けられて剃髪し、「宝金剛」という法名を与えられた。この日はまた宇多法皇が訪れた。そして醍醐天皇は左大臣忠平に遺詔を伝え、同じことを代明・重明親王にも伝え、最後に再び忠平を召して密事を伝えたという。そして午四刻（午前十二時半）に崩御した。『醍醐天皇御記』は延長七年十月までしか残存しておらず、この死に至るまでの状況を伝える醍醐天皇の手による日記はない。しかし『吏部王記』には断片的であるが、当時の詳しい状況が述べられており、ここでの記述もそれに拠っている。また『吏部王記』からは九月以降、重明親王がほぼ毎日天皇の側に付き従っていたことが分かる。[6]病状がそれほど重かったということもあろうが、醍醐天皇が自分の皇子たちを信頼して側に置いていたことが見て取れる。また幼くして即位した朱雀天皇の行く末を案じていたことも伝わってくる。

そして記主を失った『醍醐天皇御記』はどうなるのだろうか。また、今まで醍醐天皇に頼りきりで行われていた様々な儀式をどうやって挙行するのだろうか。次に醍醐天皇の死後の『醍醐天皇御記』について見てみたい。

第二節　天皇による利用

醍醐天皇の死後の『醍醐天皇御記』について、松薗斉氏は、幼帝である朱雀天皇を支えるために、醍醐天皇の死後すぐに宮中に半公開状態で置かれていたとする。[7]また所功氏は宮中に架蔵されるとともに、醍醐天皇の血縁者である親王や源氏も所持していたとする。[8]しかし先帝である醍醐天皇の日記が貴族社会内部に限定されるとは言え、簡単に見られて構わなかったのだろうか。『醍醐天皇御記』を、醍醐の子に当たる世代がどのように用いたのかは、『貞信公記』『九暦』『吏部王記』などの公卿・親王の日記から窺うことができる。改めてそれを逐一検討すると、『御記』を見ることができた人物はかなり限定されていたことが分かる。具体的な場面を見ながら、そのことを確認していきたい。

朱雀天皇と『御記』

『醍醐天皇御記』を参照することができたのは、本来は醍醐天皇の皇子で天皇位を継承した朱雀天皇のみであったと考えられる。彼が父天皇の日記を参照したことが『九暦』に見える。

八日。御斎会。行幸有り。…威儀師、云はく、「唄の後、楽を奏すべきか」と。下官（師輔）、此の事を聞き、示して云はく、「『儀式』の如く、楽の後、唄音を発すべし」と。主上（朱雀天皇）、此の事を聞き、仰せて云はく、「「延喜二年御日記」に曰く、『唄の後、楽を発す』」てへり。奏して云はく、「年々の日記、此くの如く注す。然るに、式文に依りて先年、改正す」と。上、諾す。…

（『西宮記』正月　御斎会所引『九暦』）

これは、天慶九年（九四六）正月八日に行われた、御斎会（ごさいえ）の一コマである。なお、御斎会は大極殿を会場として、正月八日から十四日の七日間にわたって金光明最勝王経を講読する、最も大規模な国家的法会であった。この法会は、僧侶にとっても重要なもので、ここで講師を務めることが律師（僧官のひとつ）任用の条件となっており、僧侶が仏教界で出世するための重要なプロセスのひとつであった。[9]

御斎会のような大きな法会では、講読の後に僧侶によって声明が唱えられる。これが「唄(ばい)」であるが、ここでは、「唄」を行うタイミングが問題となっている。一人の威儀師(いぎし)が、「雅楽寮による演奏「楽」よりも前に唄を行うべきか」と師輔に尋ねた。師輔はこのとき、三十九才、大納言であるが、御斎会の上卿（儀式の責任者）であったのだろう。師輔は、この発言に対して、「『儀式』の通り、楽—唄の順に行うべきだ」と答えている。この師輔の回答を聞いて、朱雀天皇は、「『醍醐天皇御記』（「延喜二年御日記」）には、唄の後に楽を行うと書かれている」と異議を唱えた。これに対して師輔は、「確かに毎年の日記にはそう書かれており、そうしてきました、しかしこれは式文（『儀式』の文の意か）と異なったものを行ってきていたもので、すでに改正したのです」と答えている。そして、朱雀天皇はこれを受け入れている。

ここで朱雀天皇は『醍醐天皇御記』を参照して異議を唱えている。しかし師輔の判断の方が筋が通っていたようだ。師輔が「『儀式』の如く」としているように、ここで貞観年間に作られた儀式書『儀式』に基づき御斎会が執り行われている。『儀式』では、確かに、

時に、雅楽寮、座に就き、各、楽を奏すること、一曲。左、唐楽。右、高麗。諒闇の時、楽を撤す。訖りて唄師、声を発す。

と、まず「楽」、次に「唄」としている。これに沿って先年、次第が改められたという。ここから『醍

醐天皇御記』が絶対的な規範ではなかったことが分かる。『御記』はあくまでも天皇が個人的に参照するものであり、それだけで強い規範力を持つものではなかった。

朱雀天皇が『醍醐天皇御記』を参照したことが明らかに分かるのは、この事例だけであるが、日頃からこのような判断に迷う儀式上の場面で、朱雀天皇は父天皇の日記を参照していたのだろう。このとき朱雀天皇は二十四才。元服もすでに済ませた立派な成人である。摂政を務めていた忠平も、天慶四年（九四一）に摂政を辞し関白となっている。関白も天皇の補佐を行うが、天皇に代わって判断をおこなうことはない[10]。成長した朱雀天皇は、儀式や政務の際に天皇としての判断を求められただろう。そのようなときに、手元に置かれ、判断のよりどころとなったのが父天皇の日記だったのであろう。

そして朱雀天皇はこの年の四月に弟の村上天皇に譲位する。

第二節　天皇による利用

村上天皇の即位式の混乱

村上天皇も兄の朱雀天皇と同じく、父を醍醐天皇、母を藤原穏子として生まれ、成明親王と名付けられた。天慶七年（九四四）に十九才で皇太弟となり、朱雀天皇が早くに譲位したため、二十一才で即位した。天慶九年四月二十日に譲位のことがあり、二十八日に大極殿で即位儀が行われた。その当日の儀式は『即位部類記（そくいぶるいき）』に引用された当時の日記から詳しく知ることが出来る。ここでは天皇周辺の様子を詳しく記している、藤原師輔の日記『九暦』によって見ていこう。ここには式の当日の混乱極まりない状況が克明に記されている。そして即位当初から、村上天皇が『醍醐天皇御記』を手元に置いて参照していたことも記されている。朱雀天皇の譲位とほぼ同時に、『御記』も村上天皇に継承されたのだろう。この即位式の様子を順を追って見ていこう。

まず当日の開始前の準備の段階から問題が発生している。大舎人寮（おおとねりりょう）が蔵人所から支給されるはずの甲（よろい）二頭がまだ届いていないと訴えてきた。蔵人所の官人たちは、「甲など見たことがないし、知らない。一体何に基づいて言っているのか」と答えた。しかし、さらに大舎人寮の官人は、「錦の袋に入っているはずです。年々の記文には、蔵人所から支給され、高御座の東西に置くと書いてあります」と食い下がった。再度、蔵人所の方で探したところ、甲が一領だけ出てきたが、錦の袋に入っていないし、どうやら該当しないようである。これを村上天皇に奏上して判断を仰いだところ、「「先帝御日記」にも所々の日記にもこのようなことは見えない。大舎人寮の記文が間違っているのではないか。大舎人寮の故事をよく知るものに問い合わせよ」との仰せがあった。ここで村上天皇は「所々の日記（殿上日記か）」とともに「先帝御日記」＝『醍醐天皇御記』を参照した上で判断を下している。しかし結局は分からずじまいで、時間だけが過ぎる結果となった。後から師輔は、読み方が似ているため「蔵人（くろうど）」と「内蔵（くら）」とを大舎人寮の方で勘違いしたのではないかと考えているが、その通りだろう[11]。

この後も、会場に天皇が出御するまでの間にもトラブルが続く。髪を整える理髪の担当者が足りない、璽の箱を捧げ持つ女官が足りない、少納言が遅刻してくる、という事態が次々と起こっている。ようやく会場に天皇が到着すると、緊張からか女官が倒れてしまう。先に会場に到着していたはずの女官もおらず、さらに探しにいるうちに、時間はどんどん過ぎていく。村上天皇の一世一代の即位式はこのような混乱極まりない状況であった。師輔は本来であれば他の臣下と同じく八省院に列立しなくてはならないが、前日に村上天皇からの仰せを受けて天皇の側で蔵人たちを仕切っている。師輔はこのとき右大臣で右大将を兼任していたが、村上天皇が皇太弟のときに春宮大夫を務めており、また村上天皇の母方の従兄弟であり、かつ、后である安子（あんし）の兄に当たる。師輔は村上天皇が頼ることのできた人物であった。しかし、当日のあまりの不手際の多さに対して師輔は、

　件の事等、蔵人ら、前に在り、催し行ふ所なり。而るに下官（師輔）の催すを待つばかりなり。是れ、新補の蔵人ら、案内を知らざるか。

と、本来率先して働くべき蔵人が働かないとして、怒っている。師輔は最後まで村上天皇の御後に控えて指示を出している。その後も、門部（かどべ）がいないために、官人が会場に入るための門が開かないという事態が起こる。とりあえず衛門府（えもんふ）に命じて門を開けさせようとするが、「それは我々の職掌ではない、そのことは衛門府の記文にはっきりと書かれている」と言い返されている。最後は、師輔自らが、担当者の橘好古（たちばなのよしふる）（当時五十四才）を呼び出して、「頻りに奉勅の宣旨（しき）を下すに、何ぞ慥（たし）かならざる記文を以て、再三、勅に乖れんかな」と叱責をして、ようやく開けさせることが出来た。何とか門は開いたものの、今度は褰帳（けんちょう）（高御座の帳を開く）の合図のための鼓が鳴らないので、儀式を始められない。鼓を統括する兵庫頭（ひょうごのかみ）の源忠幹（ただもと）は、「我々が鼓を鳴らすのは、天皇が高御座にお着きになって、威儀命婦（いぎのみょうぶ）が引き返して

きたときと「外記日記」に書かれてありますと譲らない。すでにここまでの混乱で順序が前後しており、天皇はだいぶ前に高御座に移動しており、すでに威儀命婦も帰ってしまっているから、もうどうしようもない。ここに至って判断を求められた村上天皇は『御記』を参照した上で、「『内裏式』では、確かに忠幹の言う通りになっている。しかし、『御記』やその他の日記にはそのような記述はないのだから、必ずしも儀式文に従う必要はないのではないか」と自信なさげに指示を出している。(12)結局、師輔の指示で、再度、威儀命婦を高御座の側に進ませて座に戻らせるという措置をとって合図を鳴らさせたようだ。(13)

前の朱雀天皇の即位式は十六年前のことであり、また即位式と同じく大儀であり、儀式の設営等がほぼ同じである元日朝賀も、最後に行われたのは承平五年（九三五）で、これも十一年前のことである。長らく大儀は行われていないので、儀式文はあるものの、実施したときの記憶が忘れ去られている。そしてそれぞれが、各官司にある「記文」や「外記日記」、『儀式』などのばらばらの儀式文を参照しており、結果として、皆それに振りまわされている。しかし、それにしても儀式の進行が滞るほどの大きな不備が多すぎる。ちなみに、開門の指示を受けながらそれを拒否した衛門府は、かなり悪質と判断されたようで、後から処分（罰金刑）を受けている。(14)さらに即位儀の最中に、大極殿の階段の下で雑色同士の喧嘩から流血に及ぶという騒ぎまで起こっていたという。(15)

村上天皇にとって、これが天皇となって初めて経験する「大儀」であった。極度の緊張からか、本番中は何とか耐えきったものの終了直後に「御気（おんき）、上（のぼ）せられ、吐くに及ぶ」と体調を崩している。天皇となって初めての儀式だというのに、難しい状況に陥ると、臣下の者たちは天皇に奏上して判断を仰いでくる。これに何らかの指示を出さなくてはならない。天皇の心中を察するに、たまったものではなかっただろう。具合が悪くなるのも無理はない。

村上天皇は忠平を関白としたが、関白は摂政と異なり、天皇の側でその職務を代行してくれる存在ではない。また忠平はすでに六十七才の高齢であり、かつ、関白太政大臣という他と隔絶した地位を与えられており、儀式に出てくることもほとんどない。村上天皇はある程度、自力での判断を求められる状況にあった。村上天皇にとって『醍醐天皇御記』は、天皇としての儀式での振る舞いを示してくれる、唯一の手本であった。この即位式の間にも、二度、参照していることが確認できる。『醍醐天皇御記』が常に正しい訳ではないし、儀式全体の流れを漏れなく書いてあるものではない。しかし個々の儀式が天皇の視点で書かれてある、唯一の史料であった。村上天皇はこれを見て対応していくしかない状況にあった。

『村上天皇御記』にみえる『醍醐天皇御記』―官奏―

なお、村上天皇自身の日記『村上天皇御記』にも、一箇所だけ『醍醐天皇御記』に触れた部分が残っている。

左大臣（実頼）、請はしめて云はく、「右大臣（藤原顕忠〈あきただ〉）、官奏に候ずべき事、奏する例を検ずるに、左大臣時平、右大臣菅、共に政事を行ふの詔を蒙る。仍りて他の大臣・納言等、輙く雑務の政を奏宣すべからず。菅丞相、謫遷の後、左大臣、上表し、右大臣光朝臣をして官奏の事に候ぜしむ。然らば則ち、此の度の事、彼の例に准ずべからず。仍りて上表、相離し。若しくは宣旨を下さる。若しくは只、彼の大臣に仰せ知らしむるが、宜しかるべし」と云々。仰せしめて云はく、「上表の事、聞く如く、彼の例と頗る相異なる。抑も延喜十一年（九一一）、故太政大臣（藤原忠平）、大納言たりて、奏に候ずべき由、只、其の人并びに大弁に仰せ知らすの由、『御記』に在り。若し其の例に准ぜば、更に宣旨を書き下すべからず。右大臣并びに大弁等に仰せ知らしむべきか。宜しく彼の時の宣旨を尋ぬべし」と。

（『西宮記』官奏所引『村上天皇御記』応和元年（九六一）三月十七日条）

官奏は、官奏候侍者を新たに指名するときの手続きをめぐって天皇と左大臣実頼がやりとりをしている。官奏は、天皇の決裁が必要な案件について、直接に奏上して判断をあおぐ政務であり、基本的に筆頭大臣、それに次ぐ公卿が行う。ただし官奏を行う官人は限定されており、事前に指名されていた[16]。

ここで、前年に藤原師輔が亡くなり、官奏候侍者が実頼一人になったため、右大臣顕忠が新たに官奏候侍者となることになった。実頼からの奏上によると、この指名方法については、天皇から詔を出す（寛平九年（八九七））、大臣から天皇に上表を行う（延喜元年（九〇一））、天皇から宣旨を出す、本人に口頭で伝えるのみ、という四つのパターンがあるという（【表2-2】参照）。実頼は、詔で指名した寛平九年は、結果として他の公卿が政務を見ないという事態を引き起こし、上表を行った延喜元年は菅原道真の左遷に関わっているので、この二つはよろしくない、宣旨か本人に口頭で伝えるかのどちらかにすべき、と述べている。これを受けた村上天皇は、『醍醐天皇御記』を参照し、延喜十一年の藤原忠平が官奏候侍者に指名されたときの例を確認している。そこでは、本人と大弁（官奏に関わる太政官の実務官）のみに、口頭で伝えたことが見えるので、村上天皇はこの例に従うべきという判断を下している。ただ念のため延喜十一年の宣旨がないかどうかを確認させている。続く応和元年閏三月一日条によると、[17]結局、「延喜十一年の例を勘へしむ」＝官司に命じて延喜十一年の例を調べさせたが、宣旨は見つからなかったという。やはり延喜十一年には口頭でのみ伝達を行ったことが確認できたので、それに従い、左大臣を通して、右大臣（顕忠本人）と大弁に告知をしている。この時、村上天皇はすでに三十六才の壮齢であるが、ここでもまずは父の日記を参照して判断を行っている。ただしその後、勘申を命じて確認を取っていることも重要だろう。『御記』は村上天皇にとって、醍醐天皇の行った判断を知るための重要な先例集ではある。しかし、改めて、先例の勘申を命じていることから分かるように、それだけでは確かな判断材料とはならない。この段階では、『御記』には公的な性格は薄く、先例を調べるときの当たりを付けるためのものとして機能している。

表2-2　醍醐～村上朝の官奏候侍者

天皇	No	年（西暦）	候侍者	指名方法	備考	出典
醍醐	1	寛平九（八九七）	藤原時平（大納言） 菅原道真（大納言）	譲位詔		『菅家文草』六〇六
	2	延喜三（九〇三）頃	藤原時平（左大臣） 源光（右大臣）	上表	昌泰三（九〇一）道真左遷による。	『村』応和元年三月十七日条
	3	延喜十一（九一一）	源光（右大臣） 藤原忠平（大納言）	仰	延喜九（九〇九）時平亡によるか。	『村』応和元年三月十七日条・『貞』同年二月八日条
	4	延喜十五（九一五）	藤原忠平（右大臣） 源昇（大納言） 藤原道明（大納言）	宣旨	延喜十三（九一三）光亡によるか。	『別』同年十二月五日宣・『公卿補任』同年条
	5	延喜二十一（九二一）	藤原忠平（右大臣） 藤原定方（大納言） 藤原清貫（大納言）	大臣の状・仰	延喜十八（九一八）昇亡、同二十道明亡によるか。忠平は中納言以上で申請。	『西』延喜二十一年十二月八日記・『勘例』・『別』同年三月十五日宣・『西』官奏所引延喜二十二年二月十五日記
朱雀	6	天慶四（九四一）	藤原仲平（左大臣） 藤原実頼（大納言）	仰	この年忠平が摂政を辞し、官奏が復活。	『本朝世紀』天慶四年十一月十三日条

村上					
7	天慶九（九四六）	藤原実頼（左大臣） **藤原師輔**（大納言）	宣旨	天慶八（九四五）仲平亡によるか。	『貞』同年九月十二日条
8	天徳四（九六〇）	藤原実頼（左大臣）	上表	同年師輔亡によるか。納言以上を申請するも決定せず。	『西』官奏所引天徳四年七月八日記
9	応和元（九六一）	藤原実頼（左大臣） **藤原顕忠**（大納言）	仰		『村』応和元年三月十七日、同閏三月一日条
10	康保二（九六五）	藤原実頼（左大臣） 源高明（大納言） **藤原在衡**（大納言） **藤原師尹**（大納言）	大臣の状・仰	同年顕忠亡によるか。	『村』康保二年六月十六日、十九日条

凡例：山本信吉「平安中期の内覧について」（同『摂関政治史論考』吉川弘文館、二〇〇三年、初出一九七二年）をもとに作成。新たに任じられた人物を太字で示した。出典欄の『村』は『西宮記』官奏所引『村上天皇御記』、『貞』は『貞信公記抄』、『別』は『別聚符宣抄』、『西』は『西宮記』官奏を指す。

『九暦』に見える村上天皇と『御記』

　また先に忠平の息子師輔が、即位儀で村上天皇のお側に控えて差配を行っていたことを見た。師輔は村上天皇の信頼が厚く、彼の日記には、様々な些細な雑事について、村上天皇から尋ねられたことが見える。そしてそのなかにも『御記』が登場する。

天暦五年（九五一）十月五日の残菊宴（ざんきくのえん）の直前には、藤原師輔のもとに、次のような村上天皇の仰せが届いている。

今日、御題を給はんと欲す。「先帝御日記」を見るに、或る般は書き出して給ふ、てへり。或る般は、只、御題を給ふの由有り。具さなる由、見えず。詞を以て仰せんと欲するは、若しくは相違有らんか。又、急に筆を下すは、便宜無かるべし。これを如何せん。

（『九条殿記』菊花宴　天暦五年十月五日条）

十月に行われる残菊宴では、文人も参加して漢詩が賦される。この節会は、元々は九月九日に重陽宴（菊花宴とも）として行われていたが、醍醐天皇が九月に崩御し、九月が忌月となってしまったため、十月に開催時期をずらすとともに名称を変更したものである。ここでの漢詩の題は、通常は文章博士などの漢詩に通暁した官人が定めるが、醍醐天皇は自身で題を定めて賜ることもあった[18]。それに倣ったものか、今日は村上天皇自らがこれを定めるという。しかし、その題をどうやって伝えるかがよく分からない。ここで村上天皇は『醍醐天皇御記』を参照している。しかし何年分か見てみても、ある場合は紙に書いて給わったとあり、ある場合はただ題を与えたとあるのみで詳細が書かれていない（「具さなる由、見えず」）という。村上自身は口頭で（「詞を以て仰せん」）伝えようと思うがそれでは間違って伝わるかもしれない、また、書いて渡す場合も、その場で急に筆を取り出して書くのでは段取りが悪い、どうしたらいいか、と師輔に相談している。こんなことまで村上天皇は一々迷うのかと驚かされるが、師輔は丁寧に対応している。すぐに、「兼ねて書きて設け、置物の御机に候ひ、其の時に臨みてこれを給ふは如何。」と、「先に書いておいて机に置いておき、そのときになって渡されればいいのではないでしょうか。」と答えている。それに対して村上天皇は、「事、宜しかるか。然る如く行ふべし。」と解決策を示してもらって喜んでいる。このような些細なことについても、村上天皇は『御記』を参照して一々確認しており、慎重な性格がここから窺える。このときは村上天皇が『御記』を見ても詳細が分からなかったため、師輔に相談し、そのやりとりが師輔の日記『九暦』に残った。しかしこれは偶然残っただけであって、これ以外の多くの場面で、村上天皇が自分で『御記』を参照して儀式や政務を行っていたのだろう。また以下のような記事もある。

天暦（原文、慶）九年八月十七日、穂坂御馬、南殿に於いて分取らしむ。左馬頭・助、候ぜず。仍りて気色を候ずに、「先帝御記」、一寮、候ぜざるの時、又、一寮を止める。彼の例に依りて行ふべし」てへり。

（『北山抄』二　八月　七日甲斐勅旨御馬事）

『北山抄』の「一寮の頭・助無きの時、左右共に止むる例」に実例として引用されているものだが、藤原実頼の日記『清慎公記』の逸文であろう。これは、東国にある御牧から貢上された馬を天皇の前で牽き、それを左右馬寮や親王・官人に分け与える駒牽の儀式での出来事である。馬寮の官人が参上しないので、どうするかを実頼が村上天皇に尋ねたが、ここでやはり村上天皇は「先帝御記」で先例を調べて指示を出している。[19]

他に荷前使（山陵に幣物を捧げる使者）の発遣に関して、村上天皇が『醍醐天皇御記』を参照して、師輔に問い合わせを行っている場面が『九条殿記』荷前　天暦四年（九五〇）十二月十二日条に見える。ここで村上天皇は、荷前使の発遣を予定している日が、神今食の散斎日（ここでは祭祀の後に行われる物忌）に当たるので、[20]その期間中に山陵への幣物を準備することは憚りがあると考え、日時を改めるべきではないかと述べている。[21]これは延喜十七年（九一七）の『御記』に基づくもので、そのときには、同様の状況に際して陰陽師文房満に再度日時を勘申させた上で発遣の日を改めたという。また、延喜二十一年も同様な措置がとられたことが見えるという。[22]これを受けて、師輔は、

彼の八日（日時を定めた日）、愚心、此の疑ひを成す。然りと雖も其の由を奏せしめざる故は、式に云はく、「致斎・前の散斎の日、軽服と雖も内裏に参るを得ざれ」てへり。此くの如きの文は、前の散斎の日に至りては、内裏に参るべからず、諸司に参るべし。今、幣物を裹むは禁中の行事に非ず。是れ、諸司に於いて行ふ所なり。此れを以てこれに准ずるに、殊に咎無かるべし。然りと雖も、今、已に延喜の御時の例有るに、何ぞ抛り行はれざるかな。

と答えている。ここで師輔は、自分も実はすでにこの問題には気付いていたと述べ、それでも村上天皇に奏上しなかった理由を述べている。師輔は、式文（「貞観式」）で、散斎に関わって参入が禁じられて

いるのは内裏だけであることを踏まえ、(23)内裏の外にある神祇官で行われる幣物の準備には関わらないと判断した、特に問題があるとは思えない、としている。しかし最後には「延喜の時の例があるなら、なぜ、それに従って行われないことがありましょうか」としている。ここで、村上天皇は『御記』に従って判断し、師輔も最後にはそれに従う姿勢を見せている。ただ、師輔自身は、別に『御記』に従う必要性を認めていないような口ぶりに感じられる。師輔には、「別に特に問題はないと思いますが、やりたければどうぞ」という、どこか投げやりな雰囲気が感じられる。他にも、天暦四年六月に、行幸の吉日を占わせる陰陽師についてに指示を出す際にも、村上天皇は『醍醐天皇御記』を参照している（『御産部類記』所引『九暦』天暦四年六月二十五日条）。

醍醐天皇の死後、『醍醐天皇御記』を活用したのは、息子である朱雀・村上両天皇であった。彼らは天皇としての職務を果たすために、些末な点に至るまで、何か迷った場合には、まず『御記』を参照している。いや、逆に些末な点だからこそ『御記』を参照したとも言える。他の記録では知ることの出来ない、天皇身辺の細かい雑事について記してあるのだから。特に、儀式の最中の突発的な事態や何らかの異例への対応に際して参照している場合が多く、常に手元に置かれていたことが分かる。ただし『御記』はあくまでも、天皇の個人的な手控えに過ぎず、時間的に余裕がある場合は、官司に勘申を行わせ、そちらの結果が用いられただろう。天皇によって書かれ、天皇によって継承され、天皇が具体的な場面で用いるための日記として『醍醐天皇御記』は存在していた。なお、村上天皇は一度、『醍醐天皇御記』を紛失したことが知られる。(24)

阿闍梨遍斅をして叡山に於いて聖天供を修す。此れ、紛失する「延喜御日記」を求め得しめんが為なり。（『延喜天暦御記抄』所引『村上天皇御記』康保二年〔九六五〕三月十六日条）

紛失した『醍醐天皇御記』が出てくるように延暦寺で修法を行わせている。どういった事情で紛失したのか、結局出てきたのか、いずれも史料が残らず分からないが、修法を行わせてまで『御記』を見つけようとしていたことから、村上天皇が『醍醐天皇御記』をどれほど重視していたかが窺える。

第三節　天皇以外の利用

摂政としての『御記』の利用

しかし、天皇以外に『御記』を利用している人物がいる。それが藤原忠平である。忠平は延長九年（九三一）から天慶四年（九四一）にかけて、朱雀天皇の摂政を務めているが、その間に、何度か『醍醐天皇御記』を参照したことが見える。

仰せて云はく、「中宮（穏子）の御消息に云はく、『故右大将保忠卿の後家等、申さしめて云はく、「前例に依り、度者十人を給はらんと欲す。其の例、則ち先帝（醍醐天皇）の御時、定国大納言に十人を給ふ。道明大納言に六人を給ふ。然らば則ち多き例に依りて十人を給はらんと欲す」』」と云々。

仍りて「先帝御日記」を引勘するに云はく、『皆、此れ存生・臥病の間、彼の命を救はんが為、給ふ所なり。年来、没後に給ふ例無し』と。此の趣を以て申し送り畢んぬ。先皇の御時、諸卿等、親王の例に准じて、没後の度者を給はるべき由、奏聞す。而るに裁許無し」てへり。

（『九暦記』承平六年〔九三六〕十月二十四日条）

これは承平六年十月に、朱雀天皇の母后穏子から忠平に、亡くなった藤原保忠のために度者（出家者）を給わりたいと要求した場面である。保忠は時平の長男であり、穏子・忠平からは甥に当たる。大納言まで昇るが、この年の七月に四十七才で亡くなった。この保忠のために、同じく大納言であった藤原定国や藤原道明の例と同じく度者を給わりたい、十人の度者を欲しいという。これを受け、忠平は『醍醐天皇御記』を参照・確認した上で、確かに定国や道明は度者を給わっているが、これは生前に病気の平癒を願ってのものであって、亡くなった後に度者を給わった例はないのだ、とし、穏子からの要求を拒否している。そしてその後、師輔に、「醍醐天皇のときには、臣下の者たちが、親王と同じように没後に度者を給わりたいと、たびたび奏上をしていたが、醍醐天皇がお許しになることはなかったのだ」と、自身の経験を語っている。また、同年の十一月に、賀茂社のために祭祀を行う斎王に、月の障りが生じてしまい、当日の相嘗祭（あいなめさい）をどうするのか問題になったときにも、忠平は『醍醐天皇日記』を参照して、以下のように述べている。

「先帝御日記」を引勘するに、去る延喜十四年の「御日記」に云はく、「斎王の月の事有るに依りて、相嘗祭、停止す。是れ、神祇官、定め申すに依る。斎宮（伊勢）の例に准じて事由を祓え謝し、祭を停む」と云々。彼の例に准じて止むべきの由、興平（おきひら）に仰せ了んぬ。

（『九暦記』承平六年十一月六日条）

忠平が『醍醐天皇御記』を参照したところ、延喜十四年にも同様の事態が起こっていた。そのときは伊勢斎宮の例を適用して、祓を行って祭を停止したという。今回もこのときと同様に対応するよう、斎院長官に命じている。これも祭の当日になって、その実施の可否の判断を求められたもので、突発的なものであろう。このように何らかの判断をするに当たって、忠平は『醍醐天皇御記』を参照している。これは幼帝の朱雀天皇を補佐する摂政の任にあったためであろう。先に朱雀・村上天皇の利用の状況を確認したが、忠平は天皇の代行を行う摂政として、朱雀天皇に代わって『御記』を用いて判断を下していたのだろう。

教命のなかでの『御記』の利用

しかし、この摂政という職務に伴って、天皇に代わって何らかの判断を下す以外にも、忠平は『御記』を用いている。それは、息子の師輔への教命に際してである。

殿（忠平）に参る、云々。（師輔、）申して云はく、「右大将（藤原保忠）、参るべからず、と云々。今日の奏（相撲文の奏上）、誰人、奏すべきか」と。仰せて云はく、「延喜二十一年（九二一）、吾（忠平）、参らず。宰相中将（藤原）兼輔、左の相撲文を奏す。『御記』に云はく、『先例、未だ中将、奏聞するの例有らず。而るに、仁和三年（八八七）五月六日、十列奏、宰相中将有実、奏せしむ。彼に依りて兼輔を以て奏せしむ』てへり。然らば則ち、宰相中将、奏する例、左在るも、右無し。しかのみならず、去る年、右大将、参らず、左右奏を左大将、奏す。今日の事、去る年の例に依るべし」と云々。内に参る。…

（『西宮記』七月　相撲所引『九暦』承平五年〔九三五〕七月二十八日条）

このとき師輔は参議・右近衛府の権中将であった。この日は近衛府が取り仕切って行う、相撲節会の当日であった。師輔は節会の開始前に父忠平（「殿」）のもとに参り、相撲文の奏上について指示を仰いでいる。相撲文は出場する相撲人の氏名を書き出した、対戦表に当たるもので、本来はそれぞれ左右近衛府の長官である左大将・右大将が開始前に天皇に奏上する。しかし、事前に右大将が欠席するという連絡を受け、右近衛府の次官であった師輔は、どう対応すべきかを父忠平に相談しに来ている[25]。

ここで忠平は、延喜二十一年（九二一）の例を出している。このとき忠平は四十二才、左大将であった。その忠平自身が欠席したため、このときは左中将の兼輔が代わりに相撲奏を行った。ここまでは忠平の記憶をたどって語っているが、この後は同日の『醍醐天皇御記』を参照している。ここで醍醐天皇は「中将兼輔に行わせたが、本来、先例にはないことだ」と記していた。この『御記』の内容を示した上で忠平は、①兼輔は「左近衛府」の例であり、右近衛府の先例はない、②以前も右大将は欠席しているが、そのときは左大将が左奏と右奏とをまとめて奏上した、今回もそうするだろうから中将である師輔が相撲奏を行う必要はない、と助言している。このように、忠平は息子師輔の儀式作法を説明する際に、『醍醐天皇御記』を用いている。

しかし、せっかく『御記』を確認した上で、忠平が助言をしたにもかかわらず、それは無駄に終わった。この後、すぐに師輔は会場に向かったが、そこで上卿（行事の責任者）の右大臣藤原仲平から、右の相撲奏を行うよう指示されている。師輔は一応、抗議したようだが、

大臣（仲平）、云はく、「縦へ去る年、設け奏すと雖も、今、已に公卿中将有るに、何ぞ辞譲するを得ん」と。（『政事要略』年中行事　十一月所引『吏部王記』承平五年十一月二十九日条）

と、仲平から、「たとえ去年、左大将がまとめて右近衛府の分を奏上したと言っても、今年は公卿を兼任する中将（師輔のこと）がいるのだから、辞退する必要はない」と言われてしまう。確かに、この年の二月に藤原師輔は参議に任じられ「公卿」の仲間入りをしており、[26] ヒラの中将であった去年とは立場が異なっている。それでも師輔は納得がいかなかったらしく、さらにこの場で仲平の次席に当たる大納言藤原恒佐に、この件について尋ねている。恒佐は、「左、已に此の例有り。右、進る（たてまつ）に何ぞ妨げん。」（同右）とし、「左（左近衛府の事例）があるなら、右近衛府がやるのに何の問題があるか」としている。父忠平から事前に聞いていたのとは、まったく異なる状況になっている。師輔はおそらく話が違う…と思っただろう。しかしその場では、「仍りて奉るのみ」（同右）と指示に従って奏上を行った。そして

帰って父忠平にこのことを報告している。しかし忠平からも、「然りと雖も、当日の上（上卿）の仰せに依りて進退すべきなり。」（『西宮記』七月　相撲所引『九暦』前掲条）と、「そうは言っても、その場の上卿の指示に従って行動すべきである」と、逆に諭されている。師輔はこの出来事を結構、根に持っていたようで、数ヶ月後の十一月に同年代の重明親王（当時三十才・師輔の二才上）に、この一件の顚末について語っている（『政事要略』年中行事　十一月所引『吏部王記』前掲条）。

ここでは、忠平が知り得た『醍醐天皇御記』の内容に基づいて、息子師輔に儀式に関する教命を行っていることが見え、『御記』が先例として用いられていたことが分かる。しかしその一方で、『御記』に書かれている内容が、忠平・師輔以外の公卿の間で知られていない点は注目される。相撲奏に関して仲平や恒佐は、『御記』に見える醍醐天皇の見解とは異なる判断をしている。また、それを師輔や忠平も受け入れており、『御記』を持ち出して抗弁しようとはしない。この段階では『醍醐天皇御記』は広く貴族社会で共有されてはいない。限られた人物しか見ることが出来ないものであったのだろう。ましてや、儀式のなかで絶対的な基準となるような強い規範力を発揮するようなものではなかった。

忠平は他に、承平七年正月十八日にも、師輔から射礼の射遺の奏上について尋ねられ、「延喜御日記」を参照して答えているが、このときには幸い特に問題は生じなかったようである。[27]

忠平が『御記』を利用できた期間

また、天皇自身が判断を行うときに用いるという『醍醐天皇御記』本来の用途を考えると、朱雀天皇が成人して、忠平が摂政を辞した天慶四年（九四一）の段階で、忠平は『御記』を見ることは出来なかったのではないだろうか。というのも、忠平が『御記』を確実に「引勘」したという記事が見えるのは承平五年〜七年の期間に限られる。[28]これは忠平が摂政を務めた期間に重なっている。ただし、摂政辞職後の天慶七年（九四四）に、忠平が『御記』に言及していることが見える。

仰せて曰はく、「…同（延喜）十六年、同院（朱雀院）に於いて五十の御慶を行はる。此の度、天皇（醍醐）、進み向かはず、我をして御座に御すべき由を聞かる。此の事、具さに「先帝御日記」に記さるるか」てへり。

（『九暦記』天慶七年十二月十一日条）

これは忠平が息子の師輔に、自分の経験に基づく様々な作法を伝授しているなかの一齣である。この日の『九暦記』の末尾には、

殿下（藤原忠平）、去る十月二十四日以後、御病、甚だ重し。而るに頗る平まり給ふ間、必ず此くの如き故実を仰せらる。

とある。忠平は二ヵ月程、重い病で臥せっており、その合間にたびたび師輔にこのような故実を告げていたという。そのなかで、延喜十六年（九一六）に宇多法皇の五十才を賀して行われた朱雀院行幸のこ

とを語っている。[29] この当時、忠平は三十六才、右大臣であり、この行幸にも供奉していた。

忠平はこのときの自分の記憶をたどり、その場で醍醐天皇が私忠平に命じて御座につくかを尋ねられた、と語っている。その上で、この内容は「先帝御日記」にあるだろうか、と述べている。自分の記憶にある内容を、醍醐天皇は『御記』に書きとめておられたのだろうか、と師輔に語りかけただけで、手元に置いて見ていた訳ではなさそうである。この時期にはすでに朱雀天皇の手元、おそらく御在所であった綾綺殿に置かれていたのだろう。

また、この師輔への教命と、先ほど見た承平六年の保忠の度者申請とに、顕著に表れているが、忠平が『御記』を参照する際には、同時に自分の経験を思い起こしている。自分の記憶・経験を確認するため、その上で自分の意見を補強するために『御記』を用いている。醍醐天皇と同時代を生きていた忠平にのみ可能な利用の仕方である。その点は朱雀・村上天皇の利用法とは大きく異なっている。

藤原師輔と『御記』

なお、忠平の息子の師輔が、父忠平から『御記』に基づく教示を受けたり、村上天皇から『御記』の内容を示されて問い合わせを受けたりする以外に、自ら直接に『御記』を参照したことは見えない。彼が活躍した時期には、『御記』は朱雀天皇から村上天皇に譲られ、内裏に置かれていたのだろう。ただし、師輔の著した儀式書『九条年中行事』には二カ所、『醍醐天皇御記』が引用されている。『撰集秘記』内宴事所引『九条年中行事』に「延喜十九年御記」が見えるのと、[30]『九条年中行事』新嘗会の注に、

「延喜十一年十二月十二日、延長二年十一月二十一日御日記に見ゆ」とあるものが、それに当たる。師輔は儀式書の作成に、『御記』を用いている。ただ、長文ではなく断片的な引用に止まっているので、村上天皇や忠平から示されて知りえた内容が反映されたものと考えておきたい。

このように醍醐天皇の崩御後しばらくの間は『醍醐天皇御記』を利用できたのは、天皇とそれを補佐する摂政に限られていた。晩年、醍醐天皇は成人した親王たちをことあるごとに清涼殿に呼び、彼らに必要な儀式作法を直接伝えていた。そして重明親王を始めとする親王たちは、時に孤立しながらも、よく父天皇の教えを守った。そのことと同様に、年端もいかない幼年の皇太子に対しては、藤原忠平にその輔導を託すとともに、自身の日記を授けたのだろう。

『御記』は早くからある程度公開されていたという意見に関して言えば、確かに藤原師輔の日記『九暦』や、重明親王の日記『吏部王記』には『御記』についての言及が見える。しかし、すべて藤原忠平や天皇の発言を書きとめたもので、直接に『御記』を参照したものではない[31]。『御記』は、この段階では貴族たちが縦横に用いることのできるものではなかった。「先帝」＝醍醐天皇の記録として、その息子の天皇たちが手元に置き、参照するものであった。おそらく、それが『醍醐天皇御記』本来の利用法であったのだろう。そしてそのようにごく限られた範囲で用いられるため、その内容は広く貴族社会で共有されておらず、結果として、強い規範力を持たなかった。あくまでも天皇が個人的に参照するものであり、それ自体が儀式運営の先例として広く共有され、強い論拠となるものではなかった。しかし、時代が進むに随い、世代が代わる。それにより、『御記』の性格も変化していく。

第三章　摂関期における『醍醐天皇御記』の利用

ここまで見てきたように『醍醐天皇御記』は、醍醐天皇死後すぐの段階では、「先帝御日記」と呼ばれ、基本的に天皇の利用のみに供されるものであった。しかし摂関期には、『御記』がより広く利用されたことが知られる。藤原実資の『小右記』をはじめとする貴族の日記には、『醍醐天皇御記』の一部分が、重要な先例として頻繁に引用されている。これはひとつには儀式作法が細かくなるとともに、貴族社会のなかで儀式遂行能力が重要視されるようになったこと、そしてそのなかで延喜・天暦の先例が参照すべき故実となっていたことによるとされている(1)。そして、この時代の儀式の姿を伝える『醍醐天皇御記』『村上天皇御記』も重視されるに到ったという。

しかし摂関期に『御記』が広く参照されていたという点には疑問が残る。十世紀中葉に成立した『西宮記』の「凡そ奉公の輩、設備すべき文書」の項目には、官人が所持しておくべき書物が列挙されているが、そのなかに『御記』は見えない。しかし、十二世紀に成立した『貫首秘抄』には、

執柄若しくは職事、能く主上の御作法を知る。公事の条、顧問に備ふ。或いは又、幼若の主に教訓し奉る。仍りて「寛平御記」「二代御記」「内裏式」「寛平遺誡」常に見るべきなり。

とあり、ここで「二代御記」は、摂政・関白・蔵人頭が、天皇の作法を知るために常に見ておく書物として、『内裏式』や『寛平御遺誡』とともに挙げられている。摂関や蔵人頭という限定はあるものの、この段階には『御記』はある程度広く読まれていたことが知られる。しかしそれ以前についてはどうなのだろうか。また、どのような過程を経て、天皇の手元にあった『御記』が貴族社会で参照されるに到ったのか。特に貴族の日記が比較的豊富に残る一条朝を中心に見ていこう。

第一節　宮中架蔵本の散逸

天皇から天皇への伝来—冷泉天皇から一条天皇—

まず、天皇の手元に置かれていた宮中架蔵本の状況を、所功氏の研究に基づいて確認しておきたい(2)。『醍醐天皇御記』は、『村上天皇御記』（『天暦御記』）とともに「二代御記」と呼ばれ、清涼殿に置かれた日記御厨子に保管されていた。日記御厨子に保管されてたことが史料上で確認できるのは一条朝以降であるが、村上天皇から冷泉天皇（在位九六七〜九六九・以下同）、円融天皇（九六九〜九八四）、花山天皇（九八四〜九八六）、一条天皇（九八六〜一〇一一）へと、『御記』は厳重に保管され、継承されていったのであろう。

なお、『村上天皇御記』は天暦元年（九四七）から康保（こうほう）四年（九六七）までが逸文として確認され、残っている部分を見る限り、儀式に関わる内容が多くを占めている。ただ、天徳の内裏焼亡（『扶桑略記』裡書所引天徳四年（九六〇）九月二十三日条）や、中宮安子の崩御（『大鏡』所引康保元年（九六四）四月二十九日条）の記事は、分量も多く、村上天皇自身の心情を強くにじませているが、これは例外的なものである。村上天皇は、父醍醐天皇を模範として日記をつけていたのだろう。また、当初の姿であった明証はないが、『村上天皇御記』は一年分が春夏秋冬の四つの巻に分かれていたことが知られる。(3) 藤原道長の『御堂関白記』自筆本は一年分を春夏巻と秋冬巻の二巻に分け、間空き三行の形に特別に作られた具注暦に書かれている。(4) あくまで推測に過ぎないが、道長の倍の分量を持つ具注暦を特別に作らせていたのかもしれない。

一条天皇は、この宮中に架蔵されていた「二代御記」をしばしば参照している。藤原行成の『権記』に以下のように見えている。

> 次いで内に参る。召しに依りて御前（一条天皇）に参る。仰せて云はく、「今日、御論義の例有るべきなり。而るに神祇官斎院の火災、非常の事なり。此くの如きの間、これを何如為ん。抑も「御記」を検ずべし。」と。即ち仰せに依りて御厨子の鎰を給はり、御厨子を開き、「延喜御記抄」を見る。或る年、論義を注し、或る年は其の由を注さず。巻数多きに依り、本の「御記」を見ず。只、「部類抄」を見るなり。「村上御記」、諒闇の時、并びに康保四年（九六七）、御論義無し。諒闇、准的とすべからず。四年、是れ、凶事有り。又、例と為すべからず。即ち事由を奏す。
>
> （『権記』長徳四年（九九八）三月二十八日条）

当時、行成は蔵人頭として一条天皇の側に仕えており、天皇身辺の雑事が彼の日記『権記』に詳しく記されている。この日、大内裏内にある神祇官斎院で火災が発生した。このような非常時に季御読経(きのみどきょう)の御論義（天皇の御前での講義）を行うべきかどうかが問題になり、一条天皇は先例を確認するために、行成に日記御厨子の鍵を渡して、『御記』を調べさせている。このような急な判断を要する場合に、一条天皇が一番に参照していたのが「二代御記」であった。ここから、御厨子には鍵が付けられ厳重に保管されていたこと、また、この時期には御厨子のなかには、もとの『御記』とともに「部類抄」があったことが分かる。(5) これがいつ作成されたかは定かではないが、検索しやすい形式に編集され、天皇によって「二代御記」が頻繁に活用されていたことが窺える。

長保(ちょうほう)二年（一〇〇〇）にも、一条天皇の指示により行成が『村上天皇御記』を引見し、盆供（盂蘭盆）に関する先例を奏上している。(6) 他に『小右記』にも、一条天皇が藤原実資に密々の問い合わせを行い、その実資からの回答に基づいて、頭弁　源　道方(みなもとのみちかた)に『醍醐天皇御記』の引見を命じたことが見える。(7)

このように摂関期にも『御記』は天皇の利用に供され、そして宮中で厳重に管理されていた。しかしそれにもかかわらず、その散逸は甚だしかった。長徳四年七月、頭弁であった藤原行成は、当時流行していた赤斑瘡(あかもがさ)に罹って体調不良となり、出仕が出来なくなる。その直前の心神不覚の状態のなかで、自分の抱えていた職務上の案件を十一箇条に渡って書き上げ、引き継ぎのための文書を作成している。(8) ここに行成の職務への強い責任感が表れている。行成が有能な官人として道長や一条天皇に信頼されていたこともよく分かる。この文書の内容は、宋商人への代金の支払い・盆供等、多岐にわたるが、このな

かに、

「延喜・天暦御記」、欠巻甚だ多し。必ず在所を尋ねて書写せらるべき事。

という一条が挙げられている。特に天皇から書写を指示されたわけではないが、蔵人頭として天皇に命じられて『御記』を用いて先例を調べるなかで、日々、その欠巻が気になっていたのだろう。また、この段階ですでに宮中以外に『御記』を所持するいくつかの「在所」があったことが知られる。

このように欠巻がありつつも、まとまって所蔵されていた宮中架蔵本であったが、寛弘六年(一〇〇九)十月五日未明の一条院の火災により、すべて焼失してしまった。[9] しかしこの直後から『御記』収集の努力が行われている。行成は自ら書写した『村上天皇御記』を内裏に献上しており、『権記』には寛弘七年閏二月から六月の間に、天暦八年二巻、天徳四年夏巻、康保二年春夏冬巻、康保三年秋夏冬巻を一条天皇に献上したことが見える。[10] また、藤原道長も「御筆御日記四巻」というものを探し出しているが、これも『村上天皇御記』であった可能性が指摘されている。[11] このような官人たちの努力によって、天皇の手元に再び『御記』が集められている。

一条天皇の次に即位した三条天皇(在位一〇一一〜一六)と、後一条天皇(在位一〇一六〜三六)に関しては内裏に架蔵されている『御記』を利用したことを明確に示す史料がないため、確かなことは分からないが、[12] 焼失後にかつてと同じ程度まで収集することは難しかったと思われる。宮中架蔵本は十分に復興されたと言いがたい状態にあったことが推測される。

後朱雀天皇と『御記』

次の後朱雀天皇（在位一〇三六～四五）は、藤原実資の孫に当たる藤原資房の日記『春記』に、『御記』を用いたことが見える。資房は長暦二年～長久三年（一〇三八～一〇四二）に後朱雀天皇に蔵人頭として仕え、この間の天皇周辺の詳しい状況が『春記』に記されている。長暦三年十一月三日には、祖父実資からの教示を受けた資房が、賀茂臨時祭の楽のなかで行われる唱歌に関して、後朱雀天皇に奏上をしている。このとき後朱雀天皇は、中宮藤原嫄子の崩御により心喪（軽い喪）に服していた[13]。実資の調べたところによると、『村上天皇御記』康保元年十月二十五日条には、中宮安子崩御による心喪に服していた村上天皇が、賀茂臨時祭での唱歌を行わせなかったことが見えるという。ここから実資は、今回も唱歌は行うべきではないと主張している。

少時して、経成、云はく、「此の旨を以て奏聞す。「御記」を覧ぜらるるの処、果たして然り。此の旨を以て関白殿（頼通）に仰せらる。早く停止すべきの由、返奏せられ了んぬ」てへり。

（『春記』長暦三年〔一〇三九〕十一月三日条）

資房は体調を崩していたため、五位蔵人の源経成を介して奏上を行い、後で経成がその結果を資房に報告している。それによると、このことを聞いた後朱雀天皇は、手元の『御記』を参照したが、資房の奏上の通りであったので、すぐにその旨を関白藤原頼通に連絡し、それを受けた頼通も唱歌を取り止めるよう動いている。

また、長久元年（一〇四〇）には、十二月二十五日に実施される平野行幸の準備のなかで、左右大将が不在の場合の行幸の先例が問題となり、『御記』が参照されている。このときの左大将は藤原教通（のりみち）、右大将は藤原実資であった。教通は、数日前に息子通基（みちもと）が急死したため、喪に服しており、出仕が出来ない状況にあった。右大将藤原実資は、このとき八十四才。かなりの高齢に達しており、「老衰之人」と言われ、長らく行幸や行事に供奉していなかった。今までは行事に右大将実資が不在であっても、左大将がカバーしてきたが、ここにきて両大将が不在という事態が生じた。左大将・右大将は天皇の護衛を務める左右近衛府の長官であり、行幸ではその責任者として天皇の側に控え、路次でも様々な指示を出す。左大将の教通が供奉できないことが分かると、関白頼通は、「行幸の事、何ぞ停滞するかな。但し大将、候ぜざるか。若し其の例有らば、左右の御定に随ふべきなり」と、左右大将不在で行幸を行った先例を尋ねている。後朱雀天皇も同じく「大将無く行幸有るの例、如何。太だ以て不便の事なり」「通基の事に依り、多く諸事の擁滞すること有り。他事に至りては、行幸、一定するの後、左右すべし」と、行幸が可能かどうかを一番に気にしている。(14) これはもとを正せば、職務を果たせないにもかかわらず、右大将を辞めずにいる実資が悪いのだが、実資本人はと言えば、

吾（実資）、此の職に居ること、已に数十年と為る。古今に此の例無し。須らく辞退すべきなり。

然るに天の授くる所、期有るか。出仕の時、随身無からば、又、何と為すかな。今に至りては終身を期すべきなり。（『春記』長久元年十二月十日条）

と述べている。本来は自分は右大将を辞退すべきであるが、大将を辞職して、随身（大将につく護衛官）がいなくなったら、内裏に参るときに不具合が生じる。ここまで来たら私は死ぬまでこの職にいるべきなのだと、開き直っている。このような祖父の言動に対して資房は、

気色、更に辞退の思ひ無し。此の事、天下の人、多く以て謗訕（ぼうせん）す。尤も道理なり。九十の人、此の職に居るべきかな。公私が為、尤も不便の事なり。

という厳しい感想を漏らしている。ただ実資も責任を感じていたのだろう。頼通や後朱雀天皇の求めていた、大将不在であっても行幸を行った先例を探し出して示している。

大将無く、行幸有るの例、粗ら、先跡有り。承和年中、嵯峨并びに北野に行幸するに、共に左右大将無きの由、延喜十八年十月十九日の「御記」に見ゆるなり。

と、『醍醐天皇御記』に大将不在で行幸を行った承和の先例が記されている、と資房に述べている。資

房はこのことを後朱雀天皇に伝えたが、内裏には、この箇所の『御記』がなかった。

蔵人（高階）章行、綸言を伝へて云はく、「「延喜十八年御日記」、候はず。尋ね取りて持参すべし」てへり。予（資房）、右府（実資）に申さしむ。即ち此の年の「御記」を送り給ふ。午時ばかり、内に参りてこれを奏す。承和年中、両度の行幸、共に大将無きの例、此の「御記」に見ゆるなり。御覧了りて返給す。（『春記』同十二日条）

後朱雀天皇からの命によって、資房が実資からこの部分を借りて、内裏に持参している。この後に外記の勘申によって、承和四年（八三七）の嵯峨行幸、天暦四年（九五一）の朱雀院行幸などの先例も見つかり、結局、二十五日に大将不在で平野行幸が行われた。[15] ここから、この段階で宮中架蔵本には『醍醐天皇御記』のこの箇所がなかったことが判明する。やはり一条院焼亡以降、『御記』は十分に復興されていなかったことが知られる。

日記御厨子のその後

実は後朱雀天皇はその治世の間に、長暦三年（一〇三九）六月の内裏焼亡、長久元年（一〇四〇）九月の京極院焼亡、長久三年十二月の内裏焼亡、長久四年十二月の一条院焼亡と、四度にわたって御在所が火災に遭っている。[16] 特に長久元年の京極院焼亡は被害が大きかったようで、このときに神器のひとつである神鏡が失われ、焼跡からそれらしい五・六寸の焼損した物体と二・三寸の破片が発見されるという悲惨な状況であった。ただ、このときの火災では、『御記』は調度品とともに運び出されて難を逃れている[17]。そして、十月には他の調度品とともに日記御厨子の新造が命じられている[18]。これ以外の火災での『御記』状況はよく分からないが、このような度重なる火災のなかで、宮中架蔵本はほとんど失われてしまったのだろう。これよりかなり後の史料であるが、鎌倉時代初頭に順徳天皇が著した『禁秘抄』には、

> 日記御厨子二脚。近代、「二代御記」を納めず。只、雑文書等及び女孺坏・指油。次第を説くべからず。

とあり、この段階で、日記御厨子とは名ばかりになり、そのなかに納められているはずの『御記』は失われていた。また、九条道家の『玉蘂』暦仁元年（一二三八）二月七日条には以下のような記事が見える。

> 又、日記御厨子、「二代御記」以下を納めらる。近代見えず。何比より宿納せられざるかな。彼是、疑ひを持つ。後朱雀院、代始の日、旧主（後一条天皇）、渡さるるの目録中に見ゆる所、分明なり。又、後三条院、沙汰有るべき由、議定し了んぬ。

長元九年（一〇三六）の後一条天皇から後朱雀天皇への代替わりに際して作成された伝領品の目録には、「二代御記」が記載されていたという。この代替わりのときに、蔵人として仕えていた平範国の日記、『範国記』長元九年四月二十二日条には、

> 清涼殿より日記御厨子代々の御記目録を納む。・御笛筥等横笛二管・□一□・御琴一張・琵琶一面出納・御蔵小舎人、相副ふ。を渡さる。

と日記御厨子のなかに「代々の御記目録」が納められていたことが見える。[19] ここで「目録」とあるので、日記そのものでない可能性も高いが、『御記』に関わるものが入っていたことは確認でき、一応、後一条天皇から後朱雀天皇へは、中身の備わった日記御厨子が伝えられていたことが分かる。しかし、これ以降の天皇の代替わりに際しては、御厨子が継承されたことは見えるものの、その中身については触れられていない（【表3-1】参照）。後朱雀天皇の治世の度重なる火災によって、『御記』はそのほとんどが失われたのだろう。『禁秘抄』には雑文書が入れられていたとあるが、すでに後朱雀天皇の時代に、日記御厨子は任官に関わる大間書・申文といった文書を一時的にしまっておく場所として用いられており、『御記』の入っていない時期の日記御厨子と同様の用いられ方が見えている。[20]

　そして、後朱雀天皇以降は、『御記』を補完する情熱も失われたのだろう。先に長久元年の大将不在での行幸に関して、後朱雀天皇が実資から『醍醐天皇御記』を借りて参照したことを取り上げたが、こ

表3―1　「渡物」として見える「日記御厨子」

旧天皇	新天皇	年（西暦）	表記〔出典〕	備考
一条	三条	寛弘八（一〇一一）	「件厨子等」〔権〕	
三条	後一条	長和五（一〇一六）	「日記御厨子」〔御堂〕	〔小〕に見えず。
後一条	後朱雀	長元九（一〇三六）	「日記御厨子二基〈納代々御記目録〉」〔範〕	〔左〕に見えず。
後朱雀	後冷泉	寛徳二（一〇四五）	―	
御冷泉	後三条	治暦四（一〇六八）	「御厨子」〔本〕	
後三条	白河	延久四（一〇七二）	「日記御厨子二脚」〔民〕	
白河	堀河	応徳三（一〇八六）	「日記御厨子　納二代御記」〔為〕	
堀河	鳥羽	嘉承二（一一〇七）	「日記御厨子同前」〔為〕	
鳥羽	崇徳	保安四（一一二三）	―	
崇徳	近衛	永治元（一一四一）	―	
近衛	後白河	久寿二（一一五五）	「日記御厨子〈渡物〉」〔山〕	〔兵〕に見えず。
後白河	二条	保元三（一一五八）	「日記御厨子」〔兵〕	
二条	六条	永万元（一一六五）	「日記厨子二脚」〔山〕	
六条	高倉	仁安三（一一六八）	「日記御厨子二脚」〔兵〕	
高倉	安徳	治承四（一一八〇）	「日記御厨子二脚」〔山〕	
―	後鳥羽	寿永二（一一八三）	「御調度等」〔玉〕	
後鳥羽	土御門	建久九（一一九八）	「日記御厨子二脚」〔三〕	

凡例：天皇譲位の際に旧主から新主に渡される御物として見える「日記御厨子」に触れている史料を掲げた。出典について、権は『権記』、御堂は『御堂関白記』、小は『小右記』、範は『範国記』、左は『左経記』、本は『本朝世紀』、民は『民経記』、為は『為房卿記』、山は『山槐記』、兵は『兵範記』、玉は『玉葉』、三は『三長記』。

こで後朱雀天皇は『御記』を受け取って必要箇所を確認すると、ただちに実資に返却している。これを書写して「日記御厨子」に加えるということはまったく念頭になく、収集の努力は行われていない。宮中架蔵本は失われる一方であったのだろう。

しかし、ここで藤原実資の手元に『醍醐天皇御記』があったことからも分かるように、宮中架蔵本が散逸していくなかで、一部の官人たちは何らかの手段を使って、これ以前から「二代御記」を入手して参照している。厳重に管理されていたはずの『御記』を彼らはどうやって入手したのだろう。その経緯について探るため、次に内裏外の『御記』の流布の状況について見ていこう。

第二節　宮中以外の流布の状況

官人による『御記』の参照

摂関期の貴族の日記には、先例として『醍醐天皇御記』『村上天皇御記』がしばしば登場する。藤原実資（九五七～一〇四六）の『小右記』、藤原行成（九七二～一〇二七）の『権記』、源経頼（九八五～一〇三九）の『左経記』には、自宅で『御記』を確認したことが見え、彼らが手元に何らかの形で『御記』を持っていたことが知られる。その一例として、藤原行成が『御記』を参照している状況を見ておこう。

内大臣（公季）、弓場殿に於いて、権左中弁説孝をして、天台座主の宣命を奏せしむ。未だ奏せざるの前、大臣、陣腋に於いて示されて云はく、「例の宣命、草を奏せず。此の宣命、同じく奏すべからず」と。（行成、）申して云はく、「是れ、例の宣命と謂ふべきに非ず。猶ほ草を奏すべきなり」と。大臣、承引し給はず。宅に還りて先例を検ずるに、「康保三年秋御記」に云はく、「草を奏す。仰せて云はく、『案に依れ』」と。申す所に相合ふ。愚者の一得か。

（『権記』長徳四年〔九九八〕十月三十日条）

当時、行成は二十七才で、蔵人頭と右大弁を兼任していた。この日は内大臣公季を上卿（政務の責任者）として、天台座主を任命するための宣命を作成していた。その任命は、勅使を比叡山に派遣し、座主の補任を告げる宣命を僧侶の前で読み上げ、行われる。その宣命の形式は、「天皇が詔旨と山中の法師ともに白せよと勅命を白さく、…故に是を以て、座主に治賜ふ事を白せよと宣る。勅命を白す。」というもので、…の箇所に個別の任命の理由を入れて用いる。(21) このような宣命を出すための手続きとして、まず内記が作った下書きを天皇に奏上し、天皇がその内容を確認し、その上で清書を行い、それを再び天皇に奏上して、天皇が日付と「可」の字を入れる。これで正式に宣命が発給される。

しかしここで公季は、これは恒例の宣命（「例の宣命」）だから、下書きである「草」を天皇に奏上する必要はないとし、清書のみを奏上した。これに対して行成は、今回のことは恒例ではない、やはり下書きを奏すべきと主張したが、公季に退けられた。納得がいかない行成が帰宅後に先例を調べ直したところ、『村上天皇御記』の康保三年秋の部分に、天台座主を任じる宣命の「草」が村上天皇のもとに奏上されたことが書かれてあった。(22) これは行成の主張と一致している。行成は「愚者の一得」＝愚者にも千慮に一得あり、「愚かな私でも時には名案を出すのだ」と嬉しそうに日記に書き付けている。すでに発給手続き自体は終わっており、公季が間違っていたからといって何か訂正が行われる訳ではなく、行成の自己満足に過ぎないが、正しいのは行成の意見であった。行成は、何らかの形で『村上天皇御記』を所持し、それを自分に関わる儀式の内容を確認するために用いている。

また、『左経記』長元元年（一〇二八）六月二十二日条には、源経頼が帰宅後に『村上天皇御記』を参照していることが見える。源経頼はこのとき四十四才で、先ほどの行成と同じく蔵人頭と弁官を兼任している。経頼もそれほど高い地位にいた訳ではないが、『御記』を手元に所持している。

この時期の貴族の日記には、このように官人が『御記』を利用したことがしばしば見られる。このことから、『御記』は広く流布していたように考えられている。しかし、ほぼ同時代である長保四年（一〇〇四）に成立した『政事要略』には『吏部王記』や『宇多天皇御記』など、日記類も多く引用されているが、「二代御記」は直接に一条も引用されない。[23]『政事要略』は、諸書を引用して年中行事・政務・法令について述べた類書であり、当時最高の明法家（法律の専門官）、惟宗允亮によって著されたものである。「二代御記」も引用されてしかるべきだが見えない。やはり摂関期には広く誰もが見られるような状況にはなかったのではないだろうか。

『醍醐天皇御記』二十巻本の発見

限られた範囲で流布していたと考えられる『御記』だが、長暦三年（一〇三九）に貴重な『醍醐天皇御記』二十巻が発見されたことが、『春記』に見える。

督殿（資平）、命せて云はく、「故左大弁（源経頼）存日、相語りて云はく、『「延木御日記」二十巻、故朝経卿の息基房経頼の聟なり。の許より、借り取りて書き写し了んぬ。件の「御記」、絶世の記なり。世間流布の「御記」の中、記されざるの事等、皆、此の「御記」の中に在り。外の人、其の由を知らざる所なり。又、関白（藤原頼通）、同じく知り給はざる事なり。一本の書、猶ほ畏れ有り。密々、書き写すべし』てへり。而るに怱々の間、思ひて年を渉るの間、彼の大弁、薨逝し了んぬ。而るに後家、少将（資仲）の縁に依り、近来、密々、これを借し送る。仍りて十一箇巻、書き写し了んぬ。…」

（『春記』長暦三年十月二十八日条）

藤原資平（実資の養子・資房の父）の言によると、源経頼は晩年に聟の藤原基房を通じて、「延木御日記」二十巻を入手し、それを「絶世の記」であり、「世間流布」の『御記』には書いてないことも書かれてある、と資平に自慢していた。他の人や、関白頼通もこのことは知らないという。そして資平にはそれを書写させてくれると約束していた。しかしぐずぐずしている間に、経頼は亡くなってしまった。しかし少将（資仲）の縁があるということで、経頼の後家から資平は「延木御日記」を借り受け、すでに十一巻分の書写が終わっているという。資仲は資平の息子で、経頼の娘を妻にしている。資平と経頼とは、息子・娘を通して姻戚関係にあった（【図3-1】参照）。そして、経頼が密かに「延木御日記」の入手を

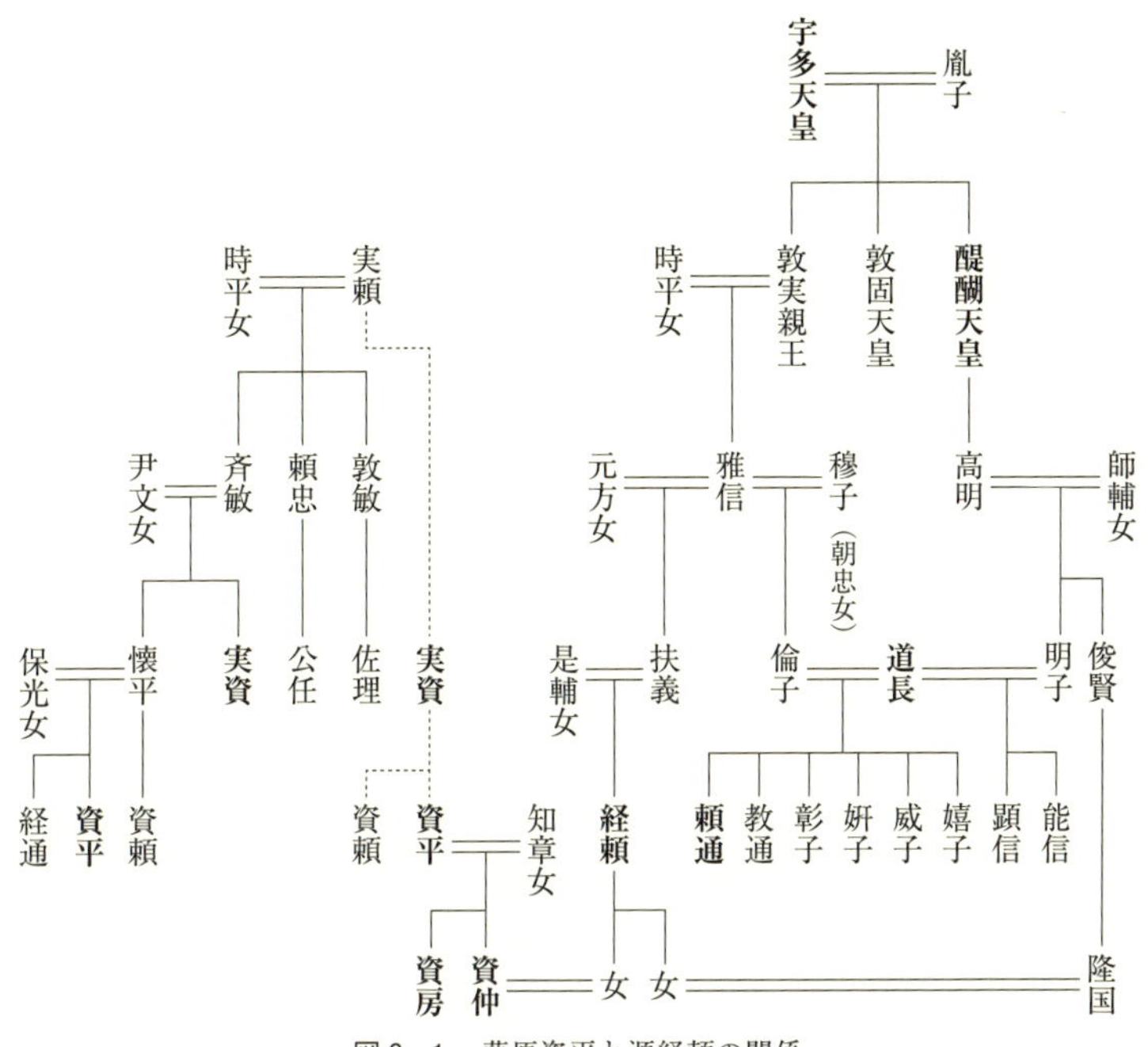

図３－１　藤原資平と源経頼の関係

資平に告げていることからも分かるように、一才しか年の違わない資平・経頼の二人は、姻戚関係というつながりだけではなく、日頃から儀式や作法に関して語り合う親しい間柄であった。[24] なおこの後、この『醍醐天皇御記』の原本は、同じく経頼の娘を娶っていた源隆国（みなもとのたかくに）によって持ち去られてしまっている。

この「延木御日記二十巻」が基房の手元にあった経緯については不明であるが、[25] 宮中架蔵本が大幅に散逸する以前の段階で密かに写されたものなのだろう。まとまった『醍醐天皇御記』は経頼や資平にとって垂涎の的であった。源経頼は源高明の著した『西宮記』に、各儀式の実例である「勘物」を大幅に増補している。[26]このとき入手した「延木御日記」を大いに活用し、現在の『西宮記』勘物が作られたのだろう。現在、諸書に引用された逸文の形でしか『御記』は残っていないが、そのなかで『西宮記』に引用されて残った条文は『醍醐天皇御記』は二三七条、『村上天皇御記』三三〇条で、『御記』逸文全体の七割を越えている。私たちが、今それなりの分量の『御記』を見ることが出来るのは、晩年に経頼が『御記』を入手し、『西宮記』の増補を行ってくれたお陰である。[27]

この十一世紀半ばの段階では、『御記』の流布本も存在しており、『醍醐天皇御記』二十巻が発見され、書写も行われていた。しかしこれらは貴族間のネットワークのなかで密かに行われている。以降で、この摂関期において、実資をはじめとする官人が、『御記』を参照した具体的な状況を見ていき、それを通してこの時期の利用の実態に迫りたい。

(1) 藤原実資と『御記』

藤原実資という人物

『小右記』は天元(てんげん)五年(九八二)～長元五年(一〇三二)の長期にわたって記された日記で、摂関期を理解するための重要な史料である。[28]その間に実資は円融(えんゆう)天皇の蔵人頭、右大将、参議、中納言などの要職を歴任し、最終的に右大臣にまで昇った。実資は藤原道長とほぼ同時代を生きた藤原氏出身の貴族の一人であり、関白実頼の孫という恵まれた家系に生まれた。彼のごく若い頃の様子を伝える次のようなエピソードがある。康保三年(九六六)十月七日、村上天皇の治世、実資がまだ十才であったときに、清涼殿で宴会が開かれ、そのなかで楽舞が行われた。左大臣藤原実頼をはじめとする多くの公卿が参加し、左大臣実頼は箏、右大臣高明は琵琶というように公卿自らが演奏を行った。また、参議源重信、藤原兼家・兼通をはじめとする高官の子弟らが、輪台や青海波などを舞ったが、このなかで実資は、天冠・舞衣を着して納蘇利を舞った。それは見事なものだったらしく、その日の『村上天皇御記』には、

> 次いで納蘇利。小舎人実資、天冠・舞衣を着す。舞、畢り、実資を床子に召し、阿古女を脱ぎてこれに賜ふ。左大臣（実頼）、欣感に堪へず、起ちて舞う。前例、御衣を給はらば、拝舞す。今夜、拝さず。少小の内、舞装するに依りて、拝礼を致し難かるか。
>
> （『西宮記』臨時楽所引『村上天皇御記』康保三年十月七日条）

と、舞が終わった後で、村上天皇が実資を呼び、自分の着ていた御衣を賜ったことが書かれてある。さらに、それを見た祖父で養父の実頼は感激して、立ち上がって拝舞を行った。天皇から直々のお褒めにあずかるという華々しい場面であり、実資が将来を期待された人物であったことが分かる。

しかし、家柄だけでは貴族社会において確固たる地位を築くことはできない。実資は有能な官僚でもあり、故実・政務に通暁した公卿として、藤原道長から一目置かれる存在であった。また、道長の死後は道長の息子頼通をよく支えた[29]。特に儀式に詳しく、『小右記』のなかで他人の儀式の誤りを厳しく指摘している。また年中行事書『小野宮年中行事』を編纂している。なお、院政期の『江談抄』には、藤原資業（九八八～一〇七〇）の語ったこととして、以下のような内容が挙げられている。

公事を問はるるの時、其の作法、各異なる。右府（実資）は日記中の証文に備ふべき処、取り出さる。俊賢（としかた）は先づ日記を見畢りて識り覚えて、これを陳べらる。公任は只、執政の申すに依るべきの由を申さる。三人の体、皆以て同じからざるなり。

（『江談抄』二―三二）

藤原実資・源俊賢・藤原公任の三人は、ともに公事に練達した公卿であったが、問い合わせを受けた場合の対応は各人で異なっていたという。特に藤原実資は、典拠となる日記を取り出して自説を述べ、それに対して、源俊賢は日記を事前に見て頭に入れて答える、公任はそのときの執政の指示に随うようにと言う、としている。ここで、公任はひどい言われようをしているが、さらにそれに続けて、公任には儀式書『北山抄』という著作はあるが、「自らの作法・進退は自らその知る所に劣る」と言われている。知識はあるが、実技はだめという厳しい評価をされている。ここで実資は他の公卿に比べ、日記を多用し手元に持っている人物とされているが、この評価は信頼すべきものだろう。事実、『小右記』のなかには儀式や政務に関する先例として、多様な日記が引用されている。これらの実資の参照していた日記のなかに、『醍醐天皇御記』『村上天皇御記』も含まれている。『小右記』に引用された諸書の全体については、すでに重田香澄氏が詳しく検討されている。[30] この研究に導かれつつ、『御記』に限定して、その引用の状況を確認していこう。

『小右記』には全部で五九箇所、『御記』への言及が見られる（【表3-2】参照）。その具体的な使用法は次の三つのパターンに分けることが出来る。

表3-2 『小右記』に見える『御記』

天皇	NO	分類	年（西暦）	月日	御記	扱った『御記』の日付	史料での『御記』の表記	参照の場面	備考	官職1	官職2
一条	1	A	正暦四（九九三）	正月七日	醍	未詳	「延喜御日記」	七日節会での叙任後の拝舞	自宅で引見。	参議	左兵衛督
	2	A	正暦四（九九三）	正月二十二日	村	康保三年二月二十一日条	「康保三年御日記」	内宴での文台筥を置く位置			
	3	A	長保元（九九九）	三月十六日	醍	延喜三年正月三日条	「醍醐御日記」	行幸での御輦の種類	後日に引見。＊『小野宮年中行事』所引逸文	中納言	
	4	A	長保元（九九九）	十二月十一日	村	康保元年五月三日条	「邑上御日記」	昌子内親王の喪			
	5	―	長保二（一〇〇〇）	正月五日	村	―	「天暦御記」	昌子内親王の仏事	＊『小記目録』		
	6	B	寛弘二（一〇〇五）	三月二十日	村	康保二年八月二十七日条カ	「邑上御記」	内親王（脩子内親王）の着裳	大外記滋野善言から。御記があるが外記日記を貸す。	権大納言	右大将
	7	A	寛弘二（一〇〇五）	十一月十七日	村	天徳四年九月二十三日条	「村上御記」	神鏡焼亡			
	8	A	寛弘二（一〇〇五）	十一月十七日	村	天徳四年九月二十四日条	「村上御記」	同右			
	9	A	寛弘二（一〇〇五）	十一月十七日	村	天徳四年九月二十五日条	「村上御記」	同右			
	10	B	寛弘六（一〇〇九）	五月十六日	醍	延喜十六年八月二十五日条	「醍醐御記」	宇佐奉幣	内裏から。＊『御産部類記』所引逸文	大納言	
	11	B	寛弘六（一〇〇九）	五月十六日	醍	延喜十六年十一月二十三日条	「醍醐御記」	同右	同右。		
三条	12	C	長和元（一〇一二）	七月八日	村	康保三年三月二日条	「邑上康保三年三月二日御記」	勅答の御画日	作成中に言及。天皇にも伝える。		
	13	A	長和二（一〇一三）	四月一日	醍	延喜十二年十月一日条	「延喜十二年十月一日御記」	近衛の乱声の順序			
	14	B	長和二（一〇一三）	七月三日	村	応和三年七月十四日条	「邑上応和三年七月十四日御記」	御読経中の盆供	大納言公任から。		
	15	B	長和二（一〇一三）	七月六日	醍	延喜七年七月二十八日条	「延喜七年七月廿八日御記」	錫紵・麑奏	頭弁朝経から。		
	16	A	長和二（一〇一三）	七月二十七日	村	康保二年七月二十九日条	「康保二年七月廿九日邑上御記」	相撲の擬近奏の奏上			
	17	A	長和二（一〇一三）	七月二十九日	村	未詳	「邑上御記」	相撲奏	御記を根拠に儀式を進める。		
	18	C	長和三（一〇一四）	五月十六日	―	未詳	「御日記」	末額を着すか否か	「朱雀院式」とともに参照。		

天皇	番号	区分	年	月日	御記	該当条	引用名	内容	備考
	19	A	長和三(一〇一四)	五月十七日	村	応和三年五月十五日条	「邑上応和三年五月十五日御記」	御馬御覧での賜禄	
	20	A	長和三(一〇一四)	十一月十七日	宇	寛平五年四月十四日条カ	「寛平御記」	元服後の母后への朝観	道長を批判。
	21	A	長和三(一〇一四)	十一月二十二日	村	応和三年十一月二十日条	「邑上応和三年十一月廿日御記」	物忌による節会不出御	
	22	B	長和三(一〇一四)	十二月十七日	村	応和元年十二月十四日条	「邑上御記応和元年十二月十四日」	荷前使の発遣日	頭弁(朝経)に『清慎公記』の例を送った後、参照。
	23	B	長和三(一〇一四)	十二月二十日	村	応和元年十二月十四日条	「邑上応和元年十二月十四日御記文」	同右	頭弁(朝経)に記し送る。
	24	A	長和四(一〇一五)	八月十一日	村	応和二年八月二日条	「邑上御記」	釈奠内論議見参の奏上	道長からの問い合わせに答えた後、参照。
	25	A	長和四(一〇一五)	八月十一日	村	応和三年八月八日条	「邑上御記」	同右	
	26	A	長和四(一〇一五)	八月十一日	村	康保三年八月六日条	「邑上御記」	同右	口伝に違うという。
	27	—	長和四(一〇一五)	九月十一日	醍	未詳	「延喜御記」	伊勢例幣宣命草の奏上	公任から。御記を引用した上で問い合わせる。
	28	B	長和四(一〇一五)	十月二十日	村	未詳	「邑上御記」	造宮叙位の列立	公任から。
後一条	29	—	長和五(一〇一六)	三月八日	村	未詳	「邑上御記」	詔書の覆奏	道長が御記を引見。
後一条	30	—	長和五(一〇一六)	六月十日	村	応和元年十一月二十日条	「応和元年従冷泉院遷御内裏之御記」	御竈神の移動の勅使	資平が申す。
後一条	31	C	寛仁元(一〇一七)	八月九日	醍	延長三年十月二十一日条	「醍醐御記」	立太子儀の近衛・兵衛陣	その場で道長に問われる。
後一条	32	A	寛仁元(一〇一七)	八月二十三日	醍	延喜四年二月十日条	「延喜御記」	壺切御剣	
後一条	33	A	寛仁元(一〇一七)	八月二十六日	醍	延喜四年八月十日条	「醍醐御記」	東宮への賜馬	
後一条	35	C	寛仁元(一〇一七)	十二月三十日	村	応和三年二月二十八日条	「応和三年皇太子御元服邑上御記」	皇太子元服の着巾	道長も同内容に言及。
後一条	36	C	寛仁二(一〇一八)	十二月十七日	醍	延喜七年正月一日条	「延喜七年御記」	親王薨去による朝拝停止	その場で道長に問われる。
後一条	37	—	寛仁二(一〇一八)	十二月二十六日	村	康保三年十二月二十五日条	「件御日記文」	東宮大饗開催の有無	道長が御記を引見。
後一条	38	C	寛仁三(一〇一九)	正月二日	村	康保三年十二月二十九日条	「彼年十二月御記」	同右	
後一条	39	C	寛仁三(一〇一九)	正月三日	村	天暦七年正月三日条	「邑上天暦七年御記」	皇太后への拝観	道長・頼通からの問い合わせにその場で答える。

40	A	寛仁三(一〇一九)	正月五日	醍	延喜二十年正月六日条	「延喜二十年正月六日御日記」	大納言の叙位執行	家に帰ってから確認。	
41	A	寛仁三(一〇一九)	三月二十二日	村	天徳四年五月十日条	「天徳四年五月御記」	太后の御車宣旨	批評。	
42	C	寛仁四(一〇二〇)	七月三十日	村	康保三年八月二十七日条	「御記」	天台座主の阿闍梨補任	資平がその場で知識を披露。	
43	A	寛仁四(一〇二〇)	十一月二十一日	村	康保二年月日未詳	「康保二年邑上御記」	内弁が親の場合の子の召し		
44	B	万寿二(一〇二五)	八月二十三日	村	応和二年十月三十日条	「邑上御記」	尚侍亡	頼通から。	右大臣
45	—	万寿二(一〇二五)	八月二十九日	村	応和二年十月三十日条	「邑上御記」	同右	頼通がさらに問い合わす。	
46	B	万寿四(一〇二七)	十二月六日	村	天徳四年五月十日条	「邑上天徳四年御記」	院司の喪について	経通から。	
47	A	万寿四(一〇二七)	十二月二十一日	村	天徳四年五月十日条	「邑上御記」	女院の服喪		
48	A	万寿四(一〇二七)	十二月二十一日	村	康保元年五月七日条	「邑上御記」	同右		
49	B	長元元(一〇二八)	七月一日	村	天暦八年七月十四日条	「邑上天暦八年御記」	服喪中の盆供	頼通から。	
50	B	長元元(一〇二八)	七月五日	村	天暦八年七月十四日条	「御記文」	同右	経頼から。	
51	B	長元二(一〇二九)	八月一日	村	応和二年十月三十日条	「邑上□記」	日食時の御簾	経頼から。	
52	—	長元四(一〇三一)	正月十八日	村	応和三年三月十四日条	「邑上御記」	賭射延引時の射礼射遺	経頼から。	
60	B	長元五(一〇三二)	十一月二十九日	醍	延喜十六年八月二十五日条	「延喜御記」	宇佐使の宣命	経頼に指示。	
53	B	長元五(一〇三二)	十二月三日	村	康保二年九月二日条	「康保二年九月二日邑上御記」	同右	頼通から。	
54	B	長元五(一〇三二)	十二月三日	村	康保二年九月十五日条	「…十五日」	同右	同右。	
55	—	長元五(一〇三二)	十二月五日	村	—	「邑上御記」	同右	経頼書状の端書に見える。	
56	B	長元五(一〇三二)	十二月十二日	村	天暦八年五月二十一日条	「邑上御記」	丙の穢の内裏参入	経頼から。	
57	B	長元五(一〇三二)	十二月十二日	村	天徳四年六月二十八日条	「邑上御記」	同右	同右。	
58	B	長元五(一〇三二)	十二月十二日	村	応和元年九月五日条	「邑上御記」	同右	同右。	
59	B	長元五(一〇三二)	十二月十四日	村	天暦八年五月二十一日条等	「邑上御記」	同右	同右。	

凡例：小右記で『御記』に言及している箇所を掲げるとともに、それが『御記』のどの箇所に当たるかを示した。分類欄のAは実資が自宅で自分のために参照したもの、Bは他人からの問い合わせに答える、実資から指摘を行うときに言及したもの、Cは公の場において言及したもの、—は実資自身が使用していないことを示す。官職欄には当時の実資の主要な官職を示した。

（A）自宅で自分のために参照する

白馬節会でのできごと

正暦四年（九九三）正月七日には、実資は『醍醐天皇御記』を自宅で引見している。

新叙者、拝舞了りて退出す。次いで案（机）を撤す。諸卿、殿を下りて再拝す。余、云はく、「拝舞有るべし」と。権大納言伊周卿、云はく、「拝舞有るべからず。只、再拝するなり」と。仍りて右府（重信）、これに従ふ。諸卿、疑ひて云はく、「猶ほ拝舞有るべきか」と。余、家に帰りて、「内裏式」及び「儀式」「延喜御日記」及び他の文書等の記を引見するに、拝舞有り。彼の大納言の説、極めて謬りなり。内弁丞相（重信）、彼の一言に随ふ。弥よ又、謬りなり。

（『小右記』同日条）

このとき実資は参議で三十七才。正月七日の白馬節会での出来事である。当時二十才という若さで権大納言となった、摂政藤原道隆の息子伊周と実資との間で、拝礼の動作を巡って意見が対立している。伊周は、一条天皇の中宮藤原定子の兄で、摂政道隆の後継者と目され、めざましい昇進を遂げていた。この後、藤原道長と激しい権力争いを繰り広げることになる。(31) この日、白馬節会では叙位が行われた。それが終わると、群臣たちは一旦、殿を下りて天皇への拝礼を行う。実資は再拝ではなく拝舞も行うべきだと主張する。それに対して伊周は、再拝だけでいいのだと言う。儀式の責任者である当日の内弁、七十二才の源重信は伊周の意見に従ったが、他の公卿たちも実資と同じく、拝舞するべき、という意見だったらしい。実資が家に帰って『内裏式』『儀式』『醍醐天皇御記（延喜御日記）』等で確認すると、拝舞することが見え、実資の意見が正しいことが分かった。『小右記』のなかで実資は「極めて謬りなり」と伊周を罵り、重信に対しても、伊周の意見に随うこと自体が誤りだとしている。[32] この三年後、伊周は、道長との権力闘争にあるなか、花山法皇の一行に矢を射かけるという事件を起こし、さらに皇太后藤原詮子（せんし）を呪詛したとされ、大宰府に流され、一旦、貴族社会から排除された。早くもここでは儀式上の些細なことであるが、実資は伊周と対立している。ここで注目されるのは、実資が自宅で『内裏式』『儀式』とともに『醍醐天皇御記』を参照している点である。ここで『御記』は儀式で何か疑問が生じた場合に実資自身が確認するために用いられている。極めて私的な使い方と言えるだろう。

他にも長保元年（九九九）には、実資は主殿寮の官人から、天皇の用いる輦には、正月三賀日と節会は鳳輦、それ以外は葱華輦という使い分けがあることを聞いている。その後で実資が『醍醐天皇御記』を確認したところ、まさに一致する記述があった。このことを、「「醍醐御日記」を案ずるに、所司の申す如し。後の為に追記せん」と日記に記している。[33] これなども特に誰に示すでもなく、自分のために『御記』を参照した例である。

実資は確かに『醍醐天皇御記』を所持している。ただ若い頃には、それを元にして他の誰かに儀式の作法を示したり、働きかけをしたりはしない。寛弘六年（一〇〇九）以降は他の官人に儀式作法や先例を示すために用いることが見られるが、当初はあくまでも自宅において、自分の儀式への見識を高めるためだけに用いていた。

(B) 他人からの問い合わせに答える、実資から指摘を行うときに言及する

「外記日記」とは違う

寛弘六年（一〇〇九）以降は天皇や貴族からの問い合わせに答えるために、実資が『御記』の内容を示すことが見える。これ以前の寛弘二年三月二十日に、実資は大外記滋野善言（しげののよしとき）から、后腹の内親王の着裳に関わる記録（后腹女親王笄日記）を提出するよう求められている。これに対して実資は、

「邑上御記」「故殿御日記」、詳らかに記さるる有り。而るに見せしむべからず。天慶・康保等の「外記日記」、借し与え了んぬ。

と記している。詳しい記録が『村上天皇御記』『清慎公記』にあるが、それは見せずに「外記日記」だけを善言に貸し与えて帰らせている。この七日後の三月二十七日に、一条天皇と皇后定子の娘で当時十才の脩子（しゅうし）内親王の着裳の儀が行われている。このための史料を集めようとしていたのだろう。ここで実資が『村上天皇御記』『清慎公記』を貸し与えなかった理由はよく分からないが、「外記日記」に比べると、『御記』は簡単に見せられるものではなかったことが知られる。寛弘六年以降、実資は『御記』を自分で見るだけでなく、人に示すようになるが、その対象となったのはごく限られた範囲の人物であ

る。例えば寛弘六年に実資は、一条天皇からの密々の仰せによって、皇后懐妊中の宇佐使派遣の先例を調べている。[34] このとき実資は五十三才、大納言であった。これは中宮彰子（しょうし）の懐妊に関わるものだが、「聊か件の「御記」を注す」と、『醍醐天皇御記』延喜十六年（九一六）八月二十五日条・十月二十三日条の抜書をここでは天皇の元に送っている。この後、頭弁の源道方は資平を通して、以下の内容を実資に伝えている。

件の例、相合ふ。覧ずるに「御記」、又、相同じ。諒闇の間、使を立てらるるは、覧ぜしめ給ふ事なり。「御記」を引見すべきの由、仰せ事有り。

「覧ずるに又、相同じ」とあり、内裏の方でも、手元にあった『御記』で実資の指摘した箇所を探し、同じ内容であることを確認したのだろう。さらにこれを受けて、一条天皇から、『御記』を引見せよという指示が出た、としている。

荷前の復日

他に長和三年（一〇一五）には、頭弁を通して実資が三条天皇に『御記』を写し送っている。このとき、実資は五十八才、大納言であり、左大臣道長、右大臣公季、大納言道綱に次ぐ立場にあった。この時期、三条天皇と道長との関係は冷え切っており、眼病に苦しむ三条天皇に道長はしきりに譲位を進めたという。[35] 三条天皇は、道長の娘藤原妍子を中宮に立てながら、更に藤原娍子を皇后に立てることを望み、道長の不興を買った。立后の儀式は長和元年（一〇一二）四月二十七日に行われたが、その当日に道長が妍子の参内をぶつけて妨害を行ったため、娍子の立后の儀を行う公卿がおらず、三条天皇からの召しにより、急遽、実資が参入して儀式を執り行っている。これは三条天皇と道長の対立を物語る有名な事件であるが、ここで実資は道長に与することなく仕事をこなしている。[36] この時期の三条天皇は道長に対抗する術として実資を重用する姿勢を見せていた。このような状況下で、荷前使発遣の日をめぐって、実資が問題を指摘している。

二十七日は復日なり。前例有るか。勘へ送るべき由、大外記（菅野）敦頼に示し送る。報書して云はく、「去る十五日、（賀茂）光栄・（安倍）吉平・（惟宗）文高等、陣の召しに候ずるの間、定め申す所なり。重復日、忌むべからず」てへり。但し「承平六年（九三六）日記」に云はく、「（文）武並、申して云はく、『重復日、忌むべからず』と。仍りて十五日己亥を択び申す。然るに、同十六日に改め定められ、已に了んぬ。件の日、往亡・帰忌なり」と云々。「故殿応和元年（九六一）十二月十四日御記」に云はく、「荷前使を定めらるるの日、十九日・二十日を勘申す。而るに彼の両日、復有る日なり、と云々。他日を改め申さしむるに、十七日を択び申すなり」てへり。件等の例、聊か頭弁（藤原朝経）の許に注し送る。愚忠を致すなり。

（『小右記』長和三年十二月十七日条）

邑上応和元年十二月十四日御記文、注し写し、頭弁の許に送る。是れ荷前使、復日に立てられざるの由、已に此の「御記」に見ゆ。仍りて書き送る所なり。

（『同』十二月二十日条）

荷前使はここでは荷前別貢幣の使を指す。山階陵（天智天皇）、柏原陵（桓武天皇）といった山陵に幣物を捧げるために派遣される使者で、その対象は天皇に直接関わる重要な陵墓に限定され、公卿に使者の役が割り振られる。ここで実資は、復日（重復日）に荷前使発遣を行うことを問題視している。復日は、月の五行（木・火・金・土・水）と日の五行とが重なる日のことで、葬送や結婚を忌む日とされる[37]。十二月は五行では「土」に当たり、二十七日の干支は己卯で五行の「土」に当たるので確かに復日である。実資が大外記敦頼に確認したところ、十五日に賀茂光栄（かものみつよし）ら暦道の官人を呼んで日程を定めたが、そのときには復日を避ける必要はないとされたという。しかし実資は、「外記日記」（承平六年日記）や『清慎公記』（故殿応和元年十二月十四日御記）に復日の荷前使派遣を避けた例があることを示し、その抜書を頭弁（藤原朝経）に送っている。この行動を実資は「愚忠を致す」とする。誤りを糺して、三条天皇への忠義を果たしているのだ、という意識なのだろう。これを受けて朝経は、三条天皇が驚かれたこと、明日、左大臣（道長）に相談することを告げている。

さらにその二日後の十九日、内裏に参上した実資は、朝経にこの件の状況を確認している。三条天皇の返事は「左大臣に仰すべし」というものであった。さらにその翌日に『村上天皇御記』応和元年十二月十四日条を書き写して、朝経のもとに送っている。この箇所に明らかに村上天皇が復日を避けたことが見えるからである。実資からすれば、だめ押しをしたつもりであっただろう。しかし、これだけ丁寧に先例を挙げたにもかかわらず、結局、荷前使派遣の日程変更は行われなかった。

今朝、頭弁、示し送りて云はく、「荷前の復日の事、昨日、左府（道長）に仰せらる。申して云はく、『復日の例、甚だ多々なり』てへり。強いて仰せらるる所無し」てへり。重復日の例、聞かざる事なり。最も不忠の臣と謂ふべし。誠に天地を怖れざるのみ。（『小右記』長和三年十二月二十一日条）

三条天皇から道長に復日の件について伝えられたが、道長には「復日の例は多いのです」と軽く流され、三条天皇はそれ以上強く仰ることもなかった、と頭弁朝経は実資に伝えている。これに対して実資は日記のなかで道長を「最も不忠の臣」「天地を怖れざるのみ」と罵っている。実資は『村上天皇御記』を持ち出したが、道長には通用しなかったようだ。確かに実資の言うように、これ以前に復日に荷前を行った例は見当たらず、その主張は正しい。実資が判断の根拠とした先例も確かなものである。

ただ、日程を変更しないという道長の判断は妥当なものと言える。荷前は必ず年内に行わなければならず、すでに日は迫っている。この段階の日程変更は現実的に考えて混乱を招く。しかも十七日には、三条天皇皇子敦儀（あつのり）親王が居住していた花山院が焼亡している。この件に関して道長はたびたび「不快」の様子を表していた[38]。さらに二十五日には、道長は所労のため御読経に現れず、宿衣（軽装）で中宮の御在所に留まり、「日来、風病発動し、手足、冷たきこと金の如く、心神太（はなは）だ悩む。」と自身の体調不良を訴えている。突然の火災、自身の体調不良が重なっていた状況で、公卿を派遣する荷前の日程を直前になって変更することは難しいだろう。結局、実資が最終的に『御記』を持ち出して指摘したものの、ここでその主張は容れられなかった。ただ、ここで注目したいのは、天皇に見せるために『御記』を用いている点である。先に見たように、実資は晩年にも後朱雀天皇に『御記』を渡していた[39]。実資が『御記』を用いて先例を説明する対象は、ひとつには『御記』の本来の所持者である天皇であった。

官人への書写―公任・頼通―

他に実資が『御記』の内容を写し与えているのは、同じ小野宮の一門に当たる従兄弟の藤原公任である。長和二年（一〇一三）に実資は、臨時御読経と盆供とが重なった場合の作法を公任から尋ねられているが、これに対して『清慎公記』『村上天皇御記』の該当箇所を写し取って送ってあげている[40]。公任は小野宮一門の一人であり、実資とは日頃から儀式に関する情報交換を頻繁に行う、ごく近しい間柄に当たる。いわゆる身内の者として、『御記』を送っているのだろう。公任の著した儀式書『北山抄』には、『醍醐天皇御記』の引用が三〇箇所、『村上天皇御記』の引用が三六箇所見えるが、このうちの三箇所については『小右記』で言及されているものと重なっている[41]。実資が所持していた『御記』を公任が借り受け、参照して『北山抄』に書き入れていたという可能性も想定できるだろう。

これ以外では、藤原頼通からの問い合わせに対して、実資は『御記』を用いて回答している。頼通は二十六才の若さで道長の後を受け、後一条天皇の摂政となり、道長が存命の間は、その指示を受けて政務をこなしていた。万寿四年（一〇二七）に道長が亡くなると、実質上太政官のナンバー2であり、政務・儀式に深く通じている実資に相談する場面が増える。実資も進んで自身の見解を頼通に示し、彼をよく助けた。その際に『清慎公記』『御記』などに見える先例を惜しみなく示している。息子ほど年が離れ、政界のトップにある頼通に頼られ、実資も悪い気はしなかったのだろう。実資は頼通と清涼殿で抱擁する夢を見たことを『小右記』に書き残している。(42)

では、頼通からの問い合わせに実資が対応した、万寿二年（一〇二五）八月の事例を見てみよう。八月二十三日に実資の元に、今月五日に亡くなった皇太子敦良親王（後朱雀天皇）の妃藤原嬉子の贈位をどう執り行うべきか、頼通から問い合わせがあった。嬉子は道長の娘であり頼通の妹に当たる。東宮妃であったが、女官の最高位である尚侍の肩書きを持っていた。これに対し、実資は二十八日か二十九日に贈位のことを行うべきとした上で、詳細については応和二年（九六二）十月に亡くなった尚侍藤原貴子の例を参照するように伝えている。このときに、貴子の事例は『村上天皇御記』「外記日記」にもあることも頼通に伝えている。この実資からの回答を受けて、八月二十九日に嬉子への贈位が行われた。『小右記』によると、この日、再び実資のもとに頼通からの使者が来ている。

右頭中将（源）顕基、関白の消息を含みて、来たりて云はく、「今日、故尚侍嬉子の贈位有るべし。而るに勅使の参議に若しくは副使あるべきか。応和二年の貴子の例、「邑上御記」に云はく、『使の参議好古等』てへり。「等」の字有り。猶ほ副使有るべきか。誰人を以て遣はすべきか。四位・五位の間、如何。見ゆる所無しと雖も、当時、推量して示すべし」てへり。

（『小右記』万寿二年八月二十九日条）

頼通は自分の手元にある『御記』を参照しているが、そこにあった、「等」という一字をめぐって、混乱が生じている。贈位のために派遣される勅使について、『村上天皇御記』には「参議好古(よしふる)等」とあった。ここを見て頼通は、勅使が参議一人ではなかったことに気付いた。しかし『御記』にはそれ以上の詳しい記載はなく、さらに副使を任じるべきか、またその場合に誰を副使に任じればいいのか分からない。頼通は、実例がなくても推量して欲しい、と実資に相談している。頼通の慌てている様子が伝わってくるが、この問い合わせに対して、実資は冷静である。

余、報じて云はく、「副使の事、外記、慥かに尋ねて勘申するか。亦々、問はるべし。又、延喜の淑子(しゅくし)、承平の満子(まんし)等の例、定めて見ゆる所有るか。外記を以て勘申せしめられれば、詳らかに見ゆる所有るか。愚慮を廻らしむるに、山陵使の参議、次官は五位を用ゐる。相合ふべきか…」と。

（同右）

実資はとにかく、外記に命じて「外記日記」を勘申させよ、と伝えている。応和の貴子の事例についても「外記日記」の方が詳しいだろうし、それで分からなければ、延喜の藤原淑子（延喜六年〔九〇六〕亡）・藤原満子（承平七年〔九三七〕亡）も同様な事例なので、それを外記に勘申させよ、と指導している。このような直接に天皇が関わらない儀式については、『御記』よりも「外記日記」の方が有用だったのだろう。実資の助言が功を奏し、嬉子の贈位はつつがなく行われ、当日のうちに頼通から実資のもとに報告があり、淑子・満子の例を参照して無事に終わったことが伝えられている。実資は「下官（実資の一人称）の申す所なり」と少し誇らしげである。公卿としての経験の浅い頼通に対して、実資は懇切丁寧にサポートをしているが、その一環として『御記』をもとに回答している。それを受けて頼通は手元の『御記』を参照し、実資の指示通りに儀式を行っている。

また、実資が頼通に『御記』を用いて回答するときには、該当箇所の存在を示すのみで、『御記』を書写して渡すことはない[43]。実資は頼通の手元に『御記』があることを前提として回答しているのだろう。

このような利用のあり方が意味するところを明確にするため、実資が頻繁に用いたもうひとつの日記、『清慎公記』について確認しておきたい。

『清慎公記』の広がり

祖父であり、養父である藤原実頼の日記『清慎公記』を、実資は「故殿御日記」「故殿御記」と呼び、ことあるごとに参照している[44]。実資は、『清慎公記』に残されている実頼の政務・儀式を模範として行動し、「小野宮流」と称される儀式作法を確立させ、『小野宮年中行事』を作っている。『清慎公記』は大切な遺産として、実頼の子孫に分割して相続され、従兄弟の藤原公任もこれを所持していた[45]。実頼の子孫である小野宮一門にとって、『清慎公記』に書かれた実頼の作法・見解は最も重視すべきものであった[46]。『小右記』に見える『清慎公記』の利用については重田香澄氏が網羅的に検討されている[47]。重田氏の研究に導かれつつ、『御記』との比較のためにその利用法を見ておきたい。

『清慎公記』の利用法として最も多いのは、実資自身に関わる儀式の内容の確認である。儀式に先立って正しい次第を知るため、そして、儀式の後にそこで行われた作法が正しいかどうかを確認するため、ともに実資が自分のために参照している（【表3-3】参照）。『御記』の（A）自宅で自分のために参照すると同様の利用法である。また『御記』の（B）他人からの問い合わせに答える、指摘を行うときに言及するという利用法と同様に、何らかの問い合わせに対して『清慎公記』を参照して回答・指摘を行うことも多く見られる。早いものとして、

権大納言（伊周）、（大江）正言（まさとき）を使はして、示されて云はく、「二十八日、着座すべし。その間の事等、同じからず。各所の「故殿御日記」を注し送るべし」てへり。然るに奉らざるなり。

（『小右記』正暦四年〔九九三〕二月二十五日条）

という、伊周からの実資へ要求が見える。伊周はこの前年に権大納言に任じられ、二月二十八日に初めて権大納言として、その座に着すことになった。任官後に初めて座に着して政務を行うことを「着座」と呼び、官人にとっては重要な儀式であった[48]。伊周はこの儀を誤りなく執り行うため『清慎公記』の該当箇所を書写するよう実資に求めている。このとき実資は三十七才・参議で伊周よりも下の立場に当たるが、ここでは実資はこの伊周からの要求を断っている。これは一例であるが、貴族たちは実資に『清慎公記』を指定して書写を要求してくる。これは藤原実頼の日記『清慎公記』の存在が貴族の間で広く

表3-3(1)『小右記』に見える『清慎公記』―一条朝～三条朝―

No	分類	年(西暦)	月日	史料での『清慎公記』の表記	参照の場面	備考	官職1	官職2
1	A	永延元(九八七)	正月二十日	「御日記」	大臣大饗での精進		頭	左中将
2	A	永祚元(九八九)	十二月十五日	「故殿御記」	上表への勅答の次第		参議	
3	A	正暦四(九九三)	正月二十六日	「故殿御日記」	大饗での着座			左兵衛督
4	B	正暦四(九九三)	二月二十五日	「故殿御日記」	着座の次第	伊周から書き写すよう命じられる。随わず。		
5	D	正暦四(九九三)	四月八日	「故小野宮御日記」	御読経	公任が言及。		
6	A	正暦四(九九三)	四月二十八日	「故殿天慶教」	官奏の作法			
7	D	正暦四(九九三)	五月二十三日	「故殿御日記」	外記政での着座	公任が言及。		
8	B	正暦四(九九三)	六月十七日	「故殿天慶元・四両年教伝」	官奏の作法	相方に教示。		
9	A	正暦四(九九三)	七月二十七日	「故殿御日記」	相撲奏			
10	A	正暦四(九九三)	七月二十七日	「故殿承平二年御日記」	相撲での役			
11	A	正暦四(九九三)	十一月一日	「天暦例可在故殿御日記」	表緘・案の制作			
12	A	長徳元(九九五)	正月二十八日	「故殿御記」	大饗での賜禄			
13	A	長徳元(九九五)	六月二十一日	「故殿天慶七年四月十六日御記」「同十七日御記」	大将兼任の慶賀			検非違使別当
14	A	長徳元(九九五)	十月一日	「故殿天暦十年御日記」「故殿天暦十年御記」	旬の御贄		権中納言	兼右衛門督
15	A	長徳二(九九六)	七月二十日	「天徳故殿御日記」	任大臣の作法		中納言	
16	A	長徳二(九九六)	九月四日	「故殿御記」	試詩			
17	A	寛弘二(一〇〇五)	正月十八日	「故殿御日記」	賭弓での将軍の作法			
18	A	寛弘二(一〇〇五)	正月十八日	「故殿天慶六年正月十八日御記」	賭弓での音楽			

19	A	寛弘二（一〇〇五）	正月十九日	「此御日記」	賭弓での射手への賜禄		権大納言	右大将
20	B	寛弘二（一〇〇五）	三月二十日	「故殿御日記」	内親王（脩子内親王）の着裳	大外記滋野善言から。貸さず。	権大納言	右大将
21	A	寛弘二（一〇〇五）	三月二十七日	「故殿御記」	裳腰を結ぶ者		権大納言	右大将
22	A	寛弘二（一〇〇五）	八月十四日	「天暦九年正月御八講故殿御記」	講義の出居		権大納言	右大将
23	A	寛弘二（一〇〇五）	十一月十七日	「故殿御日記」	内裏焼亡時の神鏡		権大納言	右大将
24	B	寛弘八（一〇一一）	七月二十二日	「故殿御日記」「故殿延長八年例」	院号定	公季から。	大納言	右大将
25	A	寛弘八（一〇一一）	九月一日	「故殿安和元年御記」	大嘗祭の年の御燈		大納言	右大将
26	B	寛弘八（一〇一一）	九月十六日	「故殿天慶九年御記」	大嘗会の準備	公任から。	大納言	右大将
27	A	寛弘八（一〇一一）	十二月十七日	「故殿御記」	諒闇年の手結の饗録	公季と談す。	大納言	右大将
28	B	寛弘八（一〇一一）	十二月十九日	「延長例…〈故殿御記〉」	御仏名の夜の奏時・名対面	道長に教示。	大納言	右大将
29	A	長和元（一〇一二）	四月四日	「天暦四年先公御記」	斎院に関わって		大納言	右大将
30	A	長和元（一〇一二）	四月二十七日	「故殿御記」	立后の宣制時の拝舞		大納言	右大将
31	B	長和元（一〇一二）	七月八日	「故殿天暦十年九月二十八日御記」	勅答の御画日	作成中に言及。天皇に伝える。	大納言	右大将
32	A	長和元（一〇一二）	九月一日	「故殿安和元年御記」	大嘗祭の年の御燈		大納言	右大将
33	A	長和元（一〇一二）	閏十月二十七日	「故殿承平二年御記」	御禊行幸	＊『長和度大嘗会記』所引逸文	大納言	右大将
34	A	長和元（一〇一二）	閏十月二十七日	「御日記」	行幸時の装束	＊『長和度大嘗会記』所引逸文	大納言	右大将
35	B	長和二（一〇一三）	七月三日	「天慶九年三月八日故殿御記」	御読経中の盆供	公任から。	大納言	右大将
36	B	長和二（一〇一三）	七月六日	「天慶六年七月二十七日故殿御記」	錫紵・甍奏	頭弁（朝経）から。	大納言	右大将
37	B	長和三（一〇一四）	十二月十七日	「故殿応和元年十二月十四日御記」	荷前の日程	頭弁（朝経）に書き送る。	大納言	右大将
38	B	長和四（一〇一五）	四月十三日	「故殿御日記季御読経巻」	―	公任から。焼失。	大納言	右大将
39	B	長和四（一〇一五）	四月二十九日	「御記」	御悩のときの官奏	道長から。	大納言	右大将
40	B	長和四（一〇一五）	七月十日	「御記云康保四年八月十五日」	御悩のときの官奏	道長から。	大納言	右大将

No	分類	年（西暦）	月日	史料での『清慎公記』の表記	参照の場面	備考	官職1	官職2
41	B	長和四（一〇一五）	九月八日	「故殿御記」「御記云天慶三年正月二十一日」	伊勢使	公任から。		
42	D	長和四（一〇一五）	九月十一日	「先公御記〈小野〉」	宣命の奏上	公任が言及。		
43	B	長和四（一〇一五）	十月十五日	「彼御日記」	職曹司での除目	道長から。		
44	B	長和四（一〇一五）	十月十六日	「故殿安和元・二両年職御曹司除目御日記」	同右	同右。		
45	A	長和四（一〇一五）	十月二十七日	「故殿安和二年御記」	除目での御給の伝達			
46	A	長和四（一〇一五）	十月二十八日	「先公御記」	御前除目でない場合の用字			
47	B	長和四（一〇一五）	十二月十七日	「清慎公御記」	興福寺の賀使の禄	道長から。		
48	A	長和五（一〇一六）	正月二日	「故殿御記」	譲位以前の褰帳命婦の任命			

凡例：『小右記』で『清慎公記』に言及している箇所を掲げた。分類欄のAは実資が自宅で自分のために参照したもの、Bは他人からの問い合わせに答える、実資から指摘を行うときに言及したもの、Cは公の場において言及したもの、Dは実資が他の人物から教示を受けた際に言及されたものを示す。Bのなかで『清慎公記』を指定して実資に諮問を行った事例を網掛けで示した。

表3-3（2） 『小右記』に見える『清慎公記』―後一条朝―

No	分類	年（西暦）	月日	史料での『清慎公記』の表記	参照の場面	備考	官職1	官職2
49	A	長和五（一〇一六）	正月二十九日	「故殿安和御記」	旧主からの御袍・御笏の献上		大納言	右大将
50	A	長和五（一〇一六）	二月一日	「故殿御日記」	宣命の奏上			
51	A	長和五（一〇一六）	二月三日	「故殿延長八・天慶九・康保四・安和二年御即位間叙位御記」	即位に関する叙位議の参加者			
52	A	長和五（一〇一六）	二月十九日	「故殿延長九年十二月二十五日御記」	斎宮の卜定			
53	B	長和五（一〇一六）	二月二十三日	「先公御記」	宇佐神宝使	道長から。		
54	B	長和五（一〇一六）	三月三日	「彼年故殿御記」	摂政大饗	道長から。		
55	B	長和五（一〇一六）	三月三日	「故殿拝給之御記」	同上	同右。		

56	A	長和五（一〇一六）	三月九日	「故殿御記」	詔書の披見	
57	B	長和五（一〇一六）	四月三日	「清慎公御記」	除目での公卿給	道長から。
58	A	寛仁元（一〇一七）	八月九日	「天暦四年故殿御記」	坊官除目	
59	A	寛仁元（一〇一七）	九月十一日	「天慶元年六月故殿御記」	叙位の宣命への記載	
60	B	寛仁元（一〇一七）	十月十三日	「故殿御記」	八十島祭の発遣日時の勘申	左少弁（経頼・蔵人）から。
61	A	寛仁二（一〇一八）	六月八日	「故殿御日記」	御読経の巻数の奏上	
62	A	寛仁二（一〇一八）	十月二十二日	「故殿康保三年内宴御記」	東宮料の詩題の進奉	
63	A	寛仁二（一〇一八）	正月五日	「故殿御記」「天暦九年九月十一日御記」	氏爵	
64	A	寛仁三（一〇一九）	正月五日	「承平二年・天慶四年・同六年故殿御日記」	大納言の行う叙位議	
65	A	寛仁三（一〇一九）	正月十九日	「故殿御記」	賭弓の射手への禄	
66	B	寛仁三（一〇一九）	六月十九日	「故殿御日記」	勅答使	頭弁（経通）から。
67	A	寛仁三（一〇一九）	七月二十七日	「故殿承平二年七月二十八日御記」	相撲の饗饌	
68	A	寛仁三（一〇一九）	八月十日	「故殿御日記」	臨時御読経	
69	A	寛仁三（一〇一九）	十一月十六日	「故殿御日記」	新嘗会での舞	
70	B	寛仁三（一〇一九）	十二月二十二日	「故殿御記」「彼時御日記」	任関白の慶	公任から。
71	B	寛仁四（一〇二〇）	八月十八日	「御日記」	任大臣後の諸事	頼通から。
72	B	寛仁四（一〇二〇）	十一月十日	「故殿御記」	大原野・吉田祭の饗の弁備	公任から。
73	A	寛仁四（一〇二〇）	十一月二十一日	「故殿御記」	新嘗会の大歌所別当代	
74	A	寛仁四（一〇二〇）	十一月二十一日	「故殿御記」	老齢の官人の見参	
75	A	治安元（一〇二一）	七月二十五日	「故殿御記」	大臣の前駈	
76	B	治安元（一〇二一）	七月二十五日	「故殿御記」	輦車宣旨の文面	公任から。二十八日に同じ。
77	A	治安元（一〇二一）	七月二十八日	「故殿御記」	兼官の宣旨に対する慶	
78	B	治安元（一〇二一）	七月二十八日	「故殿御記」	輦車宣旨の文面	公任から。二十五日に同じ。

右大臣

79	D	治安元（一〇二一）	七月二十九日	「御記」	新任左大将の着陣の準備	公任が言及。
80	A	治安元（一〇二一）	八月二十九日	「故殿御記」「正月除目御記」	除目後の内記所への給付	
81	A	治安元（一〇二一）	十月十六日	「故殿最初御表御記」	上表	
82	A	治安元（一〇二一）	十月二十六日	「故殿天慶七年六月二十五日御記」	辞表に対する勅答使	
83	B	治安元（一〇二一）	十一月四日	「故殿御記」	天皇初見官奏	行成から。
84	B	治安元（一〇二一）	十一月七日	「天慶四年例…大納言〈故殿〉」	天皇初見官奏	頼通から。『貞信公記』の可能性もあり。
85	A	治安元（一〇二一）	十一月十六日	「故殿□記」	不堪佃田の申文の難書	大弁（朝経）と共有。
86	A	治安二（一〇二二）	十一月三日	「故殿康保二年三月二十日御記」	崇福寺焼亡	
87	A	治安三（一〇二三）	十二月九日	「故殿御記」	荷前の日程	
88	A	治安三（一〇二三）	十二月十六日	「承平五年十二月二十七日御記」	僧官辞退の上表の返給	
89	A	万寿元（一〇二四）	正月七日	「故殿承平天慶御記」	節会の楽	
90	A	万寿元（一〇二四）	十二月十日	「□□御記…承平六年・同七・天暦九・応和□□」	荷前と擬侍従定の順	
91	B	万寿二（一〇二五）	三月二十七日	「先公御記」	賀茂祭停止の先例	源俊賢から。
92	B	万寿二（一〇二五）	七月七日	「故殿御記」「故殿御日記」	供家宣旨の前例	永昭から。
93	B	万寿二（一〇二五）	七月十八日	「天暦二年例〈故殿御記〉」	転読仁王経	経頼（右大弁）に伝える。
94	B	万寿二（一〇二五）	七月二十八日	「故太相府御記」	供家宣旨の前例	頼通から。
95	B	万寿二（一〇二五）	八月五日	「故殿天慶八年」	触穢で釈奠の実施	大外記清原頼隆から。
96	A	万寿二（一〇二五）	十月三日	「故殿御記」	輦車宣旨の通達	
97	A	万寿二（一〇二五）	十月五日	「故殿応和元年四月十九日御記」	別当宣旨の下給	
98	A	万寿三（一〇二六）	四月一日	「故殿御記」	旬の罷出の音声	＊『官奏記』所引逸文
99	A	万寿三（一〇二六）	四月一日	「天慶五年七月二十七日故殿御記」	相撲	＊『北山抄』羽林要抄裏書所引逸文
100	B	万寿四（一〇二七）	正月十八日	「故殿御記云応和四年三月十四日」	重服での賭弓の射手	中将（資平）から

101	A	万寿四（一〇二七）	十一月二十四日	「天暦七年十一月十九日…故殿御記」	臨時祭試楽の停止	
102	B	万寿四（一〇二七）	十一月二十四日	「天暦三年…故殿」	同右	頼通から。他の記録の可能性あり。
103	B	万寿四（一〇二七）	十一月二十四日	「故殿天暦六年十二月十九日御記」	同右	頼通から。
104	B	万寿四（一〇二七）	十二月六日	「清慎公不被慥記」	薨奏・錫紵	頼通から。
105	B	万寿四（一〇二七）	十二月二十五日	「清慎公…被記置」「故殿不被記」	重服人の随身装束	頼通から。
106	B	万寿四（一〇二七）	十二月三十日	「故殿彼年（応和四年）六月十九日御記」	天皇の心喪喪服	頼通から。
107	B	長元元（一〇二八）	七月一日	「清慎公御記」	服喪中の盆供	頼通から。
108	B	長元元（一〇二八）	七月五日	「故殿御記」	同右	経頼（頭弁）から。
109	A	長元元（一〇二八）	八月二十五日	「天慶七年九月十四日故殿…記」	駒牽の配分	
110	B	長元元（一〇二八）	九月五日	「彼時故殿御記」	違勅違式定	頼通から。
111	B	長元元（一〇二八）	九月六日	「故殿御記〈違勅違式定事〉」	同右	頼通から。
112	B	長元元（一〇二八）	十一月三十日	「故殿御記」	神今食の停止	頼通から。
113	B	長元元（一〇二八）	十二月二十日	「故殿御記」「天暦三年八月…十二月二十五日」	重服の場合の荷前	頼通から。
114	B	長元二（一〇二九）	八月一日	「殿下日記」	日食時の御簾	経頼（頭弁）から。
115	A	長元四（一〇三一）	正月七日	「故殿御記」	七日節会への参加	
116	A	長元四（一〇三一）	正月十二日	「故殿御記」	王氏爵の名簿	
117	B	長元四（一〇三一）	八月二十四日	「故殿御日記…天慶元年六月十三日…十四日」	叙位宣命の様式	経任（頭弁）から。
118	A	長元四（一〇三一）	八月二十五日	「故殿天慶元年御記」	叙位宣命の奏上	
119	A	長元四（一〇三一）	九月五日	「故殿天暦十年六月十九日御記」	王氏への使者	
120	A	長元四（一〇三一）	九月十三日	「天慶年中…故殿御記」	殿上所充	
121	B	長元四（一〇三一）	九月十六日	「清慎公…見彼記」	外記庁に来る時間	頼通との雑談。

122	A	長元四（一〇三一）	九月十七日	「故殿天慶八年十二月十六日御記」「同九年五月六日」	所充の注意	
123	A	長元五（一〇三二）	八月二十五日	「故殿御日記」	調徭免の範囲	
124	A	長元五（一〇三二）	十一月二十二日	「故殿御記天慶元年十一月二十五日」「天暦十年十一月十三日」「応和三年十一月二十日」	五節舞姫の病	
125	A	長元五（一〇三二）	十二月十四日	「故殿天徳四年十月九日御記」	直物の上卿	
126	B	長元五（一〇三二）	十二月十九日	「故殿御記」	賀茂社	頼通から。

知られ、その重要性が認識されており、かつ、それを実資が所蔵していることが広く知られていたことを意味する。実資は、小野宮一門の祖、実頼の正統な後継者としての強烈な自負を持ち、実頼の儀式作法を継承することに重きを置いていた。一門の構成員である公任が実頼と異なる作法を行った際には、「他人の故実を用ゐるべからず」と厳しく叱責をしている(49)。実資自身も実頼の作法を遵守し、自身の右大臣就任時には、一連の儀式の細部に到るまで、実頼の例を踏襲しようとし、任官儀では、参内するタイミングを実頼と同じ時刻に合わせようとして、早く儀式を終わらせたい道長から、呼び出しを受けている。また大饗（大臣就任後の宴会）でも「皆是れ、故殿の旧儀なり」と実頼の例を持ち出しており(50)、強いこだわりを見せる。おそらく実資は若い頃から、ことあるごとに周囲の官人に『清慎公記』や実頼の故実についてアピールしていたのだろう。ここで伊周は書写を断られているが、『清慎公記』自体は貴族社会の一定の範囲で共有すべきものと考えられていたのだろう。

他の事例も見てみよう。寛弘八年（一〇一一）、左大臣道長・内大臣公季と大納言実資とで一条天皇の崩御後の院号を巡って次のようなやりとりを行っている。

今日、左相府（道長）に謁す。…内府（公季）、云はく、「一日、頭弁（源道方）、仰せを伝へて云はく『故院の尊号の詔書有るべし。其の事を行ふべし』てへり。崩じ給ふ後、尊号を行ひ奉らるるの例、大外記（菅野）敦頼を以て尋ね勘へしむ。見ゆる所無き由を申す。延長例に相准ずべし。然るに彼の間の日記、已に見ゆる所無し」と云々。左府（道長）、云はく、「猶ほ彼の時の例を尋ねらるべし」てへり。又、「院号有るべきは、延長八年例を尋ね問はしむるも、見ゆる所無きの由を申す。これを如何為ん」てへり。内府、云はく、「院号は詔書無かるか」と。余（実資）、答へて云はく、「官符・宣旨の間か。抑も是れ、崩ぜしめ給はざるの時の事なり。崩後の例、知らざる事なり」と。内府、云はく、「件の事等、「故殿御日記」に見ゆるか。若し見ゆる所有らば、示し送るべし」てへり。故殿延長八年例を引見するも、他事を注され、件の両事を注されず。崩後に依り、尊号・院号等無かるか。

（『小右記』寛弘八年七月二十二日条）

一条院の殿上において、一ヵ月前に崩じた一条天皇の尊号・院号について話し合われている。天皇は在位中は「天皇」「主上」とされ、固有の名では呼ばれない。譲位して上皇・法皇となった場合は退位後に「太上天皇」の尊号が奉られ、さらに居所にちなんだ「院号」で呼ばれる。[51] 例えば花山院、円融院、冷泉院、陽成院など。在位中に崩御した天皇には「桓武」「仁明」といった漢風諡号が贈られたが、仁和三年（八八七）に崩御した「光孝」天皇を最後に行われていない[52]。一条天皇は、久々の在位中の崩御であり、このような場合、尊号を奉るのか、院号を奉るのか、またその場合どういう手続きをとるのかを巡って意見が交わされている。すでに公季が三条天皇から定めるように指示を受けたが、大外記敦頼が調査しても先例が見当たらないという。延長八年（九三〇）例＝醍醐天皇崩御の時に准じて行うべきだが、そのときの「外記日記」もないという。その手続きも詔書で出すのか、或いは太政官符か、宣旨かよく分からない。公季から尋ねられた実資も、生前に院号を賜った例しか分からないと答えている。そこで公季は実資に『清慎公記』（故殿御日記）を見て、該当箇所があれば写して送るよう指示している。結局、実資が『清慎公記』を見ても、当てはまるようなことは見えず、「崩御後に尊号や院号を奉ることはないのだろう」と結論づけている。ここでは、「外記日記」から情報が得られない場合に、その不備を補うための手段として、『清慎公記』が用いられている。

これ以外にも、『清慎公記』は、藤原行成、源俊賢、僧永昭（えいしょう）らの利用に供されている[53]。実資が出し惜しみをする場面も見られるが[54]、やはり『清慎公記』は広く貴族社会に開かれ、共有されていたと言えるだろう。

このような『清慎公記』の利用状況と『御記』のそれとを比べてみると、『御記』を実資が限定的に用いていることは明らかである。実資は、天皇・頼通・身内である一門の者だけにしか『御記』を見せない。

『清慎公記』の散逸と『御記』

『清慎公記』は比較的多くの官人に供されており、官人たちは堂々と『清慎公記』を要求し、実資はそれに対応していた。このように書名を指定するだけではなく、該当箇所をピンポイントで要求することもしばしば見える。道長から実資に対し次のような指示が出ている。

故小野宮太相府（実頼）、冷泉院御時、関白なり。御薬の間の官奏、如何。案内を問はんと欲す。

（『小右記』長和四年〔一〇一五〕四月二十九日条）

斎王卜定以後の雑事・宇佐宮神宝等の色目の事、天慶例に依るべし。若しくは「先公御記」に見ゆる有るか。

（『同』長和五年二月二十三日条）

道長がその時々に直面していた事柄に関して具体的に『清慎公記』の該当箇所を指定している。(55)これに実資はすぐに応じ、『清慎公記』を書き写して送り届けている。道長は藤原師輔の孫で、血筋から言えば九条流の継承者である。(56)それにもかかわらず、実頼一門の小野宮流の故実を参照している。これはひとつには末松剛氏が指摘するように、右大臣までしか昇らなかった師輔の先例よりも、村上天皇のもとで長く左大臣を務め、さらに冷泉（れいぜい）天皇のもとで関白、円融天皇のもとで摂政となった実頼の例の方が、道長には必要だったのだろう。(57)それに加え、単純に「外記日記」等の記録では分からない点を知るために必要としていたのだろう。このような要求に対して、実資は惜しむことなく丁寧に応じている。しかし寛仁四年（一〇二〇）以降、求めに応じられないケースが見える。

申さしめて云はく、「彼の時（実頼）の文書は故三条殿（頼忠）、悉く焼亡す。「御日記」を見るに其の事無し。件の「御日記」、大納言（公任）、部類せしめんが為、切り寄す。此くの如きの間、漏失するか。（『小右記』寛仁四年八月十八日条）

実資は公任に『清慎公記』を貸し出しており、公任は、部類記を作成するために、原本を切り刻んで項目ごとに貼るという作業を行い、その作業の過程で失われた箇所があったという。(58)『北山抄』を作成するための作業の一環と言われているが、これ以降、実資が『清慎公記』を要求されても、その箇所が失われた部分に当たり、応じられないということがしばしば起こっている。しかしそのような場合でも実資は「外記日記」などの他の日記や自身の経験をもとに、しかるべき回答をしている。長元元年（一〇二八）には関白頼通からの問い合わせを受けて次のようなやりとりを行っている。

又、中将（資平）、来たりて云はく、「関白（頼通）、（藤原）隆光朝臣を以て示されて云はく、『重服（父母の喪）の人、盆供を奉るべきや否や。「九条相府記」に云はく、「貞信公の御服の年、左右を記されず。御服、除する年、盆供、例の如し」と。頗る事の疑ひ有り。「清慎公御記」に記さるるか』」と。報じて云はく、「件の記、入道大納言（公任）、切り取りて部類し、宗と為す外の事、已に本古(ほご)と為る。又、焼失し了んぬ。尋ぬべきの方無し。但し愚慮を廻らすに、神事に非ざれば、供へ奉るに憚り無かるか」と。「邑上天暦八年御記」を引見するに、供へ奉らる由を記さしむ。面に示し、含め訖んぬ。…

（『小右記』長元元年七月一日条）

ここで実資は頼通から、喪に服している年の盆供について、『清慎公記』にどう書かれてあるかを尋ねられている。この前年に父の道長が亡くなっている。それへの対応であろう。ここで実資は、公任によって『清慎公記』が失われたことを述べ、「愚慮」と称する私見を開陳し、盆供は仏事であり神事でないので、特に問題はないのではないか、と述べている。その上で、『村上天皇御記』天暦八年（九五四・皇太后藤原穏子崩御）にも盆供が行われたことが見えることを示している。ここで実資は、頼通の求めてきた『清慎公記』で情報が得られなかったために、その代わりに『御記』を参照している。

このように貴族たちが第一に実資に求めたのは、『清慎公記』の参照及び『清慎公記』に基づく知見であった。実資は『御記』を所持していたようだが、貴族たちが実資の元に『御記』を指定して借りに来ることはほとんどない。実資が問い合わせを受けて、『御記』を用いるのは、天皇・藤原頼通・小野宮一門に限られていた。しかし彼らも『御記』を要求していたのではなく、儀式や先例について問い合わせた結果、実資が『御記』を用いたというだけのことである。そして実資も『御記』を『清慎公記』のように簡単に書き写して与えたりはせず、該当箇所を参照するよう示すのみである。

このような利用の状況から、実資は表立って『御記』を用いることを避けていた可能性が考えられる。

『御記』は先例を知るのに便利ではあるが、本来実資の手元にあるべきものではなかったのではないか。

（C）儀式や政務などの官人の集まる公の場において言及する

道長への応答

すでに（A）（B）で見た『御記』の利用法以外に、官人同士の相談や議論の場において口頭で『御記』に言及することも見える。寛仁元年（一〇一七）以降は道長・頼通からの相談を受けるなかで、その場で『御記』に言及している。

寛仁元年の敦良親王（後朱雀天皇）の立太子儀では、道長（前摂政）から兵衛・近衛の啓陣について尋ねられた実資は、「此の事、「醍醐御記」に見えるか」と、『醍醐天皇御記』に言及して回答し、それに対して道長は「然る事なり」とこれを受け入れている。[59]このとき道長は、すでに摂政を辞して息子頼通に譲っており、現役を退いていたが、この日は内裏に参入して指示を行っている。

また、寛仁二年には、土御門第（上東門第）で行われた法華八講の場において、実資が道長から翌年の朝賀を開催するかどうかを尋ねられている。この日、敦康（あつやす）親王（一条天皇の第一皇子・母は藤原定子）が薨去したためである。これを受けて実資はその場で、『醍醐天皇御記』の延喜七年にこれに近い例があることを告げている。[60]このように道長から直接に尋ねられ、それに回答する際に、実資は口頭で『御記』に言及している。

実資の息子資平

また実資の息子、資平も『御記』に言及したことが『小右記』に見える。寛仁四年（一〇二〇）七月に皇太后宮で行われた御釈経において、その場にいた入道道長・大納言斉信・中納言経房等が、天台座主の院源を比叡山阿闍梨に任命すべきかを話し合っている。ここで道長は、任命したいが天台座主が比叡山阿闍梨を兼任した前例を見つけることが出来ない、とし、その場で最も上臈の公卿であった斉信が、「前例が見つからないので、官符案などを探させましょう」と答えた。そこで資平が発言する。

資平、申して云はく、「康保三年（九六六）、良源、座主に任ぜらるるの時、山阿闍梨に改め補するの由、具さに「御記」に見ゆ」と。斉信卿、再三、問を傾く。又、入道殿、曰く、「慥かに見ゆる所有るか」と。申して云はく、「慥かに覚ゆる所なり」と。

（『小右記』寛仁四年七月三十日条）

座にいる人々がこれから先例を探さなくては、と話し合っているなか、資平は『御記』に見える先例を即座に挙げている。しかし斉信も道長も、本当に資平の言っていることは正しいのか、と半信半疑の様子である。資平はこの時は参議で三十五才、この場では下から二番目の下臈の立場であった。後から資平の報告を受けた実資は「件の事、宰相（資平）の陳ぶる如し」と、資平の言う通りだ、としている。資平は内容をそらで覚えるくらい、『御記』をよく見ていたのだろうか。他にも資平が蔵人頭であった長和五年にも、移徙（天皇の居所の移動）に関わって『村上天皇御記』に先例があることを告げ、その見解が採用されている。[61]『左経記』にも資平が、雑事を定める際に、応和四年の『村上天皇御記』に基づいて発言をしたことが見える。[62]

以上（A）（B）（C）三つの場面に分けて実資の『御記』の利用法について見てきた。当初は自分で儀式の内容や先例を確認するに止まっていたが（A）、一条天皇・三条天皇に対しては『御記』で先例を示すことが見え、道長引退後には、頼通に対しても同様に『御記』を用いて回答を行う（B）。また、道長と対面して応答するなかで、口頭で『御記』に触れることも見える（C）。

このように実資の『御記』の所持は確認できるが、それがどの程度の分量で、どのような形態であったのかは残念ながら分からない。『御記』の元の形である日次記の形式のものをまとめて持っていたのか、或いは『御記』を部類化したものの全部または一部か、或いは断片的に『御記』を書き出したものか、いくつかの可能性は想定できるが断定できない。

また『小右記』のなかで実資は縦横に『御記』を用いて、問い合わせに回答しているが、『清慎公記』に比べればその対象者は限られている。天皇から問われた場合には、即座に『御記』を用い、官人から尋ねられた場合には、『清慎公記』を用いるという使い分けも見られる。これは、天皇の手による『御記』は天皇周辺の雑事に詳しく、『清慎公記』は公卿の作法に詳しいという内容を反映したものとも言えるが、この段階ではまだ『御記』は天皇、『清慎公記』は官人という、利用対象者が意識されていたとも言えるのではないだろうか。

宇佐使の発遣

最後に、長元五年（一〇三二）、後一条天皇のもとで、頼通が関白左大臣、実資が右大臣としてそれぞれ太政官のナンバー1、2を占めていた時期の『御記』の位置づけが窺える事例を取り上げる。少し長くなるが、この一件について、順を追って見てみよう。

この年の十一月二十六日、宇佐使が発遣された。宇佐使は、豊前にある宇佐八幡宮に幣帛を奉るために朝廷から派遣される使者である。宇佐使は八幡宮だけではなく筑前にある香椎宮（仲哀天皇・神功皇后の墓所）にも奉幣を行うため、神前で読み上げるための宣命と神に捧げるための幣物を二セットずつ準備する。このときは大納言斉信を上卿として発遣の儀が行われたが、その三日後に、宇佐使に宣命と幣物を一セットしか持たせなかったことが発覚し、これが大問題へと発展する。

その発覚の経緯には実資が深く関わっている。二十九日に実資が発遣の儀で宣命の起草を行った、大内記橘孝親を呼んで確認したところ、香椎宮の分の宣命がなかったことが判明した。実資はこれ以前に上卿として宇佐使発遣を担当したことがあったので、まず自分の日記『小右記』を見て、宣命は二枚あったことを確認している[63]。また、ここで『醍醐天皇御記』も確認したが、やはり宣命は二枚とあった。その後、経頼（右大弁）に連絡したところ、経頼はすぐに神祇大副の卜部兼忠に確認を行った。兼忠は何度か宇佐使の一員として派遣されており、現場をよく知る人物である。彼もやはり、香椎宮の分の宣命と御幣を別に準備していた、と答えている。今回の件について責任者の上卿斉信に頭弁から尋ねたが要領を得ず、実資は「上卿・内記、共に暗夜の如し、嗟哉、嗟哉」としている。その後、斉信はこの件についてさらに関白頼通から尋ねられ、彼の前で苦しい言い訳を行っている。斉信は、発遣の儀の際に孝親に確認したが、「近代は宣命は一枚で、香椎宮に対する宣命はない」と彼が答えた、また、「清涼抄」には宣命二枚とは書いていない、と懸命に抗弁をしている。これに対して実資は、

斉信卿の避り所、太だ拠る所無し。又、『清涼抄（せいりょうしょう）』、未だ一定せざる書なり。彼を以て亀鏡と為すは、其の理、当たらず。只、宣命を奏するの由有り、枚数を指さず。「康保二年九月二日邑上御記」に云はく、「…源朝臣（高明）、（源）輔成をして宇佐宮并びに香椎廟の告文の草を奏せしむ。…十五日。…左大将源朝臣、宣命二枚を奏せしむ。覧じ了りて返給す。即ち使に授け了んぬ」と。

（『小右記』長元五年〔一〇三二〕十二月三日条）

と、「清涼抄」は参考にならないとして斉信を批判し、日記のなかに『村上天皇御記』を引用している。確かにここで引用されている『御記』には、明らかに「宣命二枚」とある。(64) その後、関白から実資のもとに問い合わせがあったので、実資は『村上天皇御記』康保二年九月二日・十五日条を見るよう指摘した上で、斉信を通さずに直接、関白が差配して、追って香椎宮の分の宣命を準備し、すでに出発している宇佐使を追いかけさせて渡すべきであると弥縫策を授けている。翌日にほぼ実資の提案通りに関白の指示により宣命が作られ、処理が終わった。

また後で実資が大外記小野文義（おののふみよし）に先例を尋ねたところ、【表3-4】のような結果であったという。文義はすでに薄々気付いていたようだが、大内記孝親が宇佐使の宣命を担当するようになった年から、宣

表3-4　文義による調査の結果

年（西暦）	使	上卿	内記	宣命
治安三年（一〇二三）	橘義通	大納言藤原行成	菅原忠貞	二枚
万寿三年（一〇二五）	源章任	中納言源道方	橘孝親	一枚
長元二年（一〇二九）	藤原邦恒	権中納言藤原定頼	橘孝親	一枚
長元五年（一〇三二）	藤原憲房	大納言藤原斉信	橘孝親	一枚

命は一枚しか作成されておらず、孝親の判断で、例年二枚作られていたものを勝手に一枚に減らしていたことが判明した。自分が勝手に始めたことを、「前例」と称して主張していたのだ。すでに香椎宮の分の宣命を届けさせ、このような事態の発生したからくりも分かったので、これにて一件落着と思いきや、これで終わらなかった。当日の上卿であった斉信が食い下がってきたのだ。資平からの書状には以下のようなことが書かれてあったという。

早旦、中納言（資平）の書札に云はく、「昨日、右大弁（経頼）、云はく、『宇佐宣命の事、民部卿（斉信）、確執す、云々。然るに関白、宣命を書かしめ、小舎人を差し、馳せ遣はす、云々。戸部（斉信）、深く忿怨の気有り、云々。但し戸部、云はく「失錯の由、後代の人、必ず注し置く所有るか。然るに公家の奉為（おんため）、便無かるべきは、猶ほ二枚有り。又、何事の有らんか」』てへり。彼の大弁、只今送る所の書状の端書、之くの如し」てへり。其の端書に云はく、「宣命、尚、一通有るべきの由、固く執らる、云々。是れ章任・義通等、申す所有るに依る、云々。『両証、亀鏡と為すに足らば、「邑上御記」を破却すべし』てへり。此の事、人々、頤を解く、云々。左大弁（藤原重尹）、昨日、口を掩いて咲ふ。孝親をも人々申すなり」と。是れ、中納言の書なり。

（『小右記』長元五年十二月五日条）

昨日の右大弁経頼の言によると、関白頼通が後から宣命を書かせて発遣したことにより、斉信はプライドを傷つけられたようで、非常に怒っている様子であったという（「忿忿の気有り」）。斉信は以下のように主張したという。「今回のことがあったので、宣命一枚が失錯であるということを、後代の人々は必ず記し置くだろう。しかし、朝廷の為に便宜がないのは、二枚も作っているということの方だ」。この主張に対して、他の貴族の反応は冷ややかであった。経頼が資平に宛てたの書状の端に「宣命は一通であると言って譲らないが、その根拠は、以前に宇佐使を務めた、章任・義通の話である。これが信用できるというなら、『村上天皇御記』は破り棄てられるべきだろう。これを聞いた人々は、あごがはずれるほど大笑いをした」とあったという。「『村上天皇御記』を破却す」など、あり得ない、という冗談だろう。『御記』の地位の高さがここからも窺える。

斉信はいわゆる「四納言」の一人で、政務と故実に練達した優れた公卿とされる人物であり、このとき六十四才。大納言の地位にあり、頼通、実資、教通に次ぐ立場であった。この間に法成寺で行われた、道長の忌日法要である法華八講には、多くの貴族が訪れたが、その場でも、宇佐使の件は話題に上ったようで、資平は実資に「戸部（斉信）を嘲弄する気有り」と、斉信を馬鹿にする雰囲気があったことを報告している(65)。斉信はプライドもあったのだろう、必死に挽回を試みて自分の正当性を主張したが、それにより、状況はますます悪くなり、多くの官人の笑い者になっている。

このような資平からの報告に対して、実資は冷静で、「抑も愚者二人は先年の宇佐使なり。…彼の時の上卿、此の般の上卿と異ならざるか」と、悪いのはこれ以前の宇佐使の上卿も同様である、と日記のなかで斉信を庇っている。(66) しかし、実資の優しい気持ちは、斉信には伝わっていなかったようで、八日にはまだ「民部卿、忿々の由有り」と怒りが続いている様子が実資に伝えられている。しかし十一日にはようやく落ち着いたようで、大外記文義を呼んで、自分は何度も確認したのに、大内記孝親が宣命一枚だと言ったので、それに随っただけである、またすぐに関白頼通が宣命を作成して届けさせたのはよい対応であったと、今度は孝親に責任をなすりつける形で言い訳をして、その反応を伺っている。

この一件は神事にかかわるもので、実資は「公家の奉為に恐るべき事なり」として、速やかに事実関係を確認するよう指示を出した。そのときに『村上天皇御記』が重要な典拠として用いられている。ただしここで、『御記』の内容を知るのは、実資、関白頼通、そのメッセンジャーとなっている経頼だけである。事の顛末について、貴族達の口の端にはのぼっているが、『御記』そのものの具体的な内容を知る者は少なかっただろう。今回とられた解決策も関白が内密に処理したものであって、正式な手続きを経たものではない。貴族が儀式・政務を行う際に拠り所とされ、正統な地位を占めていたのは「外記日記」であった。『御記』はあくまでも副次的に用いられるが、天皇の手による日記として独特の高い位置付けを与えられていたと言えるだろう。

（2）道長・頼通と『御記』

次に道長・頼通の『御記』利用の状況について整理する。先ほどから『小右記』『権記』を見るなかで登場しているが、ここで改めて確認しておきたい。道長の日記、『御堂関白記』は長徳四年（九九八）から治安元年（一〇二一）、彼が三十三才から五十六才の間を断続的にカバーしている。すでに山中裕氏が指摘したように、『御堂関白記』には『御記』の引用は一つも見られず、『御記』への言及すら、ほぼ出てこない[67]。しかし、道長が『御記』を利用しなかったかと言うと、そういう訳ではないことは、先ほどから見ている通りである（【表3-5】参照）。

表3-5　道長・頼通と『御記』

■道長

天皇	NO	年（西暦）	月日	御記	扱った「御記」の日付	史料での「御記」の表記	参照の場面	備考・〔出典〕
一条	1	長保二（一〇〇〇）	十二月十七日	村	康保元年	「康保元年御記抄」	后崩御後の雑事	道長が宮中架蔵本を引見。〔権〕
後一条	2	長和五（一〇一六）	三月八日	村	未詳	「邑上御記」	詔書の覆奏	道長が御記を引見。〔小〕
	3	寛仁元（一〇一七）	八月九日	醍	延長三年十月二十一日条	「醍醐御記」	立太子の儀での近衛・兵衛陣の有無	実資が道長に問われてその場で言及。〔小〕
	4	寛仁元（一〇一七）	十二月三十日	村	応和三年二月二十八日条	「応和三年皇太子御元服邑上御記」	皇太子元服の着巾	道長も同内容に言及。〔小〕

	5	寛仁二（一〇一八）	十二月十七日	醍	延喜七年正月一日条	「延喜七年御記」	親王薨去による朝拝停止	実資が道長に問われてその場で言及。〔小〕
	6	寛仁二（一〇一八）	十二月二十六日	村	康保三年十二月二十五日条	「件御日記文」	東宮大饗開催の有無	道長が御記の内容を示す。〔小〕
	7	寛仁三（一〇一九）	正月三日	村	天暦七年正月三日条	「邑上天暦七年御記」	皇太后への拝覲	実資が道長・頼通に問われその場で答える。〔小〕
	8	寛仁四（一〇二〇）	七月三十日	村	康保三年八月二十七日条	「御記」	天台座主の阿闍梨補任	資平がその場で答える。〔小〕

■頼通

後一条	1	万寿二（一〇二五）	八月二十三日	村	応和二年十月三十日条	「邑上御記」	尚侍への贈位	実資が頼通からの問い合わせに答える。〔小〕
	2	万寿二（一〇二五）	八月二十九日	村	応和二年十月三十日条	「邑上御記」	同右	頼通が御記を見てさらに実資に問い合わす。〔小〕
	3	万寿三（一〇二六）	十月六日	醍	延喜八年正月十二日条	「延喜天暦御記等」	除目の日程	頼通と経頼が高陽院で御記を引見。〔左〕
	4	万寿三（一〇二六）	十月六日	村	応和三年壬寅条	「延喜天暦御記等」	同右	同右〔左〕
	5	長元元（一〇二八）	七月一日	村	天暦八年七月十四日条	「邑上天暦八年御記」	服喪中の盆供	実資が頼通からの問い合わせに答える。〔小〕
	6	長元五（一〇三二）	十二月三日	村	康保二年九月二日条	「康保二年九月二日邑上御記」	宇佐使の宣命	実資が頼通の問い合わせに答える。〔小〕
	7	長元五（一〇三二）	十二月三日	村	康保二年九月十五日条	「…十五日」	同右	同右〔小〕
後朱雀	8	長元九（一〇三六）	四月十九日	村	康保元年四月二十九日条	「彼年邑上御記」	後一条天皇の喪葬	関白直廬で雑事を定めるなかで引見。〔春〕
	9	長久二（一〇四一）	二月十三日	村	応和元年三月五日条	「応和元年御記」	花宴の次第	頼通が御記の参照を資房に指示。〔春〕

凡例：出典欄の権は『権記』、小は『小右記』、左は『左経記』、春は『春記』を指す。

まず、長保二年（一〇〇〇）十二月に内裏で道長が『村上天皇御記』を見たことが『権記』に見える。[68]このときすでに道長は内覧・左大臣で公卿のトップの立場にあった。前日に藤原定子が崩御し、それ関わる雑事を定めるため内裏に参上した道長は、蔵人頭であった行成に、「此の間の日記を召せ」と命じて、「康保元年御記抄」を受け取って見ている。村上天皇の皇后であった安子の崩御に関する『村上天皇御記』を確認したのだろう。また、長和五年三月にも『御記』を参照していることが『小右記』に見える。[69]ここで摂政であった道長は、正月に退位した三条上皇に上皇の尊号を奉る詔書を作成し、後一条天皇にそれを奏上しようとしたが、これを内侍を介して天皇に渡すか、蔵人を介すかで迷っている。そこで道長は『村上天皇御記』を参照して「多く蔵人を以て奏せしむ」と述べ、蔵人を通して後一条天皇に奏上をしている。この二例とも、道長は『御記』の宮中架蔵本を内裏で参照している。道長が実資のように自宅に所持している様子は窺えない。

また、息子の頼通は先に触れたように、実資からの教示を受けて自ら『御記』を参照したことがたびたび『小右記』に見えている。[70]『左経記』にも高陽院で「延喜・天暦御記」を、直廬で「邑上御記」を引見したことが見える。道長に比べれば、『御記』を用いる場面は多いが、取り立てて重視している様子はない。

道長・頼通は、実資のように自ら率先して日記等に見える先例を蓄積し、参照することはあまりなかった。[71]したがって『御記』についても、実資から儀式に必要な部分を写してもらったり、内裏で宮中架蔵本を参照したりと、その場でその場で必要に応じて用いるだけで、手元に置いて、ことあるごとに参照することはなかったようである。

(3)『御記』の流布について

行成と経頼

『権記』の記主である藤原行成、『左経記』の記主である源経頼も、『御記』を自宅に所持していたことは先に見た通りである。藤原行成(九七二~一〇二七)は、花山天皇の摂政を務めた伊尹(九二四~七二)の孫で、藤原義孝(よしたか)(九五四~七四)の息子。父が早くに亡くなったため昇進が進まなかったが、二十四才で一条天皇の蔵人頭に抜擢されて頭角を現し、権大納言にまで至った。道長に忠実に仕えたことで知られる。一条天皇が皇后定子(道隆の娘)と中宮彰子(道長の娘)という二人の正式な后を置いたことは有名であるが、皇后定子がいながら彰子を中宮にすることに、一条天皇は最初は否定的であった。これを道長の依頼を受けて説得したのは行成であった[72]。また行成は清少納言の『枕草子』のなかにも登場している。彼女と機知に富んだやりとりをしている「頭弁」は行成であり、このなかで清少納言は八才年下の行成にしきりに褒められたことを素直に綴っている。百人一首に採られている清少納言の「夜をこめてとりのそらねははかるとも…」も行成に宛てて詠まれたものである。また、行成は能書で知られ、三蹟の一人でもある。『枕草子』にも、清少納言宛てに行成の手紙が送られてきても、字があまりにも素晴らしいために、すぐに主人の定子に取り上げられてしまうことが見えている[73]。『枕草子』には清少納言と冗談を言い合っている行成の様子が多く見えるが、彼は優秀な官人であり、一条朝の四納言の一人とされ（他に斉信・公任・源俊賢）、政務に練達した人物であった。行成は実資のように誰かに『御記』の内容を教示することはない。自宅で引見するか、蔵人頭として天皇の指示で宮中架蔵本を用いて先例を調査するのみである。[74]

源経頼（九八五〜一〇三九）は宇多源氏源雅信（まさのぶ）の孫で、扶義（すけよし）の息子。『小右記』では後一条天皇の蔵人頭として、内裏・関白頼通・右大臣実資の間を行き来してその命を受け、様々な案件を処理する優秀な官人としての姿が見られた。彼は長らく太政官の実務を取り行う弁官を務め、参議まで昇っている。[75] また儀式に通じており、様々な先例を集めて『西宮記』に多くの勘物を増補している。他にも弁官としての職務に関わって、太政官符を集成して項目別に整理した『類聚符宣抄（るいじゅうふせんしょう）』も作成している。自らの職務に向き合い研究熱心な官人であったことが知られる。彼も行成と同じく、自宅で『御記』を引見するのみで、他人に『御記』を見せることはない。それ以外には、蔵人としての職務中に、実資や頼通から示されて参照することが見えるのみである。

なお、行成と経頼は十三才離れている。行成の娘は、経頼の妻となっており、二人は舅と婿という非常に近しい関係にあった。経頼は長和三年（一〇一四）に三十才で左少弁となって以降、右中弁、権左中弁、左中弁、右大弁と昇進しながら、その死に至るまで、二十五年間の長きに渡り、弁官として勤務した。この間に、行成も権中納言、中納言、権大納言、大納言を務めており、行成が上官、経頼がその部下として、ともに太政官の政務に関わる機会も多かった。[76] これらの太政官で行われる外記政・中文といった一連の政務や儀式に関して、経頼が行成のもとで教示を受けたことは、『左経記』にしばしば見

えている。例えば、万寿二年（一〇二五）正月二十四日条には、年始の皇太后宮大饗に参加する前に経頼が行成のもとを訪れ、

拝礼の間、先に左膝を突くの後、共に跪く。興り起つ時、先に右膝を立つ。是れ懐中に在る扇并びに懐紙、落とさざる為、為す所なり、云々。是れ、賢き口伝なり、てへり。

という、拝礼の際に右膝から立つのか、左膝から立つのかという細かい動きについて教示を受けている。また、『西宮記』には「故按察御記」と称して、行成の日記『権記』が数カ所で引用されている（【表3-6】参照）。経頼は行成本人から提供されたのか、或いは行成の死後に入手したのか、何らかの形で、『権記』を入手し、それを『西宮記』の増補に用いている。経頼は、政務・儀式に関して舅の行成の影響を強く受けていたと言えるだろう。このような関係からか、行成の蔵書の一部は経頼が継承したようである。行成は藤原道長が亡くなったのと同日の万寿四年（一〇二七）十二月四日に五十六才で亡くなるが、『左経記』に次のような記事が見える。

夜に入りて故大納言（行成）の御許に在る「九条殿御暦日記」二十八巻承平元年より天徳四年に至る、云々。、関白殿（頼通）に奉る。是れ大納言の自筆なり。誠に秘蔵の者なり。

（『左経記』長元元年（一〇二八）二月二日条）

故大納言の御許に在る、貞信公（藤原忠平）御消息文十五巻、并びに忠仁公（良房）・昭宣公（基経）・時平太閤等の御消息等、択び出して関白殿に奉る。是れ、召し有るに依るなり。

（『同』長元元年二月十六日条）

二つ目の史料は第一章第三節ですでに取り上げているが、行成が良房・基経・時平・忠平という藤原氏の嫡流に関わる日記・文書を揃えていたことには驚かされる。これら行成の蔵書は一旦は婿である経頼が継承したようだが、頼通の所望によって、これら秘蔵の物が経頼から頼通に奉られている。ただ、このなかに『御記』は見えない。

表3－6　『西宮記』に見える藤原行成『権記』の引用

NO	項目	年（西暦）	日付	史料表記	備考
1	御齋会内論義	寛弘二（一〇〇五）	八月二十一日条	「故行丶大納言私記」	寛弘元年とするが二年の誤り。
2	賑給	寛弘二（一〇〇五）	五月十一日条	「行大納言記」	寛弘元年とするが二年の誤り。
3	雷鳴陣	長徳元（九九五）	七月二日条	「或人私記（或人記）」	
4	施米	長保元（九九九）	七月十三日条	「故大納言御私記」	

5	相撲	長保二（一〇〇〇）	八月十二日条	「故按察私記」	日記本文から全文を引用。
6	相撲（相撲御覧）	長保二（一〇〇〇）	七月二十八日条	「故按察御記」	
7	相撲（相撲召仰）	寛弘七（一〇一〇）	七月十三・四日条	―	日記本文は「具由在別記」。
8	国忌	長徳四（九九八）	九月二十九日条	―	
9	外記政	長徳三（九九七）	正月二十八日条	「或私記」	＊参考
10	大宰帥大弐赴任事	長徳二（九九六）	八月二日条	「行成卿私記」	
11	侍中事	長徳元（九九五）	八月二十八・九日条 九月十三・十六・二十二日条	「故按察私記」	日記本文から全文を引用。
12	侍中事	長徳二（九九六）	五月十七日条	「故按察私記」	
13	弁官事	長保二（一〇〇〇）	正月一日条	「行大納言記」	
14	皇后崩	長保元（九九九）	十二月五・九・十三日	「故大納言御私記」	
15	薨奏	寛弘元（一〇〇四）	五月二十四日	「故按察御記」	
16	御灌仏	―	―	「行成大納言家年中行事」	＊参考
17	内印	―	―	「故按察大納言行成被行儀」	＊参考

蔵人と『御記』

行成・経頼はともに『御記』を自宅に所持していた。これを、天皇の血筋である源氏に伝えられた『御記』が継承されたとも理解できそうである。行成の祖父伊尹は師輔の長男であり、行成は藤原氏の嫡流に当たるが、母は醍醐源氏の源保光（みなもとのやすみつ）の女である。父が早くに亡くなったため、行成は母方の保光の庇護のもとで生育した[77]。行成が成人し、官人として出仕して以降も、何かと祖父の保光から教示を受けている[78]。保光は長徳元年（九九五）、行成が二十四才のときに亡くなるが、その後も行成は保光の行った作法にしばしば言及している[79]。行成がこの祖父の影響を受けていることは確かだろう。保光は醍醐天皇皇子、代明親王の息子である。宇多源氏の経頼も、もともと彼の祖父・父から伝来していたものを用いているという想定ができそうである。

しかし行成・経頼の両人が伝来されたようなまとまった形で『御記』を持っていたことは確認できない。気になるのは、行成・経頼はともに蔵人或いは蔵人頭を務めた経歴があるということである。『御記』の所持は蔵人の職務と関わるのではないだろうか。蔵人は天皇に近侍して、その側でありとあらゆる雑事を行うことをその職務としている。蔵人の業務にかかわる規則を集めた『蔵人式』には、

凡そ蔵人の体を為すや、内には則ち近習に恭（うやま）ひて陪し、外には亦、諸司に召し仰す。職掌の尊、誠に厳重とすべし。

とその職務の重要性が説かれている。[80] また、『蔵人式』を見ると卯刻（朝六時頃）に殿舎を開いて明かりを入れる「上格子」から、朝の支度、食事の準備等、そして亥刻（夜十時頃）の「下格子」に至る、天皇の起床前から就寝までの一日の蔵人の業務について詳細に示されている。このように天皇の生活に密着して、天皇を支えるのが蔵人の仕事である。このような日々の業務の合間に、天皇の命を受けて、『御記』から先例を選び出して天皇に奏上し、判断材料として供することも、蔵人の職務の一つであった。行成が蔵人頭のときに一条天皇から「二代御記」の引勘を命じられていたことは、先に見たが、他にも次のような記事が見える。

> 早朝、召しに依りて御前に候ず。天下疫癘の事、□□思ひ給ふ事、極まり無し。仰せて云はく、「此くの如き事有る年々に行はるる雑事、□日記を引勘すべし」と。即ち延喜十五年（九一五）・天徳四年（九六〇）の「二代御記」を択び出して奏覧す。亦、昨、左丞相（道長）、申さるる事等、一々、之を奏す。相撲、停むべき事、先例を勘へしむべし。外記善言に仰す。…
>
> （『権記』長徳四年（九九八）七月二日条）

長徳四年は五月以降、赤斑瘡（あかもがさ）が流行し、「主上より庶民に至るまで此の瘡を免るる無し」とされるほど広がった。[81] 官人の間にも蔓延し、道長や行成も罹病している。また藤原佐理（ふじわらのすけまさ）・源重光（みなもとのしげみつ）・源扶義等、亡くなった高官も多かった。このような状況に対処しようとして、一条天皇は「二代御記」に見える醍醐・村上の先例を行成に命じて調べさせ、参照しようとする。ここで行成は延喜十五年と天徳四年の例を選び出している。延喜十五年については、現存している『御記』に該当しそうな箇所は見当たらないが、他の史料からこの年に炎旱・疫癘（赤痢）が起こっていたこと、それに対して仏事等の対応が行われたことが確認できる。[82] 天徳四年については、現存する『村上天皇御記』に少外記正澄の勘申に基づいて読経を行ったことが見え、[83]『御記』以外の史料にも炎旱・疫癘に対して様々な対策が取られたことが見える（【表3-7】参照）。これらの例を参考にして、一条天皇によって具体的な措置が指示されている。大祓が七月五日に、諸社奉幣が二十一日に行われている。他に仁王経転読・大般若経転読も指示されている。それに加えて、相撲の停止も検討され、二日の段階で、相撲停止に関わる詳しい先例を示すよう、外記に指示が出されている。「外記日記」を勘申させたのだろう。「外記日記」からは手続きも含めた儀式の詳細が記されており、また網羅的な調査が可能だが、一条天皇がまず最初に疫癘時の対策をとるために参照したのは、手元にある『御記』であった。また、長保二年（一〇〇〇）七月にも、行成が一条天皇から『御記』の引見を命じられたことが見える。

①蔵人（源）頼貞、云はく、「明日の御盆、御物忌に依り、候宿せしむべきなり。而るに或る説に云はく、『御拝無しと雖も、只、内蔵寮より送り遣はすの事、先例有り』と云々。仍りて前例を問はしめんが為、寮の官人を召さしむるも、参入せず。これを如何為ん」と。即ち事由を奏して一定すべきの由を示す。即ち還り参りて云はく、「仰せて云はく、『先例を尋ぬべし』」てへり。仍りて案内を奏し、「御記」を引見するに、「応和三年（九六三）七月十五日、臨時奉幣の事有り、十四日御

表3-7　疾病への対策

年(西暦)	仏教	神事	大祓	その他
延喜十五 (九一五)	十一社への仁王経読経（四・十二「扶」） 百口僧での仁王経御読経（五・六「扶」「紀」） 大極殿臨時御読経（六・二十「扶」「紀」） 仁寿殿御読経（十・十六「紀」） 諸社諸寺仁王経読経（九・二十五「扶」）	諸社奉幣（九・七「扶」「西」） 九月例幣	三所大祓（十・十六「紀」）	鬼気祭（十・十六「紀」） 重陽宴停止（九・九「扶」「紀」） 大赦（十・二十六「紀」） 調庸未進原免・徭半免（十・二十六「紀」）
天徳四 (九六〇)	諸寺大般若経転読（四・三「類」） 諸国・十五大寺読経（五・二「扶」） 仁寿殿孔雀経法（五・十三「紀」） 仁寿殿不動供（六・十四「紀」） 紫宸殿・清涼殿大般若経転読（六・十四「紀」）	諸社読経（五・三「祈御」） 神祇官で祈る（五・五「紀」「祈御」） 諸社奉幣（七・十七「紀」）		相撲人停止（五・二十八「紀」）
長徳四 (九九八)	諸寺仁王経転読（七・五「権」） 諸国大般若経転読（七・五「権」）	諸社奉幣（七・二、九「権」）	三所大祓（七・二、五「権」）	相撲停止（七・二、五「権」） 諸国で疫神を祀る。（七・五「権」）

凡例：各年において疫病対策として行われた事象を掲げた。ただし長徳四年については、『御記』を参照して実施したと考えられる七月に実施されたもののみを挙げた。（　）内にはその日付と出典とを載せた。「紀」は『日本紀略』、「権」は『権記』、「扶」は『扶桑略記』、「祈御」は『祈雨記』所引『御記』、「類」は『類聚符宣抄』、「西」は『西宮記』を指す。延喜十五年または天徳四年に行われたことが見え、長徳四年にも行われている対策について、網掛けで示した。

盆、御拝無し。内蔵寮よりこれを遣はす」と。此の例を以てこれを奏す。…仰せて云はく、「彼は前斎なり。後の散斎の日に至りては、軽服を召す」てへり。…②此の事に依りて「御記」を引見するの次いでに、相撲御覧日の穀倉院、設くる所の物、陣座に於いて公卿に給はるるの例有り。亦、召合の日、王卿参上すること旬の如し。若しくは大臣、大将を兼ぬるの者、先に参上するを得。而るに応和、親王、先に参上す。失なり。③又、「延長六年（九二八）十二月一日御記」に云はく、「神祇官、御卜を申す間、…」。同年十二月十一日記に云はく、「神今食の饌、一窪手に干物・魚物各四種を盛る。…」と云々。此の事等、後鑑に備ふべし。仍りて密かに注し付す所なり。

（『権記』長保二年七月十三日条）

ここでは盆供について問題が生じている。盆供は、現在は八月十五日の「お盆」として定着している仏教行事の「盂蘭盆会」に起源を持つ行事であり、平安時代の初めには朝廷から、東寺・西寺・八坂寺等の京近辺の七寺に供養物を送る行事が行われていた。しかしここに見える盆供は、平安時代中期に成立した、天皇が自身の亡父・亡母への供養を行う行事である。内蔵寮が供養物を準備して天皇のもとに運び、天皇はそれを三度拝して、父母のゆかりの寺へと届けさせる。一条天皇の母詮子は存命なので、このときは父円融天皇への供養物を届けさせようとしたのだろう。このような天皇のプライベートな側面の強い行事である。[84]

この長保二年の盆供の状況について確認しておこう。このとき、一条天皇の臨時奉幣の後の御物忌（後の散斎）と盆供の日とが重なってしまった。御物忌当日は門を閉じて殿舎を封鎖し、外来者を禁じるため、何らかの用事がある場合、封鎖される前日に殿舎に入っておくという措置がとられる。これが候宿であるが、ここで盆供に関わる官人は事前に候宿する必要が生じた[85]。ただ、蔵人源頼貞によると、天皇のもとに供養物を運びこむことなく、供養物を準備する内蔵寮から寺に直接に送った例があるという。これならば候宿は必要ない。このことを確かめるために内蔵寮官人を呼びつけたが来ない。行成が頼貞に指示を出して、天皇に事情を奏上させたところ、天皇から「先例を尋ねよ」という仰せがあった。そこで行成は「二代御記」を参照して、『村上天皇御記』応和三年七月十四日・十五日条では、天皇の御拝なく、内蔵寮より直接供養物を送っていることを探し出し、それを天皇に報告している。天皇も、最初は応和の例は前斎（事前の物忌）であり、今回は散斎（祭祀後の物忌）だから参考にならない、としていたが、最終的に行成の探してきた事例に従っている。このように、天皇の指示があったときに限り、天皇の必要に応じ、行成は『御記』を参照する。これは蔵人の職務として行ったことであろう。

しかし②の箇所で行成は、「引見する次いで」に、盆供には関係のない相撲に関する記事を確認している。相撲で公卿に給う食事の内容、相撲での参上の仕方など、細かい点ばかりである。この月の十七日には、相撲の開催を天皇が命じる「相撲召仰（すまいめしおおせ）」が、二十七日には本番に当たる「召合（めしあわせ）」が予定されており、日が迫っていることもあって、行成にとって大きな関心事であったのだろう。盆供の事例を探すために七月の部分をめくっていくなかで、同じ七月の所にある相撲の事例が目に入ってきたのだろう。また、天皇に奏上したのは『村上天皇御記』の部分だけであったが、『醍醐天皇御記』にも行成はきちんと目を通したようである。そのなかで気になったのだろう、③の箇所では『醍醐天皇御記』延長六年十二月一日条、同十二月十一日条を見て、御体御卜以前の行幸の有無、神今食での饌についても書きとめている。最後の波線部で行成自らが書いているように、これらは、「密かに注し付」したものであり、盆供の記事を探す作業のなかで、目にとまった自分に必要な情報をちゃっかりと書きとめて手元に置いたものである。行成は職務中に「密かに」『御記』を写しているが、おそらく厳重に管理されており、簡単には持ち出しが出来ないためだろう。行成はこのような機会を捉えて、少しづつ手元に必要な部分の『御記』を揃えていったのではないだろうか。さらにこの日の記事には続きがある。

「応和元年秋冬御記」を下し給ふ。仰せて云はく、「還宮の間の雑事、抄出して進るべし」と。

この日、一条天皇から『村上天皇御記』の応和元年秋冬巻が行成に渡された。ここから、還宮の間の雑事を抜き出して進上するように一条天皇が行成に命じている。応和元年（九六一）は、天徳四年の翌年に当たる。天徳四年は有名な「天徳の内裏焼亡」が起こった年である。平安京に遷都して以来、初めて天皇の居所である内裏が火災に遭い、その大部分が焼失した。村上天皇は急遽、内裏から職御曹司と難を逃れ、さらに冷泉院へと遷御した。翌年応和元年十一月二十日に、新造内裏の完成を待ってそこに遷った。応和元年の秋冬巻には、この遷御前後の手続きや当日の様子が詳しく書かれていたのだろう(86)。

このときの一条天皇も前年六月に内裏焼亡に遭い、一条院に遷御してそこを御在所としていた。一条院から新造内裏に遷御するのは十月だが、八月には遷御の日時の決定が行われており、この記事の書かれた七月十三日には造営が一段落して具体的な遷御の準備が始まっていたのだろう。[87] 一条天皇が自身の遷御を滞りなく行うための基礎資料として用いるため、『御記』の抄出が命じられたのだろう。天皇からの命を受けて『御記』を受け取った行成は、自宅に持ち帰って、その記事を抜き出す作業を行っただろうが、当然、それとともに自分に必要な分の『御記』を手元に写し取ったのではないだろうか。職務中のわずかな時間にも、密かに写し書きを作成する行成が、このような機会をみすみす見逃すとは思えない。蔵人としての職務を存分に生かして、『御記』を手元に蓄積していったのではないだろうか。

このように蔵人は、天皇の許可を受けた上で、『御記』に接することが可能であった。宮中に架蔵されていた以外にも、『御記』は世間に流布していたが、その出所というのは、こういったものなのではないだろうか。

なお、『小右記』の記主藤原実資が『御記』を参照していたことは、先に見た通りであるが、実資も天元四年（九八一）から永観（えいかん）二年（九八四）まで、円融天皇に蔵人頭として仕え、引き続き、永観二年から寛和（かんな）二年（九八六）には花山天皇の蔵人頭、寛和三年から永延（えいえん）三年（九八九）には一条天皇の蔵人頭として仕えた。この間に実資も手元に『御記』を蓄積していったのではないだろうか。

経頼の場合

『左経記』の記主源経頼にも同様なことが言える。経頼は弁官を歴任しつつ、蔵人・蔵人頭を務めている。後一条天皇のもとで、長和五年（一〇一七）から寛仁二年（一〇一九）には五位蔵人として、長元二年（一〇二九）から長元三年には蔵人頭として仕えた。おそらくこの間に宮中にあった『醍醐天皇御記』『村上天皇御記』を参照する機会があったのだろう。先に述べたように『左経記』長元元年（一〇二八）六月二十二日条には経頼が自宅で『村上天皇御記』を参照している様子が見える。

> 夜に入りて帰宅す。御盆の事を見んが為、「村上御日記」を検ず。去る天暦八年正月四日、母后崩。七月十四日、御盆八十口を備へ、醍醐・法性両寺に送らる。各四十口、云々。忌年中に送らるるの例、此れを以て指南と為すべし。……

自宅に所持していた『村上天皇御記』を参照し、喪中の盆供について参考になる事例を探している。このとき経頼は左中弁を本官としていたが、中宮亮（ちゅうぐうのすけ）を兼任し、後一条天皇の后藤原威子（いし）に仕えていた。この記事の前日に当たる六月二十一日に、経頼が中宮の盆供を行うべきかどうかを公卿に尋ねたところ、ある公卿は喪中なのだから盆供も行うべきだとし、ある公卿は喪中が終わってから行うべきだとし、意見が定まらなかった。前年の万寿四年（一〇二七）十二月に中宮威子の父、藤原道長が亡くなっているので、その対応を中宮亮経頼が行っているのだろう。他の公卿に聞いても分からないので、『村上天皇御記』を参照し、村上天皇が母藤原穏子の喪中に盆供を行った記事を見つけ、これを「指南」とすべしとしている。さらに経頼は何人かの公卿にこの件について尋ねている。七月三日には中宮職の上司に当たる中宮大夫の大納言藤原斉信のもとに相談に訪れている。斉信は、かつてまだ存命していた道長に尋ねたときには、喪中に盆供は行わず、ただ誦経のみを行うよう指示があったことを述べている。その上で、同じ道長の子女に当たる上東門院藤原彰子・関白藤原頼通の対応に合わせればよいとしている。五日には、経頼は右大臣藤原実資に、この件について尋ねている。先に『小右記』を見るなかで、すでに取り上げているが、実資はこの盆供の件について前日に頼通から問い合わせを受けていた。実資は、経頼に対して、頼通から問い合わせがあったことを述べ、『九暦』『清慎公記』には忌年中の盆供のことが見えないが、『吏部王記』延長九年（九三一・父醍醐天皇の崩御）には見えること、さらに経頼が参照したのと同じ『村上天皇御記』天暦八年に記事があることを示している。この後、十一日には、関白頼通の仰せによって、村上天皇の先例に従って十四日に盆供を行うことが決定し（但し後一条天皇の衰日に当たるので、天皇のみ十五日）、十四日には道長ゆかりの法成寺に中宮威子から盆供が送られている。ここでは一つの問題を巡って『村上天皇御記』を実資・経頼が別々に参照していることが見える。ここで二人はそれぞれ同じ箇所を引用している。ただし、実資は経頼に『御記』の本文を示すことはなく、経頼も自分がすでに『御記』を参照したことを実資に黙っている。

このように確かに経頼は『御記』を手元に持ち、参照しているが、それを蔵人としての職務の間に入手したとすれば、かなり不十分なものであったと思われる。というのも、先に見たように寛弘六年（一〇〇九）の内裏焼亡によって「二代御記」は一旦失われ、それを再収集したものが宮中に架蔵されていたからである。経頼の蔵人の任官時期から考えて、宮中で見ることが出来たのは、この再収集されたものであっただろう。なお、ここで経頼が参照しているのは『村上天皇御記』天暦八年巻に当たる。これは行成が、「二代御記」焼失後に一条天皇に献じたなかの一部としてあり、すでに再収集されていたことが確認できる。経頼が宮中架蔵本から入手したという想定と矛盾しない。

現在の調査の限りであるが、摂関期には、元蔵人であった官人以外の『御記』の所持は確認できない。『小右記』を見ると、実資は『御記』を頻繁に用いているが、寛弘六年までは自宅で引見するだけである。その後、問い合わせがあった場合にも、天皇・関白・摂政・一門の者以外には『御記』を用いない。『御記』は本来、実資が持っていいようなものではなく、こっそりと自分のためだけに借用しているという意識だったのだろう。宮中以外に流布していた『御記』とは、先例を重視する風潮のなかで、蔵人たちが、その職権を利用して書写したことにより、少しずつ流出したものなのではないだろうか。

大江斉光の「御筆御日記」

ここで大江斉光（おおえのただみつ）という人物を取り上げたい。というのも『御堂関白記』に以下のような記事が残っているからである。

> 二十七日、壬申。朝間、雨降る。物忌、軽きに依り、外の人、来たる。故斉光家より、「御筆御日記」四巻、これを得。
>
> （『御堂関白記』寛弘七年〔一〇一〇〕十月二十七日条）

道長はこのとき四十五才で太政官首班の左大臣。一条朝の最末期に当たる。二十五日から物忌で家に籠もっていた道長のもとに大江斉光の家から「御筆御日記」四巻が届けられたという。このときは、斉光が亡くなってからすでに二十三年が経過している。これを斉光自身の日記とする見解があるが[88]、当時左大臣であった道長が「御筆」とするのは、自身の先祖に当たる藤原忠平・師輔・実頼等か天皇以外には考え難い。和田英松は、これは『村上天皇御記』であり、寛弘六年十月の一条院焼亡で焼失した「二代御記」復元のための蒐書の一環であったとする[89]。

さらに、直接的ではないが大江斉光と『御記』の関わりを示す話が『江談抄』に見える。

又、談じて曰く、御剣の鞘に五六寸ばかりの物、巻き付く有り。人、何物たる事を知らず。…又、江左大丞（斉光）の説に云はく、「神璽の筥の鎰、宝剣の組に纏きて纏き籠むるの由、「延喜御日記」に見ゆ。是れ秘事なり。普通の「御記」に非ず。秘する「御記」に在り」と。

（『江談抄』二―三六）

ここで大江匡房は三種の神器の一つである剣の鞘に付された物の正体をめぐる、いくつかの説を挙げている。小野宮一門に伝わっていた「御辛櫃の鎰」であるという説とともに、匡房は、三種の神器のひとつである「神璽の筥の鎰」であるという、江左大丞＝大江斉光の説を披露している。大江斉光はこのことが秘する『醍醐天皇御記』に見えていたとする。現在残されている『御記』にこれに該当する箇所は見えず、『江談抄』に見える斉光の言が事実かどうかは確認しようがない。ただし、斉光が秘されている『御記』を目にする機会があってもおかしくないと思われていたことは事実と言える。こうなると斉光が『御記』の自筆本を持っており、それを道長に届けたという説も、より真実味を増してくる。なお匡房と斉光とは、世代はかなり離れているが同じ大江氏であり、匡房は斉光の兄、重光の玄孫に当たる。大江氏のなかで斉光の言が、世代を渡って伝わっていたのだろう。『江談抄』には他二箇所に斉光が登場する。(90)

大江斉光という人物

ではこの『御記』を手にしていた大江斉光とはどのような人物なのだろうか。斉光（九三四～九八七）は大江音人（おおえのおとひと）以来の学問の家である大江氏の出身で、父は文章博士を経て、大納言にまで昇った維時（これとき）（八八八～九六三）である。斉光も学問の家の子弟として、大学寮の文章生から出身し、特待生である文章得業生となり、二十三才で対策（任官試験）に及第し、翌年、式部大丞に任命されて官歴がスタートした。(91)その後、応和四年（九六四）に権右少弁となり弁官局に配属される。この後、右少弁、左少弁、右中弁、右大弁、左大弁と、弁官としてトータルで二十五年間、勤務することとなる。式部省官人・弁官となるのは、典型的な大学寮文章科出身者の出世コースである。(92)斉光は大学寮出身の有能な実務官僚として活躍しており、天元四年（九八一）には参議に任官され、議政官メンバーにまで登りつめ、大江氏にしては異例の昇進を遂げている。

特に弁官の在任期間が長かったためだろう。『北山抄』には、彼の日記と思しき『斉光卿記（ただみつきょうき）』が見え、位禄儀に関する先例が述べられている。[93] また除目の故実書『直物抄』にも「斉光説」や「斉光抄」が引用されている。彼の説や記録は要所要所で参照されており、斉光が後進に与えた影響が少なくなかったことが窺える。このような実務官僚としての事績とともに、その学才による活躍も見られる。彼は「三代の学士」とされるが、これは三代にわたって東宮学士＝皇太子づきの家庭教師となったことを指す。本官に就きながら、応和元年（九六一）に、村上天皇皇子、憲平親王（冷泉天皇）の学士となった。憲平が即位すると、弟の守平親王（円融天皇）が皇太弟となるが、斉光は引き続いて守平親王の学士を務めた。さらに円融天皇皇子懐仁親王（一条天皇）の学士を務めた。またこれとは別に、父維時とともに村上天皇に『白氏文集』を講義する「白氏の侍読」を務めたという。[94] 同様に、斉光と息子定基とで、円融天皇の「白氏の侍読」も務めたという。他にも、皇子の名前の決定や円融天皇の書状の作成など、天皇のごく近い場所での、その学才による活躍は枚挙にいとまがない。このように天皇・皇太子の傍で仕え得たことは、彼の出世を後押しすることになっただろう。事実、斉光の官歴は、大学寮出身者としては目覚ましく、十一世紀になると、大江匡衡（九五二～一〇一二）が任官を訴える申文のなかで、斉光の官歴に言及しており、[95] 後世には理想的な昇進の一例として扱われている。

　このような有能な実務官僚、天皇・皇太子の学問の師という面に加え、斉光にはもう一つの側面がある。これは前の二つの側面とも密接に関わっているが、斉光は断続的ではあるが、複数の天皇に蔵人として仕えた経歴を持っている。

・天徳元年（九五七）二月から天徳四年正月（村上天皇に六位蔵人として仕える）

・康保四年（九六七）正月から同年五月（村上天皇に五位蔵人として仕える）…崩御により辞職
・康保四年六月から安和二年（九六九）八月（冷泉天皇に五位蔵人として仕える）…退位により辞職
・貞元二年（九七七）四月から天元四年正月（円融天皇に蔵人頭として仕える）…任参議により辞職

大学寮出身者が蔵人となる例は少なくない。九世紀初頭に漢詩をよくし、中国文化を好んだ嵯峨天皇は漢詩に秀でた滋野貞主や朝野鹿取を蔵人として側に仕えさせた。また宇多天皇が菅原道真を蔵人頭に抜擢したのも、同様の例と言える。学問に長じた人物を手元に置いておくと何かと便利であったのだろう。[96]

文章生や文章得業生が位階を持たない学生身分でありながら、蔵人として働くことは「進士蔵人」「秀才蔵人」と呼ばれ、一種の特別待遇であった。規定では大学寮の学生は七年以上大学で学んだ後に、対策（任官試験）を受験することになっているが、岸野幸子氏の研究によると、進士蔵人・秀才蔵人となった者は、その半分以下の期間で対策の受験が許されるという。そして合格すると、合格者は式部大丞等のしかるべき官職を与えられ、それを本官として勤務しながら引き続き蔵人を兼任し、本官での勤務実績を積んで叙爵（従五位下の位階となる）され、そして六位蔵人を辞職する、という一定の昇進コースが存在するという。[97] 斉光の蔵人への補任もこのコースに沿ったものであり、天徳元年に蔵人になると、同年に対策への受験を許されて及第している。これは斉光が得業生となってからわずか四年目のことであった。ただ、六位蔵人を一度辞職してからも、五位蔵人・蔵人頭として何度も呼び戻されている。このことは、彼が蔵人所の職員としても優秀であったことを示している。侍読として、蔵人として、斉光は天皇にごく近いところで活躍していた。

大江斉光の才

そして斉光は大学寮で身につけた学識、弁官として身につけた実務に関わる作法だけでなく、蔵人として必要な、天皇周辺の儀式作法に詳しい人物であったようだ。『江談抄』にも、斉光が摂関賀茂詣の濫觴である忠平の事例について語ったことが見えている。[98]また、院政期に集大成された蔵人所のマニュアル『侍中群要（じちゅうぐんよう）』には、斉光朝臣の説が数箇所にわたって見られる。[99]他に斉光は「献天聴（聡）書」という、儀式書を残したようで、『西宮記』や『年中行事抄（ねんじゅうぎょうじしょう）』に、その一部が引用されている。[100]書名からは天皇に献上された書物であったと考えられるが、内容は天皇周辺で行われる雑事の細部に関するものであり、蔵人が職務遂行の際に参照するべき書物であったようだ。[101]長年にわたり蔵人として勤務したことにより、宮中儀式の作法を把握し、蔵人のなかでも有能な人物として活躍していたのだろう。「献天聴（聡）書」には次のような一節があったという。

> 凡そ蔵人頭・大外記は、是れ朝家の重職なり。皆、顧問に備ふる者なり。当日の雑事、巨細を論ぜず、尽く暗知せんとす。若し其の人に非ざらば、定めて唯、身に終辱を懐く。尤も是れ、致事の譏り、羊質虎皮の誡めなり。
> （『貫首抄』）

蔵人頭や大外記は、それぞれ天皇、大臣の秘書官に当たるのだから、儀式等の当日の事はすべて暗記しておかなくてはならない。そのような人でなければ、ただ恥をかいて終わることになるだろう。もっともこのことはすでに職を辞した者（斉光自身を指すか）からの非難であり、見かけ倒しの誡めである。蔵人頭の職務への斉光の心構えが伝わってくる厳しい一文である。また彼が当日の段取り等を一通り把握して、真摯に儀式や政務に臨んでいたことも窺える。ただ斉光の説や見解は、参照すべきものであったが、少々古めかしいものであったようで、『西宮記』では、「江大丞（斉光）、只、上古の例を注するのみ」とされている(102)。

このように斉光は、故実に精通し、天皇に儀式書を献上するほどの蓄積を持つ人物であった。これは、あくまで推測の域を出ないが、このような職務の一環として、『御記』を持ち出すこともあったのではないだろうか。行成が一条天皇から持ち出しを許可されて部類記の作成を行ったのと同様の作業を斉光が行っていてもおかしくはない。大学寮出身のいわゆる文人貴族が天皇のもとで儀式次第を作成することは、菅原是善（すがわらのこれよし）の清和天皇元服式、橘広相の寛平蔵人式といった例もあり、決して珍しくない。しかし天皇の崩御や退位、自らの参議昇進などの忙しさに紛れて、『御記』の返却を忘れてしまい、そのままになっていたのではないだろうか。彼の死後、遺品を整理するなかで遺族がそれを発見し、道長に届けたのが、寛弘七年の「御筆御日記」なのではないだろうか(103)。

以上、摂関期の『御記』の状況について確認してきた。この時期には、天皇の秘書官に当たる蔵人が、天皇の許可を受けて、その職務の必要上、『御記』を参照していたことが確認できた。しかしそれだけに止まらず、故実を尊重する風潮の中で、蔵人は職務の合間に私的に抜き書きを行うなどして、秘かに手元に『御記』を置くようになる。そして場合によっては、原本を持ち出して紛失する場合も出てくる。

厳重に鍵をかけて管理しているのにもかかわらず、散逸するということを具体的に考えれば、天皇とその命を受けた蔵人が紛失した、という以外のケースは想定しがたい。
しかし本来、天皇とその周辺の人物しか用いることのなかった『御記』は、持ち出されて参照されても、それを所持していることを表に出すようなものではなかったのだろう。実資ですら、その使用場面が非常に限られていることには、このような背景があるのだろう。しかし時間の経過と共に、そのことは意識されづらくなり、当たり前のように広く『御記』が参照され始める。

外記勘申と『御記』

院政期に入ると『御記』は先例として表立って用いられるようになる。先ほどから、たびたび外記が「外記日記」や「国史」を用いて勘申を行っていたことを見た。このような外記の先例調査機能については、多くの研究があり、外記局文殿での文書管理の実態が検討されるとともに、外記が中原・清原氏に世襲されて「家職化」するなかで、彼らの「家記」が利用されることが指摘されている[104]。ただ、これも基本的に「外記日記」を書写して各家で所蔵・継承したものであり、公的な性格の強い記録を利用していることに代わりはない。しかし院政期になると外記の勘申のなかで「外記日記」に加えて『御記』が用いられる。

丁の穢、神事を忌むや否やの事、猶ほ不審なり。仍りて例を外記に問ふ。而るに両様の例有り。…

外記、勘ふる所の例。具さに勘文に在り。要を取りてこれを注す。
延喜二十二年（九二二）四月十五日御記、同十七日、外記等、穢の疑ひに依りて御卜を行はる。不浄の由、見ゆるに依りて、賀茂祭、延引す。
承暦三年（一〇七九）二月四日、祈年祭、延引す。内裏の丁の穢に依るなり。…
已上、丁の穢を忌む例。

（『玉葉』安元元年〔一一七五〕七月十三日条）

このとき、記主の藤原兼実（一一四九〜一二〇七）は流産の穢に触れたため、神事に参加できない可能性が生じた。先に明法博士と神祇官に問い合わせをして特に問題はないという回答を受けていた。しかし兼実は納得できなかったらしく、さらに外記に勘申を依頼している。ここで外記は天慶七年（九四四）、承暦三年、長治二年（一一〇五）等の記録—おそらく「外記日記」か—とともに『醍醐天皇御記』延喜二十二年四月十五日条を挙げている。このように先例の勘申を依頼された外記が、「外記日記」と並列して『御記』を挙げている例が『玉葉』にはいくつか見える。(105) この段階では『御記』は外記によって堂々と勘申に用いられている。摂関期には見えなかった使われ方である。

なお、大外記を長年勤めた中原師元（一一〇九〜七五）は『延喜天暦御記部類』を所蔵しており、三条実房の求めを受けて進上している。(106) 外記たちの間で『御記』は流布していたようである。このような利用法がとられた背景としては、他の私日記に比べて『御記』は勘申に用いやすかったことが考えられる。ある程度「部類」化しており検索に便利な上、必要なことが簡潔に書かれてある。「外記日記」

の不備を補うものとして、外記の手元にも所蔵され、勘申に利用されていたのだろう[107]。

延喜・天暦の事例が院政期以降もしばしば利用されるのは、いわゆる延喜・天暦聖代観により、この時期の例が尊重されたというだけではなく、検索するのに便利な『御記』が残されており、この時期の例を容易に知ることができたという、ハード面も大きいのではないだろうか。

摂関期の『御記』利用について指摘したことを再度まとめる。

1、『小右記』『権記』『左経記』には、それぞれの記主が『御記』を所蔵し、利用していることが見えるが、表立って利用することが少なく、自宅で自分のために引見することがほとんどである。

2、実資は『清慎公記』を広く貴族の利用に供して求めに応じて貸し与えているが、それに比べると『御記』の利用は限定的であり、天皇、関白頼通、小野宮一門に限られている。この段階では、実資の『御記』所持は秘されていた可能性がある。

3、御記の本来の用途は、天皇自身による利用である。これと宮中架蔵本散逸の状況を考えると、蔵人がその職務の一環として或いは秘かに、持ち出し、書写した結果、巷間に流布することとなったことが想定される。さらに院政期に入ると、『御記』は広く流布し、外記の手元に備えられ、勘申にも利用されるようになる。

おわりに

醍醐天皇の手によって書かれた『醍醐天皇御記』を取り上げ、そこに見える醍醐天皇と儀式の具体的な関わり、そして醍醐天皇死後の『御記』の利用のあり方について見てきた。繰り返しになるが、ここで本書で述べたことをまとめておきたい。

『御記』の目的

内裏のなかで天皇の利用に供するために置かれていた『御記』であったが、院政期になると記録官司である外記が『御記』を所有し、公的な記録である「外記日記」とともに勘申に用いられ、貴族社会のなかで大いに利用されていることが見えた。それ以前から、官人たちは様々なツテを用いて『御記』を入手し、主に自分の儀式への見識を高めるために密かに用いていたが、時代が進むにつれて先例を知るために便利な『御記』は様々な人々に書写されて広がっていった。また、摂関期に作られた儀式書に『御記』は引用され、儀式を行うための実用書として儀式書が広がっていく過程で、多くの人々が間接的に『御記』に触れることとなった。特に源経頼が『西宮記』の勘物として多くの『御記』を引用した。そして現在、私たちはこの『西宮記』をはじめとする、様々な書物が『御記』を引用してくれたお蔭で、原本やまとまった写本が失われてしまっても平安時代の天皇の日記に触れることが出来ている。

しかし、当然のことながら、醍醐天皇は、自分の日記がこのように広く読まれることを想定していなかっただろう。『醍醐天皇御記』は第一義的には、自分の息子、朱雀天皇のためのものであった。天皇として即位する息子に君主としてのあるべき姿を伝えるとともに、天皇として儀式に臨むときの手引きとなるべく書かれたものであったように思われる。

また、『醍醐天皇御記』に見える醍醐天皇の姿からは、儀式における天皇の役割が、君臣関係の頂点を示す象徴的なものだけではなかったことが明らかに見える。現代の感覚から見ると、宮中儀式と言えば、あらかじめ儀式次第が厳格に定められ、それに従って粛々と誤りなく進行し、天皇はすべてお膳立てされた上で、定められた作法を行うような印象がある。しかし平安時代中期には、天皇自身が当日に儀式会場で細かい点に関して具体的な指示を出す場合も多い。担当者の遅刻や物品の不足等の突発的な事態に際しては臨機応変の判断が求められた。天皇の差配なくしては、儀式が進行できない。「よきにはからえ」は通用しない。儀式という限定された場面ではあるが、そのなかでの天皇の権能は決して小さくなかった。このような判断を行うには、それなりの知識・経験が必要となる。まだ経験の浅い天皇が判断に迷った場合の参考になるように、醍醐天皇は自分の経験を書きとめた日記を残したのだろう。醍醐天皇は、延喜四年（九〇四）、自身が二十才のときに皇太子（保明親王）を立てており、早くから子の世代への継承を意識していただろう。また、息子である代明親王・重明親王に、口頭で儀式に関して助言を行ったことも見え、息子に正しい儀式を伝えようという意識があったことが分かる。そしてこれは私の勝手な印象に過ぎないが、醍醐天皇は自分の時代の儀式を子を通じて正しく継承させるというよりも、子に自分と同じような苦労をさせないように、という親として子の行く末を心配する面が強く表れているように思う。

そして『醍醐天皇御記』は長らく「御記」ではなく、「先帝御日記」と呼ばれ、単なる先例の記録としてではなく、父醍醐天皇その人の面影が常に強く意識されながら用いられた。醍醐天皇とその子とのつながりが強いことは、醍醐天皇崩御後に、その菩提を弔うために醍醐寺を中心に行われた仏事の際に、朱雀天皇のみならず、親王・源氏がともに物心両面で協力をしていることにも表れている。[1] また、幼くして父を亡くしたにもかかわらず、朱雀・村上両天皇が、父への思慕の気持ちが強かったことも指摘されている。[2]『醍醐天皇御記』は父天皇から即位した息子へと継承された、大切な遺産であった。しかし、だからこそ公的な権威を持つものではなく、ましてや多くの人々がその内容を知るものではなかった。あくまでも天皇がその側に置いて用いる手引きであった。

醍醐天皇と儀式

また、現代を生きる私たちが、『醍醐天皇御記』を読んでも、平板な儀式に関する記載のなかから、常に真剣に儀式に取り組み、妥協を許さない醍醐天皇の姿が見えてくる。ここに見えるのは、『古今和歌集』編纂を命じ、文運の興隆に力を入れた天皇という雅なイメージでもなく、天神信仰のなかに見える、藤原時平の言いなりに菅原道真を左遷させ、道真の怨霊に怯え、死後は地獄で苦しむという弱々しいイメージとも違う。常に天皇としてのあるべき姿を模索し、それを実現させるために懸命に戦っている姿が浮かび上がってくる。私たちですらそうなのだから、ましてや息子である朱雀天皇・村上天皇は、『醍醐天皇御記』から亡き父の存在を強く感じ、またそこに見える天皇の行動・考え方から父への思慕の気持ちをより強くしたのではないだろうか。

また、醍醐天皇は時平とともに、弘仁・承和の時代に範をとりつつ、新たな儀式を作った。従来、考えられていたよりも、醍醐天皇がその後の儀式に果たした役割は大きいように思われる。そしてそこでは草創期特有の先例に強く縛られることのない、合理的な精神に基づく判断が行われている。そしてここで行われた儀式は、摂関期・院政期へと連綿と続いていく宮廷行事の出発点となった。以降の貴族たちが延喜の事例を尊重するのは、起点としての延喜、それを忠実に継承した天暦、という時代の意義を正しく理解していたからであろう。歴代の天皇は『醍醐天皇御記』に加え、『村上天皇御記』を座右に備え、自らの参考とした。しかし、「先帝御日記」＝父を強く意識した朱雀・村上両天皇とは異なり、ここから先例集としての要素が強まっていくのではないだろうか。そして、先例を重視する風潮のなかで、貴族のなかには『御記』を強く求める者も現れ、彼らによって『御記』の内容が少しずつ知られ始める。「延喜・天暦聖代観」と呼ばれる、醍醐天皇・村上天皇を理想化する観念は、ひとつにはこのような儀式の面から生じている。

醍醐天皇と儒者

また、このような醍醐天皇の時代を儀式の起点とする観念とは別に、文人貴族も醍醐天皇の時代を理想とした。早くから明確に醍醐・村上両天皇の時代を「聖代」と表現したのは、大学で学問を身につけ、学才によって朝廷に出仕した文人貴族たちであった。彼らは、任官を求めて作成した申文（自己推薦状）のなかで、自分が出世できない現状を否定し、かつては能力に基づく正しい人事が行われたことを強調した。この文脈のなかで醍醐天皇の素晴らしさが強調された。特に大江匡衡は、祖父である大江維時をはじめとする大江氏一門が活躍した時代として延喜・天暦を捉え、自分も同様の待遇を受けるべきと主張した。このような文人貴族の「恨み節」のなかで醍醐天皇の時代が強く理想化された側面は確かにあるだろう。しかし、そもそも醍醐天皇の時代に、勤続年数に基づく公平な人事が行われていたのは事実であるという。[3] そしてそれに加え、特に文人貴族のなかで醍醐天皇の時代が、かつての良き時代とされるのは、醍醐天皇が彼らの持っている学才を正しく評価する審美眼を持ち、実際に才能あるものを登用していたという事実があったためだと思われる。大江匡房『江談抄』巻四～六には漢詩に関するエピソードが集められているが、[4] このうちの一一話に醍醐天皇が登場する。他に、村上天皇が七、宇多天皇は四、嵯峨天皇・一条天皇は二、清和天皇は一で、登場回数で言うと醍醐天皇が最も多い。またその内容も、優れた漢詩を読んだ人物を取り立てた話が多く見える（【表1】参照）。例えば、延長二年（九二四）の省試（文章生になるための式部省の試験）で賦された菅野名明（すがののかたあき）の漢詩について、[5]

評定以前、延喜聖主（醍醐天皇）、此の句を詠じて御琴を弾く。諸儒、伝へ承りて及第せしむ。

（『江談抄』四―一七）

表1 『江談抄』巻四～六に見える醍醐天皇関係記事

No	作者	内容	年月日	出典
1	醍醐天皇	天皇の漢詩を詠み上げた。	延喜十七年（九一七）正月二十三日の内宴（『紀略』）	四―四
2	三統理平	その詩を天皇が賞翫したので、理平が喜びのあまり「あはれ聖主かな」と言った。	延長四年（九二六）以前	四―一四
3	菅野名明	省試の評定以前に、天皇が名明の詩を詠じて琴を弾いたので及第となった。	延長二年十月二日の省試（『公補』）	四―一七
4	藤原博文	詩作によって藤原博文・藤原諸蔭を蔵人所雑色等に任じた。	延喜二年十月六日の試（『紀略』）	四―二一
5	菅原淳茂	菅原淳茂が内宴での詩によって、天皇から叙位された。	延喜十二年正月二十一日の内宴（『紀略』『北山抄』三）	四―二五
6	菅原淳茂	菅原淳茂が内宴での詩によって、天皇から叙位された。	延喜十二年正月二十一日の内宴（『紀略』『北山抄』三）	四―二六
7	大江朝綱	延喜御屏風の韻の誤りを醍醐天皇が指摘した。	延長六年十一月のこと（『小野道風屏風土代』）	四―六九
8	菅原淳茂	菅原淳茂が内宴で醍醐天皇から芳緋を賜ったが、夢に父道真が出てきた。	延喜十二年正月二十一日の内宴（『紀略』『北山抄』三）	四―七三
9	宗岡秋津	時流に乗らないため、長年及第できなかった秋津を、天皇の判断で及第させた。	延喜十七年十一月四日	四―七五
10	菅原淳茂	宇多院の命で醍醐天皇が詩の批評を行った。	延喜十三年十月十五日の宴会（『紀略』）	四―七六
11	大江朝綱	押韻の誤りとされ不合格になりかけたが、道真の例を出すと天皇は及第を認めた。	延喜十一年の省試か。（『公補』）	五―三三

と、これを気に入った醍醐天皇が、口ずさんで琴を奏でたので、試験官である儒者たちは名明を合格にしたとある。醍醐天皇は皇太子時代から『白氏文集』を手元に置き、菅原道真・藤原菅根を学士（家庭教師）として手ほどきを受けていた。漢詩に関しても、かなりの素養を身につけ、的確な判断を行い、その目にとまった人材を抜擢していた。このような醍醐天皇の行動は、勉強に励む学生を勇気づけ、大きな意味で当時の学問興隆を支えたと言えるだろう。そして、このことと表裏一体のことだが、学者に対して恩寵を与えるだけではない、醍醐天皇の厳しい一面も見える。

（醍醐天皇の）仰せ有り。式部輔（三善清行カ）・文章博士（橘公統）等、陣頭に召す。評定して奏する所の詩の不好の由を勘問す。博士等、特に述ぶる所無し。仍りて仰せて云はく、「此の度、殊に許す。今より以後、若し此くの如き事有らば、博士等を勘ふべし」と。

（『貞信公記抄』延喜十三年〔九一三〕六月二十二日条）

何らかの試験の合否に関わる漢詩の判定に不審な点があり、醍醐天皇の指示で試験官を担当した二人が呼び出されている。呼び出された二人は言い訳すらできず、天皇からの厳しい叱責を受け、次回からは容赦しないと釘を刺されている。儀式について、醍醐天皇はしばしば誤りを糺していたが、漢詩に関しても、ごまかしを許さない、真っ直ぐな性格が表れている。

醍醐天皇の生き様

『醍醐天皇御記』を通して、醍醐天皇の実像の一端が見えたのではないかと思う。時平からの指導も大きかったのだろうが、これほどまでに儀式の本質を的確に捉え、その場に応じて判断をできた天皇は、他にないのではないだろうか。醍醐天皇はその身を以て、儀式を主体的に執行する、新たな天皇としてのあり方を作り上げたと言える。彼の祖父光孝天皇と父宇多天皇は、一皇族として成長し、官人としての出仕経験を持ち、イレギュラーな形で即位した。彼らに天皇の立場で、醍醐天皇のような的確な指示が出来たとは考えにくい。光孝天皇は関白である基経にすべてを任せていただろうし、宇多天皇も大まかな指示は出せても、儀式の細部にこだわりを持って取り組むことはなかったように思う。醍醐天皇は十三才で即位し、四十五年もの長きにわたって在位した。その間、右大臣菅原道真の左遷、左大臣時平の死もあったが、それを醍醐天皇は乗り越えた。この間の絶え間ない努力によって、儀式を主導する天皇としての立場を確立した。明文化された法律や制度だけで社会が変わっていくのではなく、日々行われる儀式に対して、ひとつひとつ信念を持って真摯に取り組み、それを積み重ねることで、周囲も変化していく。人間の営みが、社会のあり方を変えていく。貴族社会全体の低きに流れる傾向に対して、醍醐天皇は死の直前まで抗し続けた。「延喜・天暦聖代観」成立の背景の一つとして、このような醍醐天皇の個性に負うところも大きいように思われる。

註

（はじめに）

（1）通史としては、坂本賞三『日本の歴史　六　摂関時代』（小学館、一九七四年）、六一～一〇六頁、吉川真司編『日本の時代史　五　平安京』（吉川弘文館、二〇〇二年）、六四～七〇頁、佐々木恵介『天皇の歴史03　天皇と摂政・関白』（講談社、二〇一一年）、七七～八四、九三～一〇一頁が醍醐天皇の治世について要点を整理して記述している。

（2）所功「〝延喜の治〟の再検討」（『皇學館大学紀要』六、一九六八年）、吉川真司「院宮王臣家」（同氏註〔1〕書）。

（3）所功「平安後期における延喜時代観」（『古代学』一四―二、一九六八年）、林陸朗「所謂「延喜天暦聖代説」の成立」（同『上代政治社会の研究』吉川弘文館、一九六九年、初出一九六九年）。他に近年の研究として、高田淳「「延喜・天暦時代」の実像を探る」（『新視点日本の歴史　三　古代編Ⅱ』新人物往来社、一九九三年）、田島公「延喜・天暦の「聖代」観」（『岩波講座　日本通史　五　古代四』岩波書店、一九九五年）がある。

（4）今野厚子「『延喜御集』の影響」（同『天皇と和歌―三代集の時代の研究―』新典社、二〇〇四年、初出一九八一年）。

（5）『紫明抄』（十三世紀末成立）などの源氏物語の注釈書に見える。この点については山中裕「源氏物語と延喜・天暦」（同『平安朝文学の史的研究』吉川弘文館、一九七四年、初出一九六六年）。また最近の国文学の成果については、塚原明弘「失われた空間の物語―『河海抄』の延喜・天暦准拠説―」（山中裕編『歴史のなかの源氏物語』思文閣出版、二〇一一年）を参照した。

（6）この地獄巡りの伝承については、竹居明男「『道賢上人冥途記』・『日蔵夢記』備考（続）醍醐天皇崩御前後・醍醐寺・僧貞崇―両書が「隠した」もの」（『人文学』一七二、二〇〇二年）、同「『道賢上人冥途記』・

『日蔵夢記』備考」（『人文学』一七六、二〇〇四年）、竹居明男編『北野天神縁起を読む』（吉川弘文館、二〇〇八年）にまとめられている。

（7）須賀みほ『天神縁起の系譜』中央公論美術出版、二〇〇四年。他にスペンサー本・佐太文明本等にも見える。

（8）笠井昌昭『信貴山縁起絵巻の研究』平楽寺書店、一九七一年。

（9）醍醐天皇の治世の史料は、『大日本史料』一之二～六にあるほか、藤井讓治・吉岡眞之監修・解説『醍醐天皇実録』（ゆまに書房、二〇〇七年）としても集成されている。人物像に立ち入った伝記は企画は知られているが、まだ刊行されていない。

（10）御記全般については和田英松『皇室御撰之研究』（明治書院、一九三三年）、米田雄介『歴代天皇の記録』（続群書類従完成会、一九九二年）、平安時代の御記については米田雄介「歴代天皇の本記と逸文」（山中裕編『古記録と日記』上　思文閣出版、一九九三年）に詳しい。

（11）太田善麿『塙保己一』吉川弘文館、一九六六年、『歴代残闕日記』序文。

（12）所功「三代御記の伝来過程」（所功編『三代御記逸文集成』国書刊行会、一九八二年、初出一九八〇・八一年）。

（13）逸文判定の基準やその課題については、三橋正「『三代御記』逸文の再検討」（『国書逸文研究』一九、一九八七年）、佐藤全敏「宇多天皇の文体」（倉本一宏編『日記・古記録の世界』思文閣出版、二〇一五年）に詳しい。

（14）「『三代御記逸文集成』の概要と正誤表」（『国書逸文研究』一〇、一九八三年）、竹居明男「一条紹介」（『国書逸文研究』一二、一九八三年）、小口雅史・小山田和夫・笹山晴生・所功「一条紹介」（『国書逸文研究』一三、一九八四年）、三橋氏註（13）論文。

（15）鹿内浩胤「田中教忠旧蔵『寛平二年三月記』について―新たに発見された『小野宮年中行事裏書』―」（同『日本古代典籍史料の研究』思文閣出版、二〇一一年、初出二〇〇三年）。

（16）西本昌弘「九条家本『神今食次第』所引の「西記」と「二代御記」」（同『日本古代の年中行事書と新史料』

吉川弘文館、二〇一二年）。
(17) 川尻秋生「日本古代における「議」」（『史学雑誌』一一〇―三、二〇〇一年）。
(18) 平安時代の日記については多くの研究があるが、土田直鎮『日本の歴史　五　王朝の貴族』（中央公論社、一九六五年）、二二五～二五六頁、山中裕「日記の起源と種類」（同氏註〔10〕書）、大津透『日本の歴史06 道長と宮廷社会』（講談社、二〇〇一年）、九二～一三〇頁が分かりやすく、まとまっている。
(19) これまで具注暦に書かれた日記を後から部類記の形に編集しなおしたと考えられてきたが、三橋正「『小右記』と『左経記』の記載方法と保存形態」（倉本氏註〔13〕書）は、『小右記』『左経記』は、暦に記載した「具注暦記」と部類形式の「別記」が並行して記録されていたことを指摘している。
(20) 松薗斉『日記の家』吉川弘文館、一九九七年。
(21) 『御堂関白記』の性格については、山中裕「御堂関白記」（同氏註〔10〕書）、倉本一宏『藤原道長「御堂関白記」を読む』（講談社、二〇一三年）、「序章」「終章」を参照した。
(22) 藤本孝一「家記と部類記―松薗斉著『日記の家』によせて―」（同『中世史料学叢論』思文閣出版、二〇〇九年、初出二〇〇一年）。
(23) 『九暦記』天慶七年（九四四）十月九日条に引用されている。
(24) 松薗斉「王朝日記の〝発生〟」（同『王朝日記論』法政大学出版局、二〇〇六年、初出二〇〇一年）で的確な研究史の整理が行われている。
(25) 佐藤氏註（13）論文、川尻秋生「文の場―「場」の変化と漢詩文・和歌・「記」」（『日本「文」学史』一 勉誠出版、二〇一五年）。
(26) 和田氏註（10）書、所氏註（12）論文。
(27) 所功「延喜天暦御記抄の基礎的考察」（同氏註〔12〕書、初出一九八二年）。
(28) 村井康彦『日本の歴史　八　王朝貴族』小学館、一九七四年、九四～一一二頁。
(29) 三橋正「藤原実資と『小右記』」（同『古記録文化論』武蔵野書院、二〇一五年、初出二〇〇八年）、佐藤氏註（13）論文。

(30) ただし、この点は『西宮記』の勘物作成時の『宇多天皇御記』の流布状況も考慮に入れるべきか。『宇多天皇御記』が平安時代中期に広く流布していたという明証はなく、『西宮記』の勘物を作成した源経頼はそれを縦横に用いることが出来なかったかもしれない。ただ、『小野宮年中行事』『政事要略』に『宇多天皇御記』が多く引用されており、藤原実資と惟宗允亮は参照していたことが分かる。他に『小右記』長和三年(一〇一四)十一月七日条にも『宇多天皇御記』の引用が見える。また、周知の如く允亮は実資の依頼を受けて『政事要略』を執筆しており、彼らの周辺では流布していたと言える。
(31) 『岡屋関白記』寛元四年(一二四六)閏四月九日条。
(32) 『看聞御記』応永二十六年(一四一九)正月十三日条。
(33) 米田氏註(10)論文。

(第一章)

(1) 『扶桑略記』昌泰四年七月十日条。
(2) 『大鏡』『日本紀略』は第三皇子、『日本三代実録』『扶桑略記』は第七皇子とする。ここでは所生皇子をすべて含めて数えている『大日本史』『宇多天皇実録』(ゆまに書房、二〇〇七年)に従った。
(3) 嘉祥三年(八五〇)に中務卿、貞観十八年(八七六)に式部卿に任じられている。
(4) 『日本三代実録』元慶八年四月十三日条。
(5) 『日本三代実録』仁和三年八月二十五日条・二十六日条、『日本紀略』仁和三八月二十六日条、『践祚部類抄』宇多天皇、『皇年代略記』宇多天皇。
(6) 『日本紀略』寛平元年十二月二十八日条・醍醐天皇即位前紀。
(7) 『日本紀略』寛平二年十二月十七日条。
(8) 『蔵人補任』によると、藤原定国は寛平五年正月二十一日から寛平九年五月まで五位蔵人。
(9) 清和天皇・陽成天皇ともに、即位後であるが、十六才で元服している。
(10) 宇多天皇の余りにも早い譲位について、目崎徳衛氏は上皇として国政を掌握する意図があったとされ

（「宇多上皇の院と国政」（同『貴族社会と古典文化』吉川弘文館、一九九五年、初出一九六九年）、所功氏は仏道修行のためとする（「〝寛平の治〟の再検討」（同『菅原道真の実像』臨川書店、二〇〇二年、初出一九六七年））。

(11) 今正秀「摂関政治史研究の視角」（『日本史研究』六四二、二〇一六年）。

(12) 『菅家文草』三九一～四一七、『菅家後集』見右丞相献漢詩。

(13) 『河海抄』所引延喜二年正月二十二日条は『三代御記逸文集成』にとられていない。『河海抄』では『御記』延喜二年正月二十日条に続けて「蔵人式」「清涼記」を引用し、その後に二十二日条を記載する。『撰集秘記』内宴所引「蔵人式」にこの箇所は見えるが、二十二日以下の部分はない。内容的にも二十二日条は「蔵人式」「清涼記」に連続するものではないことから、二十日条と連続する『御記』と判断した。

(14) 内宴の性格については滝川幸司「内宴の起源―「弘仁の遺美」か「太宗の旧風」か」（『女子大国文』一五八、二〇一六年）、その会場については同「内宴」（同『天皇と文壇』和泉書院、二〇〇七年、初出一九九五年）による。

(15) 『延喜臨時祭式』55甲乙触穢条。

(16) 並木和子「御燈の基礎的考察」（『古代文化』五八―三、二〇〇六年）。

(17) 『二代要記』光孝天皇。

(18) 橋本義彦「外記日記と殿上日記」（同『平安貴族社会の研究』吉川弘文館、一九七六年、初出一九六五年）。

(19) 他に『西宮記』十月　旬所引延喜十六年四月十六日条、『西宮記』進発宇佐使所引同年八月二十五日条でも諸司に直接問い合わせを行っている。

(20) 『江談抄』三―二一「以英雄之人称右流左死事」。

(21) 『儀式』賀茂祭儀。

(22) 笹山晴生「左右近衛府上級官人の構成とその推移」（同『日本古代衛府制度の研究』吉川弘文館、一九八五年、初出一九八四年）。

(23) 所功「〝延喜の治〟の再検討」（『皇學館大学紀要』六、一九六八年）。

(24) 目崎氏註(10)論文など。
(25) 角田文衞「忠平の栄達」(同『紫式部とその時代』角川書店、一九六六年)。また道真と時平の関係は単なる政治的対立関係では捉えがたいことを滝川幸司「時平と道真」(『国語国文』七七―七、二〇〇八年)が述べている。
(26) 『西宮記』では次第文の割注として書かれており、「雨日」「雨儀」と注記されている。
(27) 『西宮記』正月　七日節会では「雨日、承明壇上に立つ」(御弓奏)、「雨儀、宜陽殿西廂に立ち、諸大夫、(承明門)南廊の東西に立つ」(列立)、『北山抄』正月　同日(元日)宴会事　雨儀では「王卿、壇上より進みて宜陽殿西廂に列立す。…侍従、承明門の東西廊内に列立す…」(列立)とする。
(28) 満田さおり「平安宮内裏の土庇と雨儀」(『日本建築学会計画系論文集』七七、二〇一二年)。
(29) ①この前年にも七日節会が雨儀で行われたことが『醍醐天皇御記』に見えるが、そのなかで雨儀の細部について記されていない、②『御記』延喜八年正月七日条の「叙位・楽・宣命等の舞踏の時、猶ほ本座前に立つ」の「本座前」とは諸大夫の座の設けられた春興・安福両殿前を指し、「猶」の意味を踏まえて直訳すると、「叙位・楽・宣命などで官人が拝礼をする場合には、以前と同じく春興・安福両殿前に列立した」となり、参入時の列立は承明門で行う新しい方式をとったが、途中の拝礼は以前と同じ位置に列立して行ったと解される、この二点から列立に承明門を用いるのはこのときが初めてと考える。
(30) これらの内弁作法は『西宮記』正月　節会による。
(31) 『白馬節会抄』所引『小右記』万寿二年(一〇二五)正月一日条で実資は、「兀子の坤一二歩に当たるに、謝座し参上す」としている。他に『小右記』長元二年(一〇二九)正月一日条もこの作法に触れている。
(32) また『北山抄』三　内宴事でも、「第一二の博士を召す。若し公卿中に儒士一人有らば、他の博士を召し加へず。」としており、公卿の中に儒者(大学寮出身者)がいれば、一人でもいいとしている。
(33) 『菅家後集』四七四など。
(34) 清水潔「親王儀式」(『新訂増補　国書逸文』国書刊行会、一九九五年)が指摘するように、『北山抄』三　内宴事頭注に「行酒次第、親王儀式に見ゆ」とある。

(35) 正確に言うと、忠平は昌泰三年（八九〇）正月二十八日に参議に任じられたが辞退し、同年二月二十日に叔父の藤原清経（当時五十五才）が忠平の譲りを受けて参議に任じられた（『公卿補任』昌泰三年条）。忠平が再び参議に任じられたのは、時平の死の一年前である（『公卿補任』延喜八年〔九〇八〕条）。

(36) 穏健な政治家としてではない忠平の一面については、角田氏註(25)論文に詳しい。

(37) 『宇治市史』一「平安京と宇治」宇治市、一九七三年。ただし基経の墓は宇治ではなく、小野や深草山にあったという説もある。

(38) 『京都の歴史』一「貴族の信仰生活」学芸書林、一九七〇年。

(39) 『九暦』承平六年九月二十一日条、天慶七年十二月十一日条。

(40) 『蔵人補任』によると恒佐が蔵人頭を務めたのは延喜十二年正月二十日から延喜十五年六月二十五日。『公卿補任』によると、この間の忠平は、延喜十三年四月十五日まで右大将、その後は左大将を務めた。

(41) 『西宮記』行幸時警蹕事、『北山抄』八　朝覲、『同』九　行幸。

(42) 『蔵人補任』によると、菅根が蔵人頭を務めたのは、昌泰三年（九〇〇）正月二十九日から延喜八年（九〇八）正月十二日。時平は、醍醐天皇の御代では亡くなるまで左大将であった。

(43) 『西宮記』神泉朱雀院等行幸日事、『北山抄』八　朝覲、『同』九　行幸。

(44) 『近衛府補任』。また近衛府の饗については、鳥谷智文「王朝国家期における近衛府府務運営の一考察」（『史学研究』一九九、一九九三年）、佐々木恵介「『小右記』にみる摂関期近衛府の政務運営」（『日本律令制論集』下　吉川弘文館、一九九三年）を参照した。

(45) 『近衛府補任』によると、源光は時平の後を受け、延喜九年（九〇九）から延喜十三年、左大将を務め、藤原忠平はその後を受けて、延長八年（九三〇）まで務めている。なお、藤原恒佐は延喜十二年まで左少将を務め、延喜十三年に右中将、翌年、左中将に転任し、延喜二十一年まで務めており、計十五年間、近衛府に所属した。

(46) 忠平から師輔に宛てられた書状（貞信公御消息）、時平から忠平に宛てられた書状（太閤御消息）と時平が所蔵していた良房・基経の書状とを一括したものと考えられる。

(47) 他に『左経記』万寿三年正月二十七日条では、かつて藤原済時が時平のときに行われた先例に従って政務を行い、それを藤原実頼に咎められたという話を、藤原資平が経頼に語っている。
(48) 末松剛「摂家関の先例観」(同『平安宮廷の儀礼文化』吉川弘文館、二〇一〇年、初出一九九九年)。
(49) 佐々木恵介『天皇の歴史03　天皇と摂政・関白』講談社、二〇一一年、九九〜一〇四頁。
(50) 竹内理三「口伝と教命」(『竹内理三著作集』第五巻　角川書店、一九九九年、初出一九四〇年)。
(51) なお、長らく道長が小野宮流と九条流を統合して、御堂流と呼ばれる新たな故実の流派を作ったことが定説となっていたが、末松氏註(48)論文、告井幸男「摂関期の有職故実」(同『摂関期貴族社会の研究』塙書房、二〇〇五年、初出二〇〇一年)によって道長自身にそのような意識がなかったことが明らかにされている。
(52) 山中裕「年中行事の成立と変遷」(同『平安朝の年中行事』塙書房、一九七二年)。
(53) 『内裏式』七日会式には「所司豊楽・儀鸞両門を開く。…各(式部・兵部)位記筥を捧げて趨りて案上に置く」とあり、開門後に位記筥を案に運んでいる。
(54) 『続日本紀』延暦七年正月十五日条、『御遊抄』東宮御元服(弘仁十四年八月二日)、『続日本後紀』承和五年十一月二十七日条。
(55) なお岩田真由子氏は「元服の儀からみた親子意識と王権の変質」(『ヒストリア』二一三、二〇〇九年)において、この史料から弘仁例・承和例がともに天皇と血縁関係にない皇太子であり、そのために礼式が異なっていることを指摘している。
(56) 西本昌弘「『内裏式』逸文の批判的検討」(同『日本古代儀礼成立史の研究』塙書房、一九九七年、初出一九九三年)。
(57) 『内裏儀式』会、『儀式』元日御豊楽院儀。吉川真司「律令国家の女官」(同『律令官僚制の研究』塙書房、一九九八年、初出一九九〇年)に詳しい。
(58) 天長十年(八三三・恒貞親王)・承和九年(八四二・文徳)・貞観十一年(八六九・陽成)・仁和三年(八八七・宇多)・寛平五年(八九三・醍醐)、延喜四年(九〇四・保明親王)と淳和朝以降の立太子儀をほぼ網羅

的に挙げている。清和天皇の例が挙がらないが、これは生後八ヶ月で皇太子となったという特殊事情により、立太子儀がなかったためか。
(59) なお先に述べた「皇太子元服儀」と同様に、『内裏式』に立太子儀は存在せず、弘仁初年に編纂された、先行する同種の儀式書『内裏儀式』の冊命皇太子式が引き続き用いられ、これが「内裏式」と呼ばれている。
(60) 醍醐天皇の指摘が正しいことは、『北山抄』四　立后事に、「内裏儀式、再拝云々」と見えることから確認できる。
(61) 『平安京研究資料集成』柳原書店、一九九四年、一三三～一五六頁。
(62) 射礼の沿革については、大日方克己「射礼・賭弓・弓場始」(同『古代国家と年中行事』吉川弘文館、一九九三年)。
(63) 古瀬奈津子「平安時代の「儀式」と天皇」(同『日本古代王権と儀式』吉川弘文館、一九九八年、初出一九八六年)。
(64) 大日方克己「相撲節」(註〔62〕書)。
(65) 『貞信公記抄』延喜十三年七月一日・七日・十三日・十七日・二十二日条。
(66) 『貞信公記抄』延喜十二年七月十一日条・二十日条・二十二日条。
(67) 天慶七年(九四四)(『北山抄』二)、天暦十年(九五六)の元平親王(『小右記』長元四年〔一〇三一〕九月五日条所引『清慎公記』六月十九日条)、天徳三年(九五九)(『九暦抄』七月二十六日条)、永延元年(九八七)の為平親王・具平親王(『日本紀略』七月二十一日条)等。親王を相撲別当に任命するのみで、他の相撲司への言及がないため形式的な任命と判断した。
(68) なお、十世紀半ばの儀式の内容を伝える『西宮記』には両方の方式が見え、近衛府が運営する新しい次第は「節代」、相撲司による古い次第は「大節」とされている。ただし『西宮記』の「大節」は武徳殿を会場として書かれており、一度しか行われなかった延喜十三年の例をもとに作られた儀式文と考えられている(大日方氏註〔64〕論文)。『西宮記』がこれを「大節」と称し、新しい次第を「節代」としていることは、『西宮記』編者源高明が、現状行われている方式は簡略されたものであり、本来の相撲司を用いる方式をが正統なものと認識していたことを示すか。他に藤原師輔『九条年中行事』でも、近衛府により内裏殿舎で行う相撲を「節代」としている。

(69)『撰集秘記』所引『清涼記』九日節会事の傍注。「但し延喜六年、神泉苑に御さんと欲す。而るに八日、甚雨。仍りて乍ち停止す。」とある。ほぼ同文で「延喜十六年」の紀年を持つ記事も見えるが、どちらが正しいかは判断がつかない。

(70) 醍醐天皇が『内裏式』を重んじたことについては、福井俊彦「醍醐天皇宸記」(『日本歴史「古記録」総覧 古代・中世篇』新人物往来社、一九九〇年)で指摘されている。

(71) 古代學協會編『仁明朝史の研究』思文閣出版、二〇一一年。

(72) 所功「菅原道真の冤罪管見」(『藝林』二〇—五、一九六九年)、後藤昭雄「承和への憧憬」(同『平安朝漢学史論考』勉誠出版、二〇一二年、初出一九八二年)。

(73)『北山抄』三 内宴事所引延喜十年正月二十三日条。

(74) 田辺尚雄『日本音楽史』東京電機大学出版部、一九六三年。

(75)『続日本後紀』該当箇所は「…天皇降殿、於南階下端笏而跪。召左大臣源常朝臣、右大臣藤原良房朝臣、勅曰…」とあり、『御記』とは微妙に異なる。

(76) 岩田真由子「宇多・醍醐朝における天皇家親子意識の変質」(笠井昌昭編『文化史学の挑戦』思文閣出版、二〇〇五年)。

(77) そもそも「外記日記」は正史の主要な材料のひとつである(井上薫「日本三代実録」〔『国史大系書目解題』上 吉川弘文館、一九七一年〕、小山田和夫「『日本三代実録』と「外記日記」」〔『日本古代史学論聚』駒沢大学大学院史学会古代史部会、一九七九年〕)。

(78) 坂本太郎『菅原道真』(吉川弘文館、一九六二年)、清水潔「国史について」(『皇學館論叢』七—一、一九七四年)が『類聚国史』からの引用であることを指摘する。『醍醐天皇御記』にも『西宮記』四月 賀茂祭所引延喜九年三月二十二日条に見える。

(79) 大隅和雄「歴史的世界の成立」(『日本の社会史』七 岩波書店、一九八七年)、遠藤慶太『六国史』中央公論新社、二〇一六年、一六八〜九頁、松薗斉「王朝日記の〝発生〟」(同『王朝日記論』法政大学出版局、二〇〇六年、初出二〇〇一年)。
(80) 『西宮記』十月 旬所引『九暦』天慶八年(九四五)十月一日条。
(81) 西本昌弘「はじめに」(註〔56〕書)。
(82) 古瀬奈津子「昇殿制の成立」(註〔63〕書、初出一九八七年)など。また醍醐天皇の復古的要素については高田淳「「延喜・天暦時代」の実像を探る」(『新視点日本の歴史 三 古代編Ⅱ』新人物往来社、一九九三年)にも見える。
(83) なお、この一文を『三代御記逸文集成』は採録していないが、古瀬奈津子「藤原行成『権記』と『新撰年中行事』」(倉本一宏編『日記・古記録の世界』思文閣出版、二〇一五年)では、『醍醐天皇御記』としている。本書でも以下の理由から『醍醐天皇御記』逸文と判断した。①『権記』長保二年七月十三日条の該当部分は、記主の行成が、一条天皇の指示により、日記御厨子から『御記』を取り出し、抜粋を行っている、②ここに登場する蔵人時忠に関して、『史料纂集 権記』は「紀時忠」とする。しかし、『尊卑分脈』によると、源時忠という人物が存在し、光孝天皇孫で「蔵人」と注記されている。この源時忠を「蔵人時忠」と考えると、延長六年の記事として整合的(なお市川久『蔵人補任』〈続群書類従完成会、一九八九年〉も『権記』本条から源時忠を延長六年の六位蔵人と判断。)、③この記主は蔵人を介して指示を出し、神今食の饌の内容に詳しく、記主として天皇がふさわしい。
(84) 神今食の解斎については、『延喜主水式』8神今粥料条、『西宮記』六月 神今食に見える。
(85) 増田美子『日本喪服史 古代篇』源流社、二〇〇二年、一二六頁。
(86) 弘仁式か貞観式の逸文とされる(黒須利夫「『延喜式覆奏短尺草写』の基礎的考察」〈『延喜式研究』二六、二〇一〇年〉)。『延喜春宮式』3宮臣朝賀条に該当するか。ただし延喜式では「各服其服」とする(虎尾俊哉編『弘仁式貞観式逸文集成』国書刊行会、一九九二年)。
(87) 『類聚国史』七一朝賀 延暦十一年(七九二)正月朔条、『西宮記』正月 朝拝。

(88) 細かな儀式次第は『西宮記』正月　小朝拝、『北山抄』一　同日小朝拝事、『江家次第』同日小朝拝事に見える。

(89) 小朝拝については、所功「朝賀儀式文の成立」(同『平安朝儀式書成立史の研究』国書刊行会、一九八五年、初出一九八三年)、古瀬氏註(63)論文、佐野真人「小朝拝の成立」(『神道史研究』五六―一、二〇〇八年)。

(90) 佐野氏前掲論文。

(91) 群書類従本『年中行事秘抄』。

(92) 『日本紀略』延喜四年正月二十七日条、二月十日条。『西宮記』正月　除目所引延喜四年二月十日条。

(93) 『日本紀略』延長元年三月二十一日条など。

(94) 服藤早苗「平安朝の父子対面儀と子どもの認知」(黒柳晴夫他編『父親と家族』早稲田大学出版部、一九九八年)。

(95) 山下克明「平安時代初期における『東宮』とその所在地について」(『古代文化』三三―一二、一九八一年)。

(96) 岩田氏註(76)論文。

(97) 早くに一条兼良は『公事根源』において、「延喜五年に臣下の拝をばとどめさせ給しかども、当代のみこ達は猶拝礼の儀式あり」としている。

(98) 藤森健太郎「元日朝賀儀礼の変質と小朝拝の成立」(三田古代史研究会編『法制と社会の古代史』慶應義塾大学出版会、二〇一五年)によると、中野渡俊治氏が小朝拝と親王の拝礼との関係に言及しているという。

(99) 古瀬氏註(63)論文

(100) 官奏がない場合は、大将→親王→公卿という順で昇殿、官奏がある場合は、出居次将→親王→公卿という順。近衛府の長官である左右大将は左大臣・右大臣が兼任することが多い。大臣は、旬政において重要案件の天皇への奏上である「官奏」を行うが、この場合に大臣は一連の奏上が終わってから、天皇からの報奏(返事)を書記官の史に渡すため、紫宸殿を下って軒廊まで一旦戻る。その間に出居次将は昇殿し、その後に王卿が昇殿する。出居次将は近衛府の中将が務める役割で天皇のいる殿舎への出入りをチェックするが、これは近衛府の「天皇に近侍して身辺警護を行う」という職掌に基づくもので、出居次将の昇殿以前に王卿は昇殿できない。ただ官奏が無い場合は、先に大臣兼大将が召しを受け、その後王卿が昇殿する。出居次将の役割については、蝉丸朋子「出居次将からみた古代王権の再編」（日本史研究会古代史部会報告二〇〇六年十二月）、佐藤全敏「蔵人所の成立と展開」（『歴史学研究』九三七、二〇一五年）を参照した。

(101) 延喜二十年（九二〇）十二月二十日に高明親王・兼明親王（当時八才）ら七名の親王・内親王が、臣籍に降って源氏姓を与えられた（『類聚符宣抄』所収同日官符）。高明は延長七年二月十六日に十七才で元服（『新儀式』『河海抄』所引『吏部王記』同日条）。従四位上の位階を与えられたのは、延長八年十一月二十一日であり（『公卿補任』天慶二年条）、その間は無位源氏であった。兼明の元服について明記する史料はないが、高明の元服時にもう一人源氏の元服が行われている。おそらくこれが兼明であろう。

(102) 『日本三代実録』元慶八年四月十三日条・六月二日条。

(103) 『政事要略』糺弾雑事所引『吏部王記』延長八年九月八日条。

(104) 『政事要略』年中行事　八月所引『吏部王記』延長八年九月一日条

(105) 竹内氏註（50）論文

(106) 『近衛府補任』延長二年条。

(107) 『小野宮年中行事』にも、同条が「故殿御日記」として引用されている。

(108) 早川庄八「壬生本『西宮記』について」（同『日本古代の文書と典籍』吉川弘文館、一九九七年、初出一九七〇年）、北啓太「壬生本『西宮記』旧内容の検討」（『史学雑誌』一〇一―一一、一九九二年）。

(119) 増田美子「平安時代の喪服」（『日本家政学会誌』五二―一〇、二〇〇一年）。

(110) 『北山抄』に見える訓が『内裏式』まで遡るのかは明証がなく、何らかの変化があった可能性も高いが、節会の区分自体は継承されているので本文のように理解した。なお「大臣」の訓も「オオイマフチキミ」で（『西宮記』殿上人事）、この訓自体、臣下の意味で広く用いられたと考えられる。

(111) 『儀式』で「大夫達」と改めるのは、文人参入のタイミングによるものだろう。『内裏式』では先に召詞により侍従が着席、その後で式部に率いられて文人が参入する。『儀式』では侍従・文人が召詞によって同時に参入する。そのため、『儀式』は侍従以外の官人を広く示す「トネ」を用いるのだろう。

(112) 忠平も天長の例を奏上し(『九暦記』承平六年十一月二十一日条)、『内裏式』に言及したことも見える(『西宮記』十月 旬所引『九暦』天慶八年十月一日条)。しかし「年々之例」を優先させることが多い。
(113) 角田氏註(25)論文。
(114) 角田氏註(25)論文。

(第二章)

(1) 笠井昌昭『天神縁起の歴史』雄山閣出版、一九七三年。
(2) 竹居明男「北野天神縁起を読む」(竹居明男編『北野天神縁起を読む』吉川弘文館、二〇〇八年)、七六~七八頁が、この場面を詳しく解説している。
(3) この部分の人名表記は「外記日記」のものと大きく齟齬しない。人名表記法については、土田直鎮「平安中期に於ける記録の人名表記法」(同『奈良平安時代史研究』吉川弘文館、一九九二年、初出一九五四年)。
(4) 『本朝文粋』四「為貞信公辞摂政第一表」。
(5) 『政事要略』年中行事 八月所引『吏部王記』延長八年九月一日条。
(6) 『政事要略』年中行事 八月所引『吏部王記』延長八年九月一日条、『政事要略』年中行事 九月所引『同』九月九日条などには「候御前」と明記されており、天皇の側にいたことが分かる。また、他の『吏部王記』九月条にも天皇の身辺について詳しい描写があり、天皇の側にいたと考えられる。
(7) 松薗斉「天皇家」(同『日記の家』吉川弘文館、一九九七年、初出一九九二年)、同「王朝日記の〝発生〟」(同『王朝日記論』法政大学出版局、二〇〇六年、初出年二〇〇一年)。
(8) 所功「三代御記の伝来過程」(所功編『三代御記逸文集成』国書刊行会、一九八二年、初出一九八〇・八一年)。
(9) 上島享「中世国家と仏教」(同『日本中世社会の形成と王権』名古屋大学出版会、二〇一〇年、初出一九九六年)。
(10) 坂本賞三「関白の創始」(『神戸学院大学人文学部紀要』三 一九九二年)。
(11) 『延喜内蔵式』30元日威儀具条では、元日朝賀儀のために、内蔵寮から大舎人寮に充てる威儀具のひとつとして「挂甲二領」が見え、『延喜大舎人式』1元正条にも左右列に分かれて持つ威儀物のひとつに「挂甲一領」が見え、袋に収めて、列の最後尾に置くとある。さらに『儀式』元正受朝賀儀にも同様の記載が見える。即位儀も朝賀儀も大極殿を会場とする大儀であり、会場の舗設はほぼ同様であることから、この「挂甲」が大舎人寮の言う「甲」なのだろう。蔵人所を内蔵寮の誤りとする師輔の見解は当たっていると思われる。

(12)『内裏式』元正受群臣朝賀儀に「皇帝、冕服を服し、高座に就く。命婦四人、礼服を服し、御前に分かれて在り。高座下に至りて立つ。御坐、定まりて引き還る。…時に殿下、鉦三下を撃つ。二九の女孺、翳を執りて左右に分かれて進み、翳を奉る」とある。

(13)『即位部類記』所引『吏部王記』天慶九年四月二十八日条。

(14)『政事要略』糺弾雑事所引天慶九年八月七日付太政官符。

(15)註(13)。

(16)山本信吉「平安中期の内覧について」(同『摂関政治史論考』吉川弘文館、二〇〇三年、初出一九七二年)。

(17)前田家巻子本該当箇所は「同三｜月一日」。『大日本史料』一之十、八五九頁の翻刻に従った。

(18)重陽宴ではないが、同じく賦詩の行われる正月二十四日の内宴で勅題を賜ったことが、『西宮記』正月内宴所引延喜四年(九〇四)正月二十日記に見える。

(19)原文は天慶九年八月十七日としているが、この日は、朱雀院行幸を行っており(『日本紀略』等)、天暦九年が正しい。この点については桃裕行「『北山抄』と『清慎公記』」(同『古記録の研究』上 思文閣出版、一九八八年、初出一九七四年)が指摘している。

(20)致斎・散斎の理解については、岡田重精「イミの制度化」(同『古代の斎忌』国書刊行会、一九八二年)を参照した。

(21)養老神祇令12月忌条によると、この場合は散斎三日に当たる。

(22)『三代御記逸文集成』は、本条の「陰陽寮定申十三日、依有疑、遣使右大臣家、令定申云々」までを『御記』逸文としている。その後の箇所はこれに対する忠平からの返答と見なせることから、後半部分も『御記』の内容を示すものと判断した。

(23)『延喜臨時祭式』52致散斎条のもととなった「貞観式」を指す。虎尾俊哉編『弘仁式貞観式逸文集成』(国書刊行会、一九九二年)で挙げられている「貞観式」(『年中行事秘抄』及び『小野宮年中行事』所引文)とは字句が若干異なる。趣意文か。

(24)所氏註(8)論文。

(25)このとき源正明も右中将だが、師輔の方が早くに任官されており、すでに師輔が議政官(参議)であったため、近衛府内での席次は師輔の方が上であった。

(26)『公卿補任』承平五年条。

(27)『西宮記』正月　賭弓所引『九暦』承平七年正月十八日条。

(28)なお先述した、『西宮記』正月　賭弓所引『吏部王記』天慶六年二月二日条には、藤原忠平が重明親王に、「先帝御記」を引用して、賭弓進奏について教示する様子が書かれている。これは忠平が摂政を辞職した後に当たる。しかし、その引用箇所は「近年の例に非ず、故実を尋ぬべきか」のみであり、このとき『御記』が忠平の手元にあったと必ずしも考えなくてもよいと判断した。

(29)『日本紀略』同年三月七日条、『西宮記』太上天皇賀事所引延喜十六年三月七日記に詳しい記事が見える。

(30)所功編『京都東山御文庫本　撰集秘記』(国書刊行会、一九八六年)の頭注による。

(31)醍醐天皇の皇子に当たる源高明も『西宮記』を作成する際に、『醍醐天皇御記』を用いたとされる(西本昌弘「「唐風文化」から「国風文化」へ」〔『岩波講座　日本歴史　古代五』岩波書店、二〇一五年〕など)。これは『西宮記』に多くの『御記』が勘物として引用されていることを重視したものと思われる。しかしすでに所功氏が明らかにしているように、『御記』の引用は源経頼の加筆・増補の段階で加えられたものであり、高明の手によるものではない(所功「西宮記の成立」〔同『平安朝儀式書成立史の研究』国書刊行会、一九八五年、初出一九八三年〕)。また、『西宮記』は醍醐朝に行われた儀式を反映しているが、そのことと著者の高明が『御記』を手元に持っていたこととは別の問題である。

（第三章）

（1）佐々木恵介『天皇の歴史03　天皇と摂政・関白』講談社、二〇一一年、九九〜一〇四頁。
（2）所功「三代御記の伝来過程」（所功編『三代御記逸文集成』国書刊行会、一九八二年、初出一九八〇・八一年）。
（3）『権記』寛弘七年（一〇〇九）閏二月八日・十六日・二十六日条など。
（4）『陽明叢書　御堂関白記』思文閣出版、一九八三・八四年。
（5）土田直鎮「記録について」（同『平安京への道しるべ』吉川弘文館、一九九四年、初出一九八二年）。
（6）『権記』長保二年七月十三日条。
（7）『御産部類記』所引『小右記』寛弘六年（一〇〇九）五月十六日条。
（8）『権記』長徳四年七月十三日条。
（9）『権記』寛弘六年十月四日条、『小記目録』皇居火事　寛弘六年十月五日条。
（10）『権記』寛弘七年（一〇〇九）閏二月八日・十六日・二十六日条、同三月一日・二日条、同五月二十五日条、同六月十九日条。
（11）和田英松『皇室御撰之研究』明治書院、一九三三年、二八頁。
（12）『小右記』長和元年（一〇一二）七月八日条では、三条天皇が実資から『御記』の内容を教示されており、同長和三年十二月十七日条・二十日条では、実資から『御記』の概当箇所を写し送られている。『御記』の利用は見えるが、ここに見えているものは宮中架蔵本ではなさそうである。
（13）八月二十八日に崩御（『扶桑略記』同日条）。
（14）『春記』長久元年十二月八日・十日条。
（15）『春記』長久元年十二月十一日条・二十五日条、『扶桑略記』同年十二月二十五日条。
（16）『栄花物語』三四、『百錬抄』長暦三年六月二十七日条・長久元年九月九日条・長久三年十二月八日条・長久四年十二月一日・二十一日条、『扶桑略記』同上、『帝王編年記』後朱雀天皇、『中右記』嘉保元年十月二十四日条。
（17）『春記』長久元年九月九日条。

(18)『春記』長暦四年十一月二十一日条。
(19)他に『左経記』同日条にも御物を渡した記事が見える。
(20)『春記』長暦四年正月二十二日条・長久元年十二月二十日条・二十一日条。また日記御厨子も含めた御物の伝来については、岡村幸子「平安時代における皇統意識」(『史林』八四―四、二〇〇一年)が詳しく論じている。
(21)『朝野群載』十二所収の天慶九年十二月三十日付延昌の任天台座主宣命による。
(22)おそらく『村上天皇御記』康保三年(九六六)八月二十七日条を指す。本条は『小右記』寛仁四年七月三十日条、『西宮記』僧綱召事から集成されたもの。
(23)『醍醐天皇御記』を引用している『吏部王記』及び『西宮記』を、『政事要略』が引用するという間接的な引用は見える。
(24)清水潔「編者源経頼の研究」(同『類聚符宣抄の研究』国書刊行会、一九八二年、初出一九八一・八二年)。
(25)所氏註(2)論文では、基房の父朝経の母が重明親王の娘であることから、重明親王の所持していた『醍醐天皇御記』がその娘を通して伝来した可能性を指摘しているが、重明親王の所持は確認できないので再考の余地がある。
(26)竹内理三「口伝と教命」(『竹内理三著作集』第五巻　角川書店、一九九九年、初出一九四〇年)、所功「西宮記の成立」(同『平安朝儀式書成立史の研究』国書刊行会、一九八五年、初出一九八三年)。
(27)ただし『村上天皇御記』の入手については未詳。
(28)『小右記』については、土田直鎮『日本の歴史　五　王朝の貴族』(中央公論社、一九六五年)、二六一～四頁、三橋正「藤原実資と『小右記』」(同『古記録文化論』武蔵野書院、二〇一五年、初出二〇〇八年)が分かりやすい。
(29)実資については、赤木志津子「小野宮家二代」(同『摂関時代の諸相』近藤出版社、一九八八年)、大津透『日本の歴史06　道長と宮廷社会』(講談社、二〇〇一年)、一〇八～一三〇頁が分かりやすい。また吉田早苗「藤原実資の家族」(『日本歴史』三三〇、一九七五年)が、その人間関係の一端を明らかにしている。

(30) 重田香澄「『小右記』にみる藤原実資の文字情報利用」(『お茶の水史学』五六、二〇一二年)。
(31) 倉本一宏「藤原伊周の栄光と没落」(同『摂関政治と王朝貴族』吉川弘文館、二〇〇〇年)。
(32) 告井幸男「摂関期の有職故実」(同『摂関期貴族社会の研究』塙書房、二〇〇五年、初出二〇〇一年)は、伊周が新たな故実を作り出そうとする意図があったことを指摘する。
(33) 『小野宮年中行事』三月三日行幸事所引『小右記』長保元年三月十六日条。
(34) 『御産部類記』所引『小右記』寛弘六年五月十五日条・十六日条。
(35) 『小右記』長和三年三月二十五日条。この時期の道長と三条天皇の関係については、倉本一宏『三条天皇』(ミネルヴァ書房、二〇一〇年)を参照した。
(36) 土田氏註(28)書、二八六〜二九〇頁、服部一隆「娍子立后に対する藤原道長の理論」(『日本歴史』六九五、二〇〇六年)、倉本氏註(35)書、一一七〜一二九頁。
(37) 『暦林問答集』。
(38) 『小右記』長和三年十二月二十二日条。
(39) 『春記』長久元年(一〇四〇)十二月十二日条。
(40) 『小右記』長和二年七月三日条。他に長和四年十月二十日条では、造宮叙位の列立に関して尋ねてきた公任に対して、『醍醐天皇御記』を用いて答えている。また万寿四年十二月六日条では甥の経通にも、『御記』を用いて回答している。
(41) 『醍醐天皇御記』延喜四年二月十日条が『小右記』寛仁元年八月二十三日条及び『北山抄』六 論奏事に、『村上天皇御記』応和二年十月三十日条が『小右記』万寿二年八月二十三日・二十九日条、長元二年八月一日条及び『北山抄』六 薨奏に、『同』康保三年三月二日条が『小右記』長和元年七月八日条及び『北山抄』六 勅書事に見える。
(42) 倉本一宏『平安貴族の夢分析』吉川弘文館、二〇〇八年。
(43) 『小右記』長元元年七月一日条、長元五年十二月三日条。
(44) 『清慎公記』については、木本好信『平安朝日記と記録の研究』(みつわ、一九八〇年)に逸文が集成されている。
(45) 梅村惠子「清慎公記」(山中裕編『古記録と日記』上　思文閣出版、一九九三年)。
(46)『小右記』正暦四年(九九三)五月二十日条には、実資が三十七才の頃に公任から自分の所持していない分の『清慎公記』を借り出して書写していたことが見える。
(47) 重田香澄「摂関期公卿日記の読まれ方・残り方―『小右記』・『清慎公記』を参考に―」(『「対話と深化」の次世代女性リーダーの育成　お茶の水女子大学「魅力ある大学院教育」イニシアティブ　活動報告書』二〇〇七年)。
(48) 沖田卓也「着座」(三橋編註(28)書)。
(49) 服藤早苗「摂関期における「氏」・「家」」(『日本古代の政治と文化』吉川弘文館、一九八七年)。史料としては『小右記』寛仁二年(一〇一八)三月十九日条に見える。
(50)『小右記』治安元年七月二十五日条。
(51) 宮内庁書陵部編『皇室制度史料』太上天皇一　吉川弘文館、一九七八年。
(52)『日本紀略』寛平元年(八八九)八月五日条。このような漢風諡号は、その後、治承元年(一一七七)七月に「崇徳」が贈られるが(『玉葉』)、その間は見えない。なお諡号・追号については、『帝室制度史』(研究社、一九四五年)を参照した。
(53) 源俊賢は、『小右記』万寿二年三月二十七日条に、行成は治安元年十一月四日条に、僧永昭は万寿二年七月七日条に見える。
(54)『小右記』寛弘二年三月二十日条。
(55) 他に『小右記』長和四年(一〇一五)七月十日条、同十月十五日条など。
(56) 竹内氏註(26)論文。
(57) 末松剛「摂家関の先例観」(同『平安宮廷の儀礼文化』吉川弘文館、二〇一〇年、初出一九九九年)。
(58)『小右記』長和四年三月十三日条。この点については大津氏註(29)書、一〇六〜八頁に詳しい。
(59)『小右記』寛仁元年八月九日条。

(60)『小右記』寛仁二年十二月十七日条。
(61)『小右記』長和五年(一〇一六)六月十日条。
(62)『左経記』長元九年(一〇三六)四月十九日条。
(63)長保五年十二月四日条・寛弘三年十月十三日条を確認している。
(64)この『村上天皇御記』逸文は、『西宮記』進発宇佐使事にも見える。
(65)『小右記』長元五年十二月三日条。
(66)『小右記』長元五年十二月五日条。
(67)山中裕「源氏物語と延喜・天暦」(『歴史教育』一四―六、一九六六年)。ただし先に触れたように『御堂関白記』寛弘七年(一〇一〇)十月二十七日条には「御筆御日記」という語句が見える。
(68)『権記』長保二年(一〇〇〇)十二月十七日条。
(69)『小右記』長和五年三月八日条。
(70)『小右記』万寿二年八月二十三日条など。
(71)末松氏註(57)論文では道長を総攬者として捉えている。
(72)行成の事績については黒板伸夫『藤原行成』(吉川弘文館、一九九四年)を参照した。
(73)行成が登場するのは『枕草子』(新日本古典文学大系)四六段・一二六段・一二九段・一三〇段。
(74)先に挙げた以外には、『権記』長保元年(九九九)十月二十一日条、寛弘三年(一〇〇六)正月一日条・寛弘八年(一四二二)十二月二十五日条。
(75)経頼の事績については清水氏註(24)論文を参照した。
(76)清水氏註(75)論文、吉川真司「左経記」(同『律令官僚制の研究』塙書房、一九九八年、初出一九九三年)。
(77)黒板氏註(72)書。
(78)『権記』正暦二年(九九一)九月十日条では、保光が源為光の任大臣大饗への批評を行成に示しているし、正暦四年正月二十八日条でも大饗での勧盃について「教命」を授けている。
(79)『権記』長徳四年(九九八)十一月四日条など。他に『権記』長徳元年七月二日条に「故中納言、申さるる儀」について斉信が言及している。
(80)『西宮記』侍中事所引『寛平蔵人式』。『侍中群要』一にも見える。
(81)『日本紀略』長徳四年七月条。
(82)『日本紀略』延喜十五年六月二十二日条・同九月一日条、『扶桑略記』同八月二十三日条など。
(83)『祈雨記』所引『村上天皇御記』天徳四年五月三日条。
(84)古瀬奈津子「盂蘭盆会について」(同『日本古代王権と儀式』吉川弘文館、一九九八年、初出一九九四年)。
(85)『江家次第』御盆事に「若し御物忌に当たらば、夜前にこれに籠もるべし〈蔵人、役人に廻り仰す。〉」とあるのは、これを指すのだろう。
(86)『西宮記』十一月　新嘗会所引『村上天皇御記』応和元年十一月二十日条に遷宮のことが見える。
(87)『権記』同年八月十八日条、十月十一日条。
(88)『大日本史料』二之六、寛弘七年八月二十九日条、所氏註(2)論文。
(89)和田氏註(11)書、二八頁。また松薗斉「天皇家」(同『日記の家』吉川弘文館、一九九七年、初出一九九二年)もこれを支持する。
(90)『江談抄』一―二八　摂政関白賀茂詣共公卿并子息大臣事、『同』四―一〇〇。
(91)基本的な履歴については、井上辰雄「大江斉光」(同『平安儒者の家―大江家のひとびと―』塙書房、二〇一四年)を参照した。
(92)岸野幸子「文章科出身者の任官と昇進」(『お茶の水史学』四二、一九九八年)。
(93)『北山抄』一　位禄事。ここに見える「斉光卿記」の記主が大江斉光であることは、川口久雄・奈良正一『江談證注』(勉誠社、一九八四年)で指摘されている。またこのなかで藤原実頼の位禄定での作法に言及している。
(94)『江吏部集』中。
(95)『本朝文粋』七　長保四年十一月十四日付書状。
(96)斉光は「秀才蔵人の濫觴」とされる。村上天皇の蔵人を務めたとき、斉光は弱冠二十四才の文章得業生で、いわゆる学生の身分であった。文章得業生は、国掾（地方官の三等官）などに任ぜられるが、赴任せずに収入のみを得る。このような朝廷からの学資の支援を受けながら、七年間勉学に励んで任官試験合格を目指す。岸野氏註（92）論文によると、得業生ではない一般の文章生が蔵人として働きながら、対策合格を目指す「進士蔵人」は割合古くから見られるが、「秀才蔵人」はこの斉光と斉光の父維時が最も早い例だという。

(97) 岸野氏註（92）論文。

(98) 『江談抄』一―一二八。

(99) ①陪膳人事（巻三・父大江維時の言を含む。）②御書初（巻九・侍読としての説か）③子慶父申事（巻九）④下東廂第五間御簾事（巻十）。

(100) 『西宮記』官奏・『年中行事抄』正月　女叙位事・『同』二月　祈年穀奉幣事。

(101) 藤原為房（一〇四九～一一一五）の著した、蔵人に関わる故実書『貫首抄』の冒頭では、「寛平蔵人式」「天暦蔵人式」「西宮記　侍中事」の引用に続けて「左大弁大江斉光献天聴書」が並べられている。いずれも蔵人の職掌について述べた箇所が抜き書きされている。このような配列から「左大弁大江斉光献天聴書」も「蔵人式」等と同様の性格を持つ儀式書であったと考えられる。

(102) 『西宮記』官奏。

(103) 斉光の遺産がどのように継承されたかは不明であるが、『尊卑分脈』には、為基・定基・成基・尊基という四人の子がいたとある。

(104) 松薗斉「外記局の変質と外記日記」（註〔89〕書、初出一九八七年）、中野淳之「外記局の文書保管機能と外記日記」（河音能平編『中世文書論の視座』東京堂出版、一九九六年）、井上幸治「平安時代前中期における文簿保管策」（同『古代中世の文書管理と官人』八木書店、二〇一六年、初出一九九九年）。

(105) 他に『玉葉』安元二年（一一七六）九月十四日条、治承三年（一一七九）六月二十九日条など。

(106) 『愚昧記』嘉応二年（一一七〇）七月記紙背。

(107) すでに所氏注（2）論文で、御記が勘申に利用されていることは指摘されている。所氏はこれを大外記中原頼業が『御記』を個人的に所蔵していたことを示すに過ぎないとされるが、本章では、勘申に使われるようになったことを大きな変化として捉えた。

（おわりに）

（1）皿井舞「醍醐寺薬師三尊像と平安前期の造寺組織（上）」（『美術研究』三九二、二〇〇七年）。
（2）岩田真由子「追善からみた親子関係と古代王権の変質」（『日本史研究』六一八、二〇一四年）。
（3）高田淳「「延喜・天暦時代」の実像を探る」（吉村武彦・吉岡真之編『新視点日本の歴史　三　古代編Ⅱ』新人物往来社、一九九三年）。
（4）特に四・五巻の部分は、『和漢朗詠集』の注釈書である『朗詠江註』との関係が指摘されている。
（5）諸本では「菅在明」。川口久雄・奈良正一『江談證註』（勉誠社、一九八四年）は「菅原在躬」とする。ここでは『江談抄・中外抄・富家語』新日本古典文学大系（岩波書店、一九九六年）の解釈に従った。

主な史料

増訂故実叢書『西宮記』吉川弘文館／神道大系『西宮記』神道大系編纂会
　＊『宮内庁書陵部本影印集成』（壬生本）等により一部字句を改めた。
増訂故実叢書『内裏儀式・内裏式・儀式・北山抄』吉川弘文館
増訂故実叢書『江家次第』吉川弘文館
『群書類従　公事部』所収「九条年中行事」続群書類従完成会
所功編『東山御文庫本　撰集秘記』国書刊行会
目崎徳衛校訂・解説『侍中群要』吉川弘文館
尊経閣善本影印集成『小野宮故実旧例・年中行事秘抄』八木書店
大日本古記録『貞信公記』岩波書店
大日本古記録『九暦』岩波書店
史料纂集『吏部王記』続群書類従完成会
大日本古記録『御堂関白記』岩波書店
大日本古記録『小右記』岩波書店
増補史料大成『左経記』臨川書店
増補史料大成『権記』臨川書店／史料纂集『権記』続群書類従完成会
増補史料大成『春記』臨川書店
新訂増補国史大系『続日本後紀』吉川弘文館
新訂増補国史大系『日本三代実録』吉川弘文館
新訂増補国史大系『日本紀略後篇・百錬抄』吉川弘文館
新訂増補国史大系『政事要略』吉川弘文館

主な史料

新訂増補国史大系『大鏡』吉川弘文館
新訂増補国史大系『扶桑略記・帝王編年記』吉川弘文館
新日本古典文学大系『源氏物語』岩波書店
新日本古典文学大系『江談抄・中外抄・富家語』岩波書店
玉上琢弥編『紫明抄・河海抄』角川書店
日本思想大系『古代政治社会思想』岩波書店
所功編『三代御記逸文集成』国書刊行会

※また、国際日本文化研究センターの摂関期古記録データベース、東京大学史料編纂所の古記録フルテキストデータベースを利用した。

あとがき

本書は『醍醐天皇御記』を軸にして、醍醐天皇本人を含めた、『御記』をめぐる人々について描こうとしたものです。

私が『醍醐天皇御記』を初めて読んだのは大学の学部生の頃にさかのぼります。大学三回生のときに、竹居明男先生に連れられて『国書逸文』研究会の月例会に参加するようになったのですが、そこで輪読していたのが『醍醐天皇御記』でした。ここに参加されていた所功・竹居明男・古藤真平・加茂正典・松本公一といった諸先生方から、初歩的な読みのことから、研究の状況まで、多くのことを教わりました。現在も継続して参加させていただき、今は『村上天皇御記』を読んでいます。研究会で、そのときごとに考えていたことが、本書に繋がっています。

このシリーズを執筆されている他の方々と違って、まとまった蓄積がない私は、とにかく『三代御記逸文集成』を頼りにして、史料を読んでファイルを作るところから始め、ほぼゼロの状態から書き始めました。本当にしんどい毎日でした。でも内容は私が面白いと感じた点を自由に書かせてもらいました。

まさに本書の原稿を書いていた平成二十八年の夏休み、折しも今上陛下の退位についてのおことばが発表されました。私は天皇の職務というものについて強く考えさせられました。歴史を勉強しているものとして、天皇のあり方は、その時代の状況や、生育環境、一人一人の天皇の個性によってばらばらであり、その積み重ねが現在に繋がっているのだという思いを強くしています。

最後になりましたが、監修者の倉本一宏氏には、執筆メンバーに加えていただいた上に、最後までご心配をおかけしました。また臨川書店編集部の西之原一貴氏には、粘り強く対応していただきました。この場を借りて厚くお礼申し上げます。

平成二十九年七月

堀井佳代子

堀井佳代子（ほりい　かよこ）

1981年、京都府に生まれる。

2012年、同志社大学文学研究科博士課程退学。

現在、同志社大学嘱託講師、国際日本文化研究センター技術補佐員。

博士（文化史学、同志社大学）。

主要著作に「対渤海外交における太政官牒の成立—中台省牒との相違から—」（『日本歴史』第744号、2010年）、「『西宮記』勘物の諸本間の配列について—六月・七月勘物の書写方法から—」（倉本一宏編『日記・古記録の世界』思文閣出版、2015年）などがある。

日記で読む日本史 7
平安宮廷の日記の利用法
『醍醐天皇御記』をめぐって

二〇一七年七月三十一日　初版発行

著者　堀井佳代子
発行者　片岡敦
印刷製本　亜細亜印刷株式会社

606-8204 京都市左京区田中下柳町八番地
発行所　株式会社 臨川書店
電話（〇七五）七二一—七一一一
郵便振替　〇一〇七〇—二—八〇〇

落丁本・乱丁本はお取替えいたします
定価はカバーに表示してあります

ISBN 978-4-653-04347-8　C0321　© 堀井佳代子 2017
〔ISBN 978-4-653-04340-9　C0321　セット〕